유리천장 아래 여자들

여성의 노동은 왜 차별받는가

아이린 파드빅, 바버라 레스킨 | 황성원 옮김

유리천장 아래 여자들

아날로그

일러두기
1. 굵은 글씨로 표시된 단어는 용어정리에 정의되어 있다.
2. 역주는 [　]로 표시했다.

서문

20세기 중반 도시에서 발행된 신문 구인 광고를 살펴보면 오늘날과 아주 분명한 차이가 드러난다. 충분히 타당한 자격요건도 있지만 고용주가 노동자의 성별, 인종, 나이, 그 외 업무 수행과 아무 관련 없는 특징을 지목해서 요구하는 경우가 많았던 것이다.

젠더가 직업에 워낙 깊이 뿌리내리고 있어서 고용주와 신문사는 남성 구인목록과 여성 구인목록을 따로 분리해서 게재할 정도였다. 이렇게 성별분리된 구인 광고는 1970년대까지 표준 관행으로 사용되다가, 전미여성연맹의 회원들이 고용기회평등위원회에 성별분리를 금지하는 1964년 차별금지법을 준수하지 않으면 고소하겠다며 위협하자 차츰 종적을 감추었다.

당시의 구인 광고가 어땠는지, 1956년 워싱턴에서 발행된 일간지 〈이브닝스타〉의 8월 23일자 남성 구인란에 나오는 자격요건 몇 개를 살펴보자.

- 이발사: 유색인, 경험자. 캐벌리 디태치먼트 이발소, 포트 마이어.
- 바텐더: 중년, 술을 잘 안 마시는 사람.
- 운전사: 백인, 24~35세. 도시의 지리를 잘 알아야 함. 깔끔한 용모. 교통 위반 기록이 양호해야 함.
- 트럭 운전사와 보조원: 가구를 다뤄본 경험이 있어야 함. 일하려는 의지가 있고 좋은 추천서가 있어야 함.

그러나 여성 구인란은 고용주가 원하는 노동자의 유형이 남성에 비해 더 구체적인 경향이 있었다.

- 트랜스월드 항공 스튜어디스: 고졸, 나이 20~27세, 키 157~173센티미터, 몸무게 45~61킬로그램, 매력적인 미혼. 개별 지원.
- 계산원(식품확인원): 백인, 중년 여성, 정직하고 꼼꼼하며 똑똑한 분. 계산일이나 식품 확인 업무 유경험자.
- 문서 정리원: 백인, 매력적이고 타이핑을 할 수 있어야 함. 구내 전화교환원 경험자 우대.
- 음료 판매원: 백인, 시내 드럭스토어에서 근무. 추천서.
- 비서: 부동산 사무실에서 근무할 40세 이하의 비서 유경험자.

광고를 보면 남성과 여성에게는 다른 종류의 노동이 주어지기만 한 것이 아니라 보수와 노동조건 역시 달랐다. 차이가 가장 두드러진 부분은 보수였다. 가령 한 직업소개소는 남성 구인란과 여성 구인란 양쪽에 동일한 '회계사(회계장부담당자)' 구인 광고를 실으면서 남성 구인란에는 주급 75~125달러라고 명시한 반면 여성 구인란에는 주급 65~100달러라고 명시했다. 고용주가 백인 노동자를 찾는 광고에서 제시하는 노동 시간은 남성과 여성 모두 일반적으로 오전 9시부터 오후 5시까지, 주 5일 근무였다. 반면 아프리카계 미국 여성 가사 노동자를 구하는 광고에서 제시한 노동시간은 이보다 더 길었다.

- 전반적인 집안일: 입주 가능한 유색인종 여자아이. 아이들과 잘 지내야 함. 18~30세. 일요일 근무 없음. 목요일은 반일 근무. 주 20달러.
- 유색인종 입주 가정부: 현대적인 집, 개인 방과 화장실 있음. 1세 아이를 돌봐야 함. 남성용 셔츠를 다릴 수 있어야 함. 그 외 집안일 보조. 수요일 근무 없음. 일요일은 격주로 쉼. 주급은 경험과 그 외 다른 일을 맡을 의향이 있는지에 따라 다름.

미국 사회는 '유색인종 이발사'와 '백인 음료판매원' 시절 이후로 크게 진보했다. 1964년 의회는 인종, 피부색, 출신국가, 종교, 성별에 따른 고용 차별을 금지했다. 단, 작은 회사는 예외였다.[✱] 이 법안의 결과 신문에서는 결국 성별분리된 광고가 사라졌고 구인광고에서 인종은 언급조차 하지 않게 되었다. 그리고 일부 고용주는 남성 일색이던 일자리

✱ 이어서 국회는 연령과 장애차별 역시 금지했다.

에 점차 여성을 고용하기 시작했다.

1960년대의 관행처럼 남성 혹은 여성의 일이라고 공개적으로 명명하여 구분하면 일자리가 심각하게 성별분리되고 노동자의 성별을 기준으로 업무를 할당하는 것이 정당화된다. 하지만 이런 꼬리표를 제거한다고 해서 자격을 갖춘 사람이라면 누구나 일자리를 손에 넣을 수 있는 것은 아니다. 성별분리된 광고가 사라진 뒤에도 사람들은 여전히 손쉽게 '여성의 일'을 '남성의 일'과 구분할 수 있고, 수백만의 미국인은 여전히 성별분리된 일자리에서 일한다. 가령 앞서 언급했던 직업 중에서 비서는 지금도 압도적으로 여성이 많고 트럭 운전사는 압도적으로 남성이 많다. 그리고 대체로 남성이 많은 직업은 여성이 많은 직업보다 돈을 더 많이 받는다.

1950년대의 구인 광고와 오늘날의 구인 광고를 비교해보면 일자리에서 노골적인 성 불평등은 끝났다는 인상을 받는다. 물론 시간이 지나면서 그 정도가 엄청나게 바뀌긴 했지만 여전히 일자리에서의 성 불평등은 일자리 환경에 따라 편차가 크다. 오늘날의 일부 고용주는 노동자를 고용할 때 근무와 관련된 자격요건에만 관심을 갖고 여성 노동자와 남성 노동자를 동등하게 대우한다. 하지만 그렇지 않은 고용주도 있다. 이런 불평등의 편차가 발생하는 이유를 살펴보는 것이 이 책의 주요 목적이다.

우리는 직장에서 나타나는 성 불평등의 정도는 고용주의 노동 조직 방식, 관련 업무, 조직 지도부, 그리고 외부 압력의 존재에 좌우된다고 주장한다. 뒤에 이어질 장에서는 여러 직장에서 나타나는 성 불평등의 차이를 살펴보고 직장에서 성별의 구분을 강화 혹은 약화한다고 생각되는 요인에 대한 근거를 검토한다.

제1장은 노동이란 무엇인지 살펴보고 이 책 전반에서 언급될 "젠더화된 노동"에 대해 논한다. 주로 성별과 젠더는 어떻게 다른지, 그리고 젠더화된 노동을 이루는 성별분업, 여성 노동의 저평가, 그리고 직장에서 젠더의 구성이라는 세 요소에 대해 알아볼 것이다. 제2장은 서구 사회에서 젠더화된 노동의 역사적인 맥락을 살펴본다. 여기서는 산업화의 영향과 노동인구의 진화를 분석한다. 또한 서구가 아닌 다른 지역의 성별분업에 대해서도 살펴본다.

제3장은 직장에서 나타나는 성 불평등을 개관하고, 이러한 성 불평등을 설명하는 여러 방식을 알아본다. 이에 대한 평가는 뒷장에서 할 것이다. 제4장은 노동자의 인종과 민족, 성별을 기초로 각각의 노동자에게 다른 종류의 일을 할당하는 노동자 분리에 초점을 맞춘다. 또한 이런 분리의 원인과, 그 수위에 영향을 미치는 메커니즘 역시 검토할 것이다. 제5장은 직장에서 위계적인 성별분리의 두 가지 표현 형태, 즉 승진 기회의 차이와 권력을 휘두를 기회의 차이를 살펴보고, 남성과 여성 노동자의 승진과 권력 문제에서 이런 차이가 나타나는 이유를 추정한다. 제6장은 성별에 따른 임금격차에 초점을 맞추면서 미국의 유색인종 남성과 모든 여성의 평균임금을 비히스패닉 백인 남성과 비교하고 여성과 남성의 소득비율 추세를 가늠한다. 그리고 임금격차가 발생하는 원인을 평가하고 이를 좁히기 위한 전략에 대해 논한다. 제7장은 직장 여성과 남성이 가사일을 동등하게 분배하는 과정에서 겪는 갈등

뿐만 아니라 일터와 가정 사이에서 발생하는 갈등을 살펴본다. 여기서는 정부와 고용주가 노동자가 유급 노동과 집안일을 병행할 때 겪는 문제들을 해결하기 위해 무엇을 할 수 있고, 실제로 하고 있는지를 알아본다.

감사의 말

이 책은 많은 사람들의 노력이 빚어낸 결실이다. 이 책의 윤곽을 잡는 데 도움을 준 학자들과 곳곳에 인용한 학자들, 우리의 작업을 재미나게 만들어준 학생과 동료들, 이 프로젝트를 포기하고 도시를 뜨고 싶었을 때 힘내라고 격려해준 친구들에게 신세를 졌다. 이런 사람들이 워낙 많아서 일일이 이름을 나열하며 감사 인사를 할 수는 없지만 그렇다고 해서 우리가 진 신세나 고마운 마음이 줄어들지는 않는다. 이 책을 마무리할 수 있도록 물질적으로 지원해준 사람들로는 수잔 비앙키, 빌 비엘비, 카린 브루스터, 나오미 카시러, 카탈리스트, 얀 캄버피아노, 마리 코워트, 줄리아 드리스델, 랜디 어니스트, 헨리 엘리아슨, 로빈 일라이, 도로시 프렌들리, 로라 게슈벤더, 로웰 하겐스, 달린 이스크라, 제리 제이콥스, 맷 카클리너, 헨리 A. 머레이 센터의 직원, 진 파일, 래드클리프 고등연구소, 존 레이놀즈, 스티브 러터, 리아나 세이어, 안나메테 소런슨, 질레인 타이슨, 버네사 본데라, 제리 웨스트비가 있다. 최신 사실과 수치를 철두철미하고 헌신적으로 갱신하여 이 개정판을 완성하는 데 중요한 기여를 한 캐리 코너웨이에게 가장 큰 감사의 마음을 전한다.

차례

 제1장 ## 남성의 노동, 여성의 노동

 제2장 ## 노동에 붙은 성별 꼬리표

제7장 **직장과 가정이 부딪힐 때**

여성의 노동은 왜 차별받는가

제1장

남성의 노동,
여성의 노동

어떤 노동에는
돈을 지불하지 않는다

모든 인간 활동의 토대는 노동이다. 우리는 인생 대부분의 시간을 노동을 준비하거나 하는 데, 아니면 노동을 중단하고 쉬는 데 사용한다. 토크쇼나 저녁 뉴스, 월요일 밤 축구를 시청할 때도 우리는 다른 사람들의 노동의 결과물을 만끽한다. 이런 TV쇼를 수백만의 시청자들이 볼 수 있게 만드는 사람으로는 임원진과 관리인, 인사 담당자, 광고대행업자, 작가와 편집자, 프로듀서와 감독, 뉴스 캐스터와 아나운서, 배우와 음악가, 프로덕션 엔지니어, 촬영감독, 전기기사, 컴퓨터 프로그래머, 하급 사무직원과 문서 작성 담당자, 그리고 유지보수 담당 노동자들이 있다. 50년 전에는 아무리 왕족이나 석유 재벌이라 해도 고작 기분전환을 위해 이렇게 많은 노동력을 동원하지는 못했다.

사람들은 마치 공기를 당연시하듯 우리 주위의 세상을 만들어낸 노동을 당연시한다. 우리는 이 책을 통해 여성과 남성이 하는 일을 검토하고, 노동자와 직장, 노동에 젠더화된 의미가 어떤 식으로 스며드는지 살펴보려 한다.

노동은 이윤을 창출하는 행위다

일work이라는 단어는 여러 의미로 사용되지만 이 책에서 핵심 의미는 햄버거 뒤집기, 소프트웨어 디자인하기, 실리콘칩 테스트하기, 군용 항공기에 연료 채우기 같은 '상품이나 서비스를 생산하는 활동'이다. 우리가 정의하는 노동에는 자신이 쓰기 위해 혹은 돈을 받고 팔거나 다른 도움을 얻기 위해 상품과 서비스를 만들어내는 활동이 포함된다.

첫 번째는 노예나 재소자가 하는 노동처럼 강압적인 환경에서 수행되고 돈을 거의 혹은 전혀 지급하지 않는 **강제 노동**이다. 두 번째는 우리가 일반적으로 생각하는 것처럼 노동자에게 임금을 지급하는 지불노동으로, 다른 말로는 **시장 노동**이라고도 부른다. 마지막으로 사람들이 자신과 타인을 위해 수행하며 임금을 받지 않는 부불노동, 다시 말해 **비시장 노동**이 있다.

강제 노동은 지금도 존재한다. 노골적인 노예제는 흔치 않지만, 지금도 부채를 빌미로 노예와 다를 바 없이 부려먹거나 노예제와 유사한 그 외 관행이 유럽, 북미를 비롯한 전 세계에 만연하다.[1] 여성과 아동, 특히 갓 이민한 사람들과 소수 인종이 이러한 위험에 대단히 취약한데, 미국으로 흘러들어가 섹스 산업과 가사 및 세탁 산업에서 일하는 사람들이 수천에 달한다.[2]

우리가 보통 개발도상국과 결부시키는 착취형 노동환경은 미국에서도 나타난다. 가령 2001년에 출간된 《여성을 제자리에 두는 법Putting Women in Place》에 따르면 캘리포니아주 엘몬테에서는 미등록 여성 태국 노동자들이 가시철조망을 두른 공장에 갇혀 하루 17시간동안 여성복과 아동복을 깁는 일을 했다. 시급은 고작 60센트에 불과했다.[3] 남성이라고 강제 노동에서 자유로운 것은 아니다. 주로 아프리카계 미국인에 편중된 많은 재소자들이 교도소의 여러 제조업에서 일하거나 남부 지역에서 '체인 갱[처벌의 일환으로 사슬에 묶인 상태에서 노력을 하는 재소자]'으로 일하면서 최저임금보다 훨씬 적은 돈을 받는다.[4]

가사 노동은 왜 '진짜 노동'에서 배제되었나

현대사회에서 중요한 비시장 노동은 가사 노동, 즉 사람들이 자신을 위해, 그리고 다른 가족을 위해 하는 노동이다. 부불노동이 진짜 일이라는 확신이 들지 않는다면 차에 광을 내거나, 친구에게 감동을 안길 한 끼 식사를 계획하고 준비했던 경험, 한정된 예산으로 시험기간에 선물을 샀던 일, 아픈 친구를 돌보거나 지역사회에서 자원봉사 활동을 했던 경험을 생각해보라.

시장 노동과 비시장 노동의 구분은 산업화의 부수적인 효과다. 유사 이래 사람들은 노동과 삶의 나머지 부분을 분리해서 생각하지 않았다. 삶은 휴식이자 노동에서의 회복이듯 한편으로는 노동이기도 했다. 일반인은 자신이 직접 생산한 물건을 소비했고, 자신의 노동에 대해 대가를 지불받는 사람은 거의 없었다. 그러나 산업화가 진행되며 자본주의가 발달하자 노동은 지불활동과 등치되었다. 사람들이 점차 이 새로운 형태의 노동에 참여하면서 부불노동, 비시장 노동, 가사 노동이라는 용어가 생겨나 사람들이 항상 하던 평범하고 오래된 부불노동을 지칭하게 되었다.

하지만 점점 많은 사람들이 지불노동에 유입되자 지불노동만이 유일한 '진짜' 노동으로 간주되었다. 그리고 집에서 하는 부불노동은 가치가 없거나 눈에 보이지 않는 일이 되어갔다.＊ 오늘날 산업화된 나라에서 노동력의 크기와 생산력을 수치로 환산하는 경제학자와 통계학자들은 노동이라는 용어를 사람들이 돈을 받기 위해 하는 활동에 국한한다. 가령 미국 경제학자들은 미국의 국민총생산을 지불노동자들의 생산량이라는 측면에서 추산한다. 이런 식으로 임금을 지불하는 생산 활동으로만 노동을 정의하면 여성과 남성이 가족을 위해 집에서 수행하는 모든 노동뿐만 아니라 개발도상국에서 하는 많은 노동이 제외된다.[5]

앞으로 여성과 남성이 지불노동과 부불노동을 수행할 때 맡는 역할을 검토하면서, 노동자들의 성별은 이들의 노동 생활에 심대한 영향을 미친다는 점을 증명할 것이다. 물론 성별이 노동 생활에 영향을 미치는 방식은 인종, 민족, 계급에 좌우되기도 한다. 또한 성별이 사람들이 하는 일의 종류와 그 일이 가져오는 보상, 그리고 가족들의 삶에 미치는 영향은 역사에 따라, 그리고 지역에 따라 차이가 있다. 하지만 먼저 성별과 젠더라는 용어를 분명하게 정의하고 성별의 구분과 젠더 구분 개념을 알아보자.

＊ 2000년 UN인구기금의 계산에 따르면 여성의 부불 가사 노동은 세계경제생산량의 약 3분의 1에 해당한다.

만들어진 불평등, 젠더

성별sex과 젠더gender를 동의어처럼 사용하는 사람이 많긴 하지만 두 단어의 의미는 엄연히 다르다. 성별이라는 용어는 인간의 생물학적 특성에 근거한 분류를 일컫는 개념이다. 생물학적 성별은 사람의 염색체에 좌우되며 생식기관과 호르몬으로 표현된다. 반면 젠더는 사회 행위자들이 구성한 분류로, 보통 여성과 남성의 차이를 과장한다.

모든 사회가 서로 다른 성별의 존재를 인정하고 일정한 목적을 위해 사람을 성별로 구분한다. 사람들을 성별에 따라 나누는 것을 **성별 구분** sex differentiation이라고 한다. 사회는 성별을 중요하게 생각하기 때문에 사람이 태어났을 때 외부생식기의 모양을 근거로 모든 아이에게 둘 중 한 가지 성별을 할당하고, 바로 여기에서부터 성별 구분이 시작된다.

'반대의 성the opposite sex'이라는 표현은 사회가 여성과 남성을 그저 다르기만 한 것이 아니라, 정반대로 인식하고 있음을 드러낸다. 성별 구분이 반드시 성 불평등으로 이어지지는 않지만, 성별 구분은 불평등 시스템의 필수 요소다. 여성과 남성을 다르게 대우하려면 남녀 구분이 필요하기 때문이다. 따라서 성별 구분은 일반적으로 여성보다 남성에게 더 호의적인 성 불평등 시스템, 즉 **성별-젠더 위계**의 일부다.

패션이 젠더 구분을 강화하다

성별에 따른 불평등한 처우를 정당화하려면 성차가 중대해보여야 한다. **젠더 구분**은 생물학적 차이를 만들어내고 과장하는 사회적 과정을 일컫는다.[6] 젠더 구분은 어떤 활동이나 관심사, 장소 역시 남성적인 것 혹은 여성적인 것으로 구분한다.

또한 성별 구분과 젠더 구분은 여성과 남성의 차이를 손쉽게 눈에 드러내는 역할을 한다. 옷차림은 남녀의 겉모습 차이를 두드러지게 하고 심지어 실제로는 존재하지 않는 차이를 만들어낼 수도 있다. 예컨대 패션은 남성의 넓은 어깨나 여성의 풍만한 엉덩이를 강조하기도 하고, 여성 혹은 남성의 성적인 특징에 눈이 쏠리게 만들었다. 19세기에 바지가 도입된 이후 남성들은 몇 년이 지난 뒤에야 '[자신들의] 성적인 부위를 부각시키는' 몸에 딱 달라붙는 브리치스[승마할 때 입는 딱 붙는 반바지]를 포기했다.[7] 신발 역시 여성과 남성의 발 크기 차이를 과장함으로써 젠더 구분에 일조했다. 1911년 신해혁명 전까지 중국 상류층 여성은 아주 작은 신발을 신기 위해 발을 꽁꽁 동여맸다. 1960년대 초 미국 여성들은 발가락 부분이 좁고 뾰족한데다 굽이 7센티미터인 신발 밖에 살수 없었다.

유아복 분야를 보면 자연발생적인 근거가 전혀 없는 외모상의 성차가 어떻게 만들어지는지가 확연하게 드러난다. 가령 일회용 기저귀 제조업체는 여아용 디자인과 남아용 디자인을 다르게 내놓고 광고한다. 하지만 20세기 초까지 여자아이와 남자아이의 옷은 보통 흰색으로 비슷했다. 미국인들이 처음 유아복을 색으로 구분하기 시작했을 때 여자아이에게는 파란색 옷을, 남자아이에게는 분홍색 옷을 입혔다. 1950년이 되어서야 이런 관행이 역전되어 파란색은 남자를, 분홍색은 여자를 상징하게 되었다.[8] 이런 전환을 보면 남녀 간의 불평등한 처우를 유지하고 정당화하는 데는 문화가 두 성별을 어떤 방식으로 구별짓느냐가 아니라, 어떤 식으로든 그런 구분을 한다는 사실이 중요함을 알 수 있다.

생물학적으로 다른 점보다는 비슷한 점이 훨씬 더 많은 여성과 남성을 겉보기에 크게 다른 두 집단으로 전환시키는 과정이 **젠더의 사회적 구성**에 해당한다. 인류학자 게일 루빈Gayle Rubin의 말처럼 "여성과 남성의 동질성을 지우려는 금제taboo는 두 성별을 두 개의 서로 배타적인 범주로 [구분하고] 이로써 젠더를 만들어낸다."[9] 대부분의 사람들은 보상과 처벌을 통해 젠더의 사회적 구성에 동조하고 이로써 여성성과 남성성의 문화적 정의에 순응하게 된다.

사회가 젠더를 각색하다

어떤 마을에 찾아와 음식을 구걸하는 이방인에 대한 우화는 성별과 젠더의 차이를 비유적으로 보여준다. 다음의 우화를 살펴보자.

> 마을 사람들이 음식이 전혀 없다고 말하자 이 이방인은 자신에게 마법의 돌이 있으니 그걸로 "돌 수프"를 만들어주겠다고 한다. 냄

비에 물과 돌을 넣고 끓이면서 이방인은 마을 사람들에게 양파를 하나만 찾아와서 냄비에 넣으면 수프가 더 맛있어질 거라고 이야기한다. 어떤 사람이 양파가 있다고 고백하고 냄비에 넣는다. 이방인이 당근을 하나만 넣으면 수프가 훨씬 훌륭해질 거라고 말하자 또 다른 마을 사람이 당근을 가져온다. 이런 식으로 이방인은 마을 사람들이 감자, 순무, 마늘, 심지어는 고기가 붙어있는 뼈까지 추가하게 만든다. 마침내 이방인이 마을 사람들에게 대접한 돌 수프는 푸짐하고 맛있었다.

이 비유를 단순 대입하기에는 다소 무리가 있겠지만 이 이야기에서 성별은 돌을, 젠더는 수프를 닮았다. 돌처럼 생물학적 성별은 사회가 젠더를 구성하는 토대다. 수프처럼 젠더는 사람들의 생물학적인 성별에 의지하기보다는 주로 사회가 젠더를 각색하는 방식에 좌우된다. 그리고 이방인이 마을 사람들을 속여서 평범한 돌이 돌 수프의 중요한 재료라고 믿게 만든 것처럼, 문화는 종종 우리를 현혹시켜 생물학적인 성별이 여성과 남성의 행동, 그리고 살아온 인생의 결과상의 차이를 결정하는 중요한 이유라고 생각하게 만든다. 요컨대 젠더는 생물학적으로 어쩔 수 없는 현상이 아니라 젠더 구분에서 비롯된 사회적 구성물이다.

이 책에서 사람들의 생물학적인 성별을 의미할 때는 성별이라는 용어를 쓴다. 그래서 조직이나 사회가 여성과 남성을 다루는 방식을 비교할 때는 보통 성별이라는 단어를 쓴다. 이 단어를 쓰는 이유는 타인이 특정인을 대하는 태도에 성별이 영향을 미친다는 점을 강조하기 위해

서다. 성차별 혹은 성별분리라고 표현하는 식이다. 반면 젠더라는 용어는 사회적으로 구성된 성차를 일컬을 때 사용한다.

인간의 활동을 젠더로 구분하는 주된 이유는 남성이 점하고 있는 유리한 지위를 유지하기 위해서다. 젠더 이데올로기와 젠더화된 조직은 남성 집단의 유리한 지위를 제도화한다. 달리 말해서 조직은 여성보다 남성에게 더 우호적인 성별-젠더 위계를 확립하는 데 핵심적인 역할을 한다. 덕분에 개별 남성들은 아무 노력을 하지 않고도 그저 남성이라는 이유만으로 혜택을 누린다. 대부분의 남성은 자신의 생물학적 성별에서 비롯된 혜택을 의식조차 하지 못한다. 놀라운 일도 아니다. 대부분의 사람들은 날 때부터 주어진 특성(인종, 성, 혹은 외모) 덕분에 누리는 혜택을 자신의 노력의 소산이라고 생각하는 우를 범한다. 하지만 조직 내에서 남성이 점하는 특권적인 지위는 절대적이지 않다. 여성은 젠더 구분을 감소시키는 것이 유리하고, 실제로 다양한 시대와 환경에서 조직적으로 젠더 구분에 맞서는 데 성공하기도 했다.[10]

사람을 구분 짓는 또 다른 특성, 인종과 민족

성별이 사람을 구분하는 중요한 범주이긴 하지만 사회는 다른 특성 역시 사용한다. 인종과 민족이 가장 먼저 꼽힌다. 많은 사회에서는 종교, 외모, 나이, 성적 취향, 경제적 지위 역시 사람을 집단으로 나누는 중요한 근거다.

미미한 생물학적 성차를 과장하듯, 사회는 나이, 인종, 민족을 근거로 사람들의 작은 차이를 공들여 고착화한다. 그러므로 민족과 나이 역시 사회적 구성물이다. 가령 제2장에서는 노동의 역사를 다루면서 100년 전만 해도 가족과 고용주들이 어린이를 작은 성인으로 취급했고, 그래서 어린이도 농장과 공장에서 부모와 함께 노동했음을 보여준다.

일부 사회는 지금도 어린이를 성인과 법적으로 구분하지 않는다. 어린이는 결혼을 할 수도 있고 살인혐의로 재판을 받을 수 있다. 하지만 오늘날 대부분의 사회에서는 보통 어린이, 청소년, 노인을 나머지 모두와 구분한다. 그러므로 아동기, 청소년기, 노년기는 사회적으로 특수한 지위로서 구성된 것이다.

인종과 민족을 근거로 사회적 차별화를 하는 사회도 있다. 20세기 전반기 미국에서는 흑백white and black이라는 표현이 종종 소송거리가 되곤 했다.[11] 이민의 흐름과 세계정세는 미국 사회 내에서 인종과 민족을 구분하는 강력한 전통을 만들어냈으며, 그 결과 개인의 인종과 민족은 이들의 노동 생활에도 영향을 미칠 수 있다. 이런 구분의 영향에 대해 이야기할 때는 인종과 민족의 의미 역시 사회적으로 구성되었음을 기억해야 한다.

남성과 여성의 노동은
값이 다르다

여성과 남성의 차이를 만들어낼 때 젠더 구분이 중요한 역할을 맡고 있음을 강조하기 위해서 일부 사회과학자들은 젠더gender라는 단어를 동사로 사용한다. 이들은 젠더 구분이라는 과정을 젠더링gendering이라고 부르고 한쪽 성별에 고착된 활동을 일컬어 젠더화되었다gendered고 말한다. 이런 용어들은 결과 역시 사회적 구성물이고 통상적으로 여성보다 남성에게 더 우호적임을 뜻한다.[12] 노동 제도를 비롯한 여러 관련 제도는 젠더에 대한 가정을 기초로 형성된다. 이 절에서는 젠더화된 노동의 세 가지 특징을 중점적으로 다룰 것이다. 먼저 노동자의 성별을 근거로 한 업무 할당을 살펴보고, 다음으로는 여성의 노동보다 남성의 노동을 더 높이 평가하는 경향을 알아본다. 마지막으로 직업에서 고용자와 노동자에 의한 젠더의 사회적 구성을 분석할 것이다.

사회는 젠더 차이를 다양한 방식으로 생산하고 유지한다(즉 젠더화에 간여한다). 젠더의 현 상태를 뒷받침하는 이데올로기나 사람들의 상호작용을 이용하기도 하고, 보상 시스템을 통해 적합한 젠더 활동을 장려하거나 부적합한 젠더 활동을 좌절시키기도 한다. 그러므로 젠더는 직장을 비롯한 주요 제도의 조직 방식에 이미 스며들어 있는 사회적 관계의 시스템이다.[13] 이런 젠더 개념을 이용하면 사회제도가 남녀 구성원의 차이를 만들어내고 유지하는 방식뿐만 아니라 어떤 조건 하에서 젠더 링을 효과적으로 감소시키는지 살펴볼 수 있다.

여성과 남성에게 정해진 업무가 있을까

여성과 남성에게 서로 다른 업무를 할당하는 것, 즉 **성별분업**은 노동의 핵심 속성이다. 모든 사회는 일정 정도 노동자의 성별을 근거로 업무를 선정한다. 어느 성별이 어떤 업무를 할지는 시기에 따라 그리고 나라에 따라 달라지지만 말이다. 어떤 사회가 '자연스럽게' 여성의 일 혹은 남성의 일이라고 생각하는 업무가 다른 시기 혹은 다른 장소에서는 반대편 성별에 할당되기도 하다.

가령 중동, 북아프리카, 인도에서는 대부분의 재단사가 남성인 반면, 이보다 더 산업화된 나라에서는 여성의 직업으로 여겨진다.[14] 경제개발협력기구(OECD) 회원국에서는 미용사와 이발사가 여성인 경우가 많지만, 인도나 중국에서는 그렇지 않다.[15] 전 세계적으로 가정부는 85 퍼센트가 여성이지만 앙골라와 인도에서는 절반가량이 남성이고, 튀니지, 가나, 세네갈에서는 3분의 1이, 이집트와 쿠웨이트에서는 4분의 1이 남성이다.[16]

같은 나라, 심지어는 같은 계열의 노동 안에서도 각 성별은 특정한 업무에 편중될 수 있다. 21세기로 넘어갈 무렵 미국에서는 식당 서빙업에 종사하는 여성이 남성보다 2배 더 많았지만[17] 남성만 웨이터로 고용하는 레스토랑도 많았고 이 경향은 고급 레스토랑일수록 두드러졌다. 남성이든 여성이든 음식을 나르는 데 필요한 기술을 독점하지 않지만, 레스토랑에서는 한쪽 성별이 조리를, 다른 쪽 성별이 서빙을 하는 식으로 성별분업을 시행하는 경우가 종종 있다. 인종, 민족, 나이 역시 종종 업무 할당에 영향을 미친다. 가령 19세기 말 대부분의 가사 노동자는 여성이었지만, 캘리포니아와 하와이에서는 아시아 남성이었다.[18] 제4장에서 이런 분업에 대해 더 자세히 설명할 것이다.

성별분업은 시간이 지나면서 바뀌기도 하는데, 이를 잘 보여주는 예시가 의류 생산 분야다. 14~15세기까지 실크 생산은 여성의 일이었지만 16~17세기에는 절대적으로 남성의 일이 되었다.[19] 이후에는 직물 제조업자들이 주로 여성을 고용한 적도 있고 남성을 고용한 적도 있고, 둘 다 고용한 적도 있었다.

성별분업이 시간에 따라 바뀐 영역은 의류 생산 분야만이 아니다. 전 세계적으로 오늘날의 여성은 1970년대와 1980년대에 비해 '남성의 일'을 더 많이 하고 있다.[20] 가령 다국적 기업이 들어와서 직물 수출이 확대된 작은 나라에서는 과거 남성이 하던 일을 하는 여성의 비중이 20년간 크게 늘었다. 가령 아프리카의 섬나라인 모리셔스에서는 이런 일을 하는 여성의 비중이 37퍼센트에서 65퍼센트로, 피지에서는 41퍼센트에서 61퍼센트로 증가했다.[21]

하지만 한쪽 성별이 주로 수행하는 일이 무엇인지는 일반적으로 매우 천천히 바뀐다. 기존의 성별분업이 누가 어떤 유형의 일을 해야 하는가에 대한 사회적 기대를 결정하는 데다가, 많은 직업군에서 기존 남성 노동력의 이직 속도가 느리기 때문이다.[*] 그러므로 대부분의 세계에서 생산 감독과 일반 감독, 대장장이, 공구 제작자, 벽돌공, 목수, 그 외 건설 노동자는 거의 전적으로 남성이다.[22] 그래서 사람들은 각각의 노동 유형에 한쪽 성별에는 어울리지만 다른 성별에는 부적합하다는 꼬리표를 붙이게 된다. 예컨대 아프리카에 있는 감비아에서는 14세기 이후로 여성이 쌀을 재배했다. 19세기에 식량이 심각할 정도로 부족해지자 정부는 남성이 쌀 재배를 거들도록 독려하려 했다. 그러자 남성들은 쌀은 "여성의 작물"이라고 주장하면서 이를 거부했다.[23]

하지만 성별분업이 그렇게 엄격하지 않은 상황도 있다. 미국의 역사에서 사례를 찾아보자. 식민지 시절 미국에서는 생존을 위해 모두가 노동에 참여해야 했다. 성별분업에 따라 남성은 주로 식량 재배를, 여성은 가족에게 필요한 물건을 만드는 일을 책임졌다. 하지만 가족 전원이 식물 상태의 아마에서 리넨을 생산할 때를 비롯해서 여성과 남성이 협력하는 경우도 종종 있었다. 남자아이들이 아마를 뽑아서 널어 말리면 성인 남성들은 말린 아마를 털어서 씨앗을 제거했다. 남자들은 줄기를 물에 불려 깨끗하게 다듬고 건조한 뒤에 나무 단검으로 아마를 쪼갰다.

---

[*] 전쟁이나 파업 같이 남성 노동력을 구할 수 없거나, 업무가 남성에게 매력적이지 않은 방식으로 변한 경우 직업은 재빨리 성별 꼬리표를 바꿔 달 수 있다. 하지만 이런 변화가 영구적인 경우는 드물다. 가령 20세기 일본에서는 여성이 지하에서 광부로 일을 했지만 제1차 세계대전 이후 불경기가 닥치자 여성을 지상으로 올려 보내는 법이 통과되었다. 제2차 세계대전 기간 동안 노동자의 수요가 부족해지자 여성은 다시 광산으로 돌아갔지만, 전쟁이 끝난 뒤인 1947년 다시 강제로 일자리를 잃었다.

그리고 나면 여성들은 이 거친 재료를 빗으로 정리한 뒤 실패에 아마를 감아서 리넨 실을 뽑아냈다(그래서 여성들은 '실패 성distaff sex'이라는 별명을 얻었다). 여성들은 이 실을 씻고 표백한 뒤 돌 위에 올려놓고 나뭇가지로 '내려친' 다음 이 실로 직물을 짰다. 하지만 통상적으로 필요하면 각 성별은 다른 성별이 하는 작업을 하기도 했다.[24]

생산의 압력이 높을 때는 여성과 아이들이 종종 '남성의 일'을 한다. 19세기 초 프랑스의 트루아 지역에서는 조편기 작업이 절대적으로 남성의 전유물이었다. 하지만 한 주의 생산량을 채워야 하는 압력이 밀려올 때는 여성과 상대적으로 큰 아이들이 기계를 돌렸다.[25] 가족 사업에서 상황 때문에 어쩔 수 없이 '잘못된' 성별에 일을 배당해야 할 때는 체면이 깎이지 않도록 문을 닫아 걸고 몰래 일을 하기도 했다.[26]

북미의 노예 소유주들도 관행적인 성별분업을 별로 존중하지 않았다. 노예로 끌려온 아프리카계 미국인 여성, 남성, 아이들은 농장뿐만 아니라 공장, 제분소, 광산에서 강제로 노동했다. 성별에 따라 배당되는 업무도 있었지만, 여성과 아이들은 남성과 함께 철, 직물, 삼, 담배를 가공하고, 설탕을 정제하고, 벌목을 했다. 심지어 사우스캐롤라이나의 샌티 운하를 판 노동자의 절반이 여성이었다. 여성 노예는 남성 노예와 함께 철도 선로를 관리했다. 철광석 광산과 제련소에서는 여성이 운반차를 끌고, 광석을 분쇄기에 싣고, 용광로와 대장간을 운영했다. 플랜테이션에서도 공장에서도 여성 노예는 여성이라는 이유로 고된 노역에서 면제받지 않았다.[27]

요컨대 사회는 어떤 활동이 한쪽 성별에 적합하다는 꼬리표를 붙이는 방식으로 노동을 젠더화한다. 이런 꼬리표는 업무 할당에 영향을 미치고 다양한 업무를 누가 수행해야 하는가에 대한 고용주와 노동자의 기대에 영향을 미친다. 하지만 그 어떤 사회나 시대에도 어느 성별이 특정한 일을 해야 한다고 규정하는 고정불변의 법칙 같은 것은 없다.

여성의 노동은 왜 저평가될까

성별분업이 반드시 성 불평등으로 귀결되는 것은 아니다. 역사학자들에 따르면 유럽에서는 산업화 이전에 여성과 남성의 영역이 서로 달랐지만, 어느 한쪽이 다른 쪽에 종속되는 관계가 아니었다.[28] 하지만 현실에서 성별 구분은 여성의 활동을 저평가하고 이로써 성 불평등을 존속시키는 경향을 양산한다.

전 세계 주요 문화와 종교에는 여성과 여성의 노동을 저평가하는 관점이 깊이 뿌리내리고 있다. 가령 서구 문화에 강하게 영향을 미치는 유대기독교는 여성 하인의 가치를 남성 하인의 5분의 3에 해당한다고 평가했다.[29] 여성의 노동이 저평가되는 정도는 시간과 장소에 따라 다르지만, 두 가지 이유에서 꾸준히 지속된다. 하나는 그것이 전 세계 많은 곳에서 이데올로기의 일부이기 때문이고 다른 하나는 그것이 남성에게 이롭기 때문이다. 여성에 비해 인간 활동에 가치를 매기는 지위를 차지하는 일이 더 많은 남성들은 남성의 활동을 표준으로 여기고, 한 사회의 존립을 위해 얼마나 중요한지는 아랑곳하지 않은 채 다른 활동을 열등한 것으로 치부하는 경향이 있다.[30]

여성과 이들의 노동에 대한 저평가는 성별 임금격차의 핵심 요인이다. 가령 의사 대부분이 남성인 미국에서는 의사가 소득 위계의 최상위에 가깝다. 반면 의사의 4분의 3이 여성인 구소련 국가 에스토니아에서는 의사의 소득이 평균 소득에 훨씬 가깝다.[31] 1825년 영국 정부의 한 보고서에 따르면 주로 여성의 일이었던 방적은 리넨 직물의 가치를 형성하는 데 절반 이상을 기여했지만, 남성이 대부분인 방직공의 일당이 최소 10펜스였던 반면 방적공의 일당은 3~4펜스 수준이었다.[32] 이 계산에는 여성들이 아마를 재배하고 준비하면서 투여한 부불노동은 포함되지 않았다.

제6장에서 이야기하겠지만 일반적으로 어떤 직업에 여성 종사자가 많으면 많을수록 해당 직업에서 종사하는 노동자는 성별에 관계없이 소득이 낮다. 여성의 활동을 저평가하는 문화에서 생활하다보면 이런 관행이 자연스럽게 느껴진다. 13세 아이들의 방과 후 일자리에 대해 생각해보자. 한 이웃이 남자아이에게는 30분간 눈을 치운 대가로 20달러를 지불하고 여자아이에게는 한 시간 동안 아기를 돌본 대가로 8달러를 지불한다(이 수치는 지역에 따라 달라진다). 어째서 아기를 돌본 여자아이는 이 격차를 수용하는 걸까? 어쩌면 자신의 시급이 얼마나 적은지 알아차리지 못할 수도 있다. 하지만 여자아이가 하는 일은 남자아이가 하는 일보다 가치가 낮다는 그 사회의 태도를 이미 체득해버린 것일 수도 있다.

여성들은 어릴 때부터 마땅히 누려야 할 권리에 대한 욕구를 억누르도록 훈련받는다. 그 결과 여성들은 동일한 수준의 성별과, 노력, 혹은 능력에 대해 남성에 비해 더 낮은 보수를 기대한다.[33] 게다가 남성들은 반대로 자신이 마땅히 누릴 수 있는 권리에 대해 과장된 감각을 가지고 성장하기도 한다. 어떤 실험에서 대학생들은 동일한 업무임에도 여성이 수행하면 더 낮은 가치를 부여했고 여성의 성과가 남성에 비해 열등하다고 판단했다. 실제로는 여학생들이 남학생에 비해 더 빠르고 정확하게 업무를 완수했는데도 말이다.[34] 여성이 주로 그 일을 한다는 이야기를 들은 학생들은 남성이 그 일을 한다고 들은 학생보다 더 낮은 보수를 책정했다.[35]

요컨대 여성을 저평가하는 문화적 태도는 많은 고용주, 노동자, 사회가 통상적으로 여성이 하는 일에 더 낮은 가치를 매기는 데서 확인된다. 이 같은 여성 노동의 저평가 때문에 여성의 보수는 남성에 비해 적어진다. 이를 비롯한 여러 방식을 통해 저평가는 성별-젠더 위계를 온존하는 데 기여할 수 있다. 이에 대해서는 제6장에서 더 자세히 논할 것이다.

노동시장에서 형성되는 젠더

직업 현장에서 일어나는 젠더 구성은 고용주가 노동을 조직하고 노동자가 상품과 서비스를 생산하는 방식의 부산물이다. 고용주와 노동자는 실제로는 거의 근거가 없는 성별에 대한 의식적 혹은 무의식적 고정관념을 통해, 그리고 남성과 여성이 다르다고 가정하는 정책과 행동을 통해 직업 현장에 젠더를 끌고 들어온다. 이런 젠더 구분은 성 불평등에서 핵심적인 역할을 하고, 그래서 정도는 다르지만 노동 관련 제도를 비롯한 모든 사회제도에 널리 퍼져있다.

젠더를 구분하는 가장 큰 주체는 고용주다

고용주는 직업 현장에서 젠더링을 하는 데 가장 중요한 역할을 한다.[36] 고용주는 새로운 일자리를 만들어내고, 급여 수준을 정하고, 노동이 어떤 조건에서 어떻게 이루어질지 조직할 때 특정 성별을 염두에 두는 경우가 많다. 가령 고용주가 평균 180센티미터에 80킬로그램의 노동자를 가정하는지 아니면 평균 162센티미터에 59킬로그램의 노동자를 가정하는지에 따라 노동자가 사용하는 기계의 설계가 상당히 달라진다.

이와 유사하게 고용주들이 성인 남성 노동자를 염두에 둘 경우 이들이 교대근무와 초과근무를 기꺼이 받아들이리라고 가정할 공산이 크다. 반면 여성을 고용할 계획인 고용주들은 업무를 시간제로 조직하고 이직을 조장하는 급료와 수당 시스템을 만들어낼 가능성이 높다.

현대적인 유급 일자리가 진화하는 동안 대부분의 유급 노동자는 남성이었다. 그 결과 일자리 창출과 관련된 가정들이 젠더화되었다. 이런 가정의 영향력은 고용주의 관성적인 인사관리 관행 때문에 많은 직업 현장에서 여전히 없어지지 않고 남아있다. 이런 관성의 근원에는 습관, 현상 유지보다 변화가 더 위험하다고 생각하는 사람들의 인식, 그리고 시대에 뒤떨어진 관행의 영향에 대한 무지가 있다.

가령 1960년대 말까지만 해도 미국에는 여성을 25파운드가 넘는 물건을 들어야 하는 업무에 배치하지 못하게 하는 주가 많았다. 캘리포니아대법원이 1964년 연방의 차별금지법을 근거로 이런 '보호목적'의 법률을 불법으로 규정하고 폐지한 이후에도 수년간 많은 고용주가 여전히 그런 일자리에서 여성을 배제했다. 고용주들이 의도적으로 법원의 결정을 무시했다고 보기는 힘들다. 이들은 그저 하던 대로 행동했을 뿐이다. 고용주들은 외부적인 사건이 있어야만 기존의 관행을 바꾸는 경향이 있다.

또한 고용주는 현재의 관행을 통해 직장에 젠더를 도입할 수도 있다. 고용주는 때로 젠더를 이용해서 노동자를 통제하고, 이들이 더 많은 일을 하게 만들며, 상품을 판매한다. 노동자들이 힘과 인내심, 희생을 요구하는 남성적인 젠더 역할 규범에서 벗어나지 못하면 고용주가 덕을 본다. 가령 무거운 철강레일을 들어 올리는 일을 배정받은 남성 석탄 광부가 그건 남자 4명분의 일이라고 말하면 감독관은 "당신 같은 남자 하나로 충분하지 않다고?"라고 되묻는다.[37] 누군가가 일하다가 다친 손을 보고 안쓰러워하면 그 덕에 밥 먹고 산다는 말로 일축해버리는 정육업자처럼, 이런 식의 젠더 규범은 노동자 스스로를 강제하는 속성을 띨 수 있다.[38]

노동자가 열악한 노동조건에 관심을 쏟지 못하게 훼방을 놓거나 집단행동을 예방하기 위해 노동자의 성별을 강조하는 고용주도 있다.[39] 가령 젊은 여성을 낮은 임금으로 장시간 위험한 노동에 묶어두는 전 세계 조립라인은 때로 회사부지 안에서 패션쇼와 화장품 판매행사를 대대적으로 진행한다.[40] 카리브해의 한 회사는 개별 몸단장, 화장, 산전관리 같은 주제를 가지고 사내 자기개발 프로그램을 제공하기도 했다.[41] 홍콩에 있는 한 회사의 관리인은 여성에게(남성은 대상이 아니었다) 가족의 위기상황에 대처할 수 있는 한두 시간짜리 유급 휴가를 제공하는 방식으로 기혼 여성의 가족 지향성을 독려했다.

경영의 측면에서 보면 여성의 가족 지향성을 활성화할 경우 임금 상승이나 승진에 관심을 가진 노동자가 될 가능성이 낮아진다.[42] 기업은 젊은 여성이 외모나 결혼에 관심을 갖게 만들고 기혼 여성은 가족을 지향하게 만드는 프로그램과 정책을 도입하는 방식으로, 여성이 노동조건에 저항할 가능성을 낮춘다.

직장에서 성적인 물건을 눈감아주는 고용주의 행태 역시 젠더화된 직장을 유지하는 데 기여한다. 한 여성 소방관은 감독관이 여러 번 경고를 했는데도 동료가 사물함 문을 열어두고 그 안에 포르노 사진을 보란 듯이 펼쳐놓았다며 불만을 토로했다.[43] 한 여성 건설 노동자는 이렇게 주장하기도 했다. "직장엔 포르노가 많았어요. 내가 거기에 대해 불만을 제기하면 잠깐 떼었다가 더 많이 붙였죠."[44]

중요한 사실은 고용주의 행동과 정책이 직장에 젠더를 끌어들일 수 있듯, 그 반대 역시 가능하다는 점이다. 실제로 고용주가 성희롱 관련 정책을 이행한 직장에서는 성희롱 건수가 줄어들었다.

노동자가 조장하는 젠더

노동자 역시 일터에서 젠더를 구성하는 데 일조한다. 이유는 다양하다. 동성인 다른 노동자들과 유대를 쌓거나 자신의 젠더 정체성을 표출하기 위함일 수도 있고, 다른 성별의 노동자를 유혹하거나 배제하려고, 혹은 고용주에게 복수하려고, 서로를 통제하려고, 또는 그냥 재미 삼아서일 수도 있다.

여성 노동자와 남성 노동자는 서로 다른 방식으로 직업 현장에 젠더를 끌어들인다. 많은 관찰자들이 남성 일색인 노동집단에서 스포츠나 섹스 같은 '남성의' 관심사를 통해 집단 구성원의 남성성을 확인하는 과정에 대해 논평한 바 있다. 한 성별이 지배적인 노동집단은 **젠더 과시** gender display 행위를 하기도 하는데, 이는 그 직장이 한쪽 성별의 전유물임을 드러내기 위해 사용하는 언어나 의례를 말한다. 남성의 젠더 과시

행위에는 성적인 표현과 섹스에 대한 대화 같은 것이 있다. 군대의 훈련교관이 남성 신병들을 "소녀, 아가씨, 겁쟁이"라고 부르는 행위가 여기에 해당한다.[45]

육체노동이라는 환경은 마초적인 행동을 특히 조장한다. 가령 연안의 석유 굴착 장치 같은 위험한 환경에서 일하는 남성들은 종종 안전모를 거부하고, 석탄 먼지에 둘러싸여 일하는 일부 남성들은 마스크를 잘 쓰지 않는다. 업무를 완수하기 위해 표준적인 절차 대신 폭력을 사용하는 노동자들의 행동 역시 이런 마초적인 행위에 속한다. 일터에서 허세와 근육이 중요함을 시사하는 젠더 과시 행위는 여성이 그곳에서 설 자리가 없다는 의미를 내포한다.[46]

사무직 노동자들 역시 이런 마초적인 행위를 한다. 한 연구에 따르면 소송 전문 남성 변호사들은 자신들을 외골수처럼 "적"을 따라다니면서 정복하는 "람보"에 비유했다. 한 사람은 이렇게 말했다. "그건 남자의 일이에요 (…) 경쟁이죠. 남자들은 서로를 드러내려고 때리죠. 주먹다짐만 하는 게 아니에요, 공격은 말로도 합니다." 패소한 남성은 "약자", "무능력자" 혹은 "불알"이 없는 놈 취급을 당했다.[47] 하지만 이런 관행이 보편적이지는 않다. 고용관행법과 차별금지법은 이런 행위를 누그러뜨리는 효과가 있을 수 있다.

사회적 상호작용 역시 직장에 한쪽 성별의 접근이 막힌 곳 혹은 개방된 곳이라는 표시를 남길 수 있다. 젠더는 지금 벌어지고 있는 일을 그대로 보여주기보다는 상호작용의 배경 속에 있는 '유령'일 때가 종종 있긴 하지만 말이다.[48]

노동자들이 노골적으로 젠더를 이용해서 불평등을 강화하는 경우도 있다. 남성의 우월함을 주장하는 행위는 언어를 통해 이루어지기도 한다. 가령 남성 판사들이 여성을 "암캐, 고양이, 억센 여자"라고 부르거나,[49] 독신인 여성 전기기사의 욕실 벽면에 "망할 레즈비언 전기기사년"이라는 문구가 적혀있는 상황처럼 말이다.[50] 발전소 직원 중 유일한 여성이었던 어느 전기기사는 작업실 게시판에서 "맥주가 여자보다 더 나은 열두 가지 이유"라는 제목을 달고 여성을 성적 대상으로 비하한 목록을 보기도 했다("맥주를 딴 첫 사람이 나라는 걸 항상 알 수 있다", "맛이 없어지면 버려도 된다"). 이 목록은 이 여성 전기기사에게 자신이 여성은 주로 성적인 도구일 때나 환영받는 남성의 영역에서 일하고 있음을 상기시켰다.[51]

여성들 역시 직장에 젠더를 끌어들인다. 이런 행위는 때로 남성 파트너나 아이에 대한 이야기를 주고받거나 결혼과 출산을 축하하는 방식을 취하기도 한다. 이런 이야기에는 남편의 성공에 대한 자랑이 담길 수도 있고, 남자들의 다양한 무능력을 비난하면서 남성을 경멸하는 내용이 담길 수도 있다. 여성 정육업자들은 자신의 상사에게 전형적인 남성의 속성이 없다면서 비웃기도 했다. "오, 클라이드," 애니가 혐오감을 담아 낮은 탄성을 질렀다. "클라이드는 자기 차도 못 고친다니까."[52]

한편 여성들은 관례적인 젠더 역할에 저항함으로써 오히려 젠더를 이행하기도 한다.✲ 한 사회학자는 멕시코에서 버스를 타고 출근하던

✲ 마초적인 직장에서 일하는 남성은 관행적인 젠더 역할을 거스르는 전략에 의지할 가능성이 낮을 수 있다. 동료 노동자들이 여성적인 남성을 괴롭힐 수 있기 때문이다.

여성 공장노동자들 사이에서 이러한 현상을 관찰했다. 한 남자가 버스에 오르자 이 여성들은 "그를 책망하고 집적댔다 (…) 이들은 키스를 해주겠다면서 미소를 지어보라고 했다. 이어 그 남자의 육체적 특성에 대한 말을 주고받았고 제비뽑기로 누가 그를 차지할지 결정하자고 제안했다."[53]

혹은 여성 노동자와 남성 노동자 모두 젠더를 이용해서 고용주에게 저항하기도 한다. 한 회사가 교육을 위해 노동자에게 홍콩과 중국 본토를 오가며 통근하라고 지시했는데, 여성 노동자의 가족 지향성을 장려하던 이 회사의 정책이 역효과를 냈다. 교육을 받으러 가고 싶지 않은 여성들이 밤 시간을 집 밖에서 보내면 아내이자 엄마로서의 의무를 다하지 못하게 된다고 주장했던 것이다.[54] 이와 비슷하게 남성 노조 조합원들은 남자의 자존심이라는 관념을 들먹이며 다른 노동자들에게 경영진에 대한 반대 행동에 참여할 것을 촉구한다.

요컨대 고용주와 노동자들은 성별과 별 관련이 없는 상황에서 성별을 부각시킴으로써, 그리고 성별에 대한 전형적인 가정에 따라 행동함으로써 젠더 구분을 이행한다. 고용주는 직무를 성별에 따라 구분하고, 노동자의 성별을 근거로 급료를 결정하고, 앞서 다룬 것과 같은 노동자들의 관행을 허용함으로써 노동을 젠더화하기도 한다. 다시 말해서 젠더는 조직의 관행과 상호작용을 통해 노동 현장에서 구성된다.[55] 이런 특성이 변하면 젠더는 약화된다.

인종과 민족이 불러오는 또 다른 차별

노동이 어떤 식으로, 얼마나 많이 젠더화되는가는 노동 현장, 고용주, 노동자들의 특성에 좌우된다. 어떤 상황에서는 노동자의 성별보다 인종이 직무와 급료, 일상적인 경험에 더 큰 영향을 미친다. 성별과 인종 외에도 다양한 특성이 상호작용을 하면서 결과적으로 노동자가 맞닥뜨리게 될 상황에 영향을 미친다. 가령 대학에서는 대부분의 여성 노동자가 하급 사무직으로 일하지만, 이런 일도 주로 백인 여성이 많고 유색인종 여성은 잡역에 편중되어 있다. 한편 백인 남성은 관리자나 교수일 가능성이 높다. 소수 인종 남성은 육체노동에 종사하는 경우가 더 많다. 뒤에서는 노동자의 인종과 민족에 관계없이 패턴이 동일한 경우도 있고 그렇지 않은 경우도 있음을 알아볼 것이다. 인종 혹은 민족이 성별이 미치는 영향에 변화를 가져온 것으로 나타났을 때는 이를 다룰 것이다. 애석하게도 인종 혹은 민족이 불러오는 차이에 대한 연구가 제한적이다. 그러므로 우리는 이런 다양성을 염두에 둔 상태에서 노동자의 성별이 이들의 삶에서 중요하다는 점에 주목한다.

여성의 노동은 왜 차별받는가

제2장

노동에 붙은
성별 꼬리표

여성 가내노동의
역사

　모든 사회가 사람의 성별을 근거로 업무를 할당하긴 하지만 여성과 남성에게 주어지는 업무의 종류는 시대와 장소에 따라 달라졌다. 이 장에서는 지난 400년간 서구에서 진행된 성별분업의 진화 과정을 추적한다. 먼저 우리는 서구의 산업화 이전 사회에서 여성의 일과 남성의 일을 어떻게 구분했는지 살펴볼 것이다. 그다음으로 산업화가 노동을 상품화함으로써 또 다른 성별분업, 즉 남성에게는 지불노동을, 여성에게는 부불가사 노동을 부담하게 만드는 관행을 어떻게 만들어냈는지 살펴본다. 마지막으로 서구 국가와 비서구 국가 사이에서 나타나는 성별분업을 살펴본다.

농업 사회에서 남녀의 노동은 어떻게 달랐을까

　산업화 이전 유럽 사회에서는 거의 모두가 노동을 했다. 대부분의 사람들이 자급을 위한 식량과 주거를 마련하기 위해 살았다. 다른 사람들의 노동에 의지해서 살아간 왕족과 귀족은 제외한 그 밖의 사람들은 물건을 만들거나 다른 사람을 위한 노동을 했다. 이 절에서는 이 시기에 여성과 남성이 농업과 물품 제작 분야에서 했던 노동에 대해 살펴볼 것이다.

서구에서 산업화가 시작된 18세기 이전에는 대부분의 사람들이 농업에 종사했다. 농노로서 귀족이 보유한 땅을 경작하기도 했고, 시간이 더 지난 뒤에는 소작농으로서 작은 땅을 소유하기도 하면서 말이다.[1] 남자들은 보통 땅을 갈고 타작을 했고, 여자들은 풀을 뽑았으며 수확은 남녀가 함께했다. 어린 여자아이와 성인 여성은 가축을 키우는 일을 맡았다. 그래서 이들은 젖을 짜고, 버터와 치즈를 만들고, 동물을 도축했다. 여자는 빵, 맥주, 옷감, 옷 등을 만들기도 했다. 남자는 집을 짓고 목재를 자르며 써레로 땅을 고르고 도랑을 파거나 생울타리를 잘라냈다.

17세기에 바스크 지방에서 살았던 농장 부부를 예로 들어보자. 아내는 동틀 녘 일어나 불을 피웠다. 남편과 일꾼들이 아직 침대에 있는 동안 아내는 아침식사를 만들었다. 남자가 파종, 가래질, 쟁기질, 수확작업을 하러 밭에 나가면 아내는 집을 청소하고 점심식사를 준비하면서 선 채로 남자를 기다렸다. 오후에는 아내 역시 밭에 가서 남편과 일꾼들과 함께 일을 하다가 저녁식사를 준비할 시간이 되면 집으로 돌아갔다. 저녁에 남편은 연장을 수리하거나 선술집을 찾는다. 아내는 등불을 켜놓고 실을 잣다가 밤 11시경 남편을 따라 잠자리에 든다.[2]

산업화 이전에는 하인의 노동과 소작농의 노동이 유사했다. 여성과 남성 모두 때로는 그저 생활비를 벌기 위해 하인으로 일했다. 아홉 살 때 하인으로 도제 생활을 시작한 한 영국 여성은 이렇게 설명한다.

어린 수소를 밭으로 몰고 갔다가 다시 데려오기, 집 청소하고 잠자리 준비하기, 돼지에게 먹일 감자를 씻고 삶기, 젖 짜기, 밭에서 말이나 소를 끌고 쟁기질하기 (…) 감자 캐기, 순무 캐고 뽑기 (…) 남자아이처럼. 나는 보통 다섯 시나 여섯 시에 일어났고, 한 주에 두 번 있는 장날 아침에는 세 시에 일어났다.[3]

산업화 이전의 농업사회에서는 성별분업에 따라 요리와 청소, 실잣기가 여성의 일로 규정되긴 했지만 여성의 일과 남성의 일이 많이 중첩되었다. 여성의 일과 남성의 일이 똑같은 가치를 갖는다고 인식하긴 했지만 그렇다고 해서 산업화 이전의 농업사회가 성 평등 천국이었던 것은 아니다. 1823년 한 관찰자는 스코틀랜드의 하일랜드 지방에 대한 글에서 여성은 남성의 동반자라기보다는 '하녀' 취급을 받았다고 밝혔다.

남편은 밭에서 씨를 뿌린다. 반면 아내는 바구니에 담긴 퇴비를 밭으로 나르고, 옥수수를 돌보고 수확하며, 괭이로 감자를 캐내고, 모든 수확물을 등에 짊어져 집으로 나르고, 바구니를 들고 실잣는 일까지 한다.[4]

장인이 될 수 없었던 여성들

산업화 이전에도 일부 사람들은 노동수용소나 작업장 혹은 자신의 집안에서 수공업 노동자로서 물품을 제작했다. 그러나 이 경우에도 남성의 제작 노동과 여성의 제작 노동은 서로 다른 생산 시스템하에서 조직되었다. 남성의 경우는 길드에서, 여성의 경우는 작업장에서 제작 노동이 이루어졌다. 또한 여성과 남성은 대체로 기술 수준이 비슷했음에도 남성은 여성에 비해 소득이 상당히 높았고 자율성도 더 많이 누렸다.

여성의 작업장을 예로 들면, 중세 유럽에는 여성들이 그 안에 거주하면서 직물을 제조하는 여성 전용 노동수용소workhouse가 있었다.[*] 이 숙련노동자들은 염색하고 직물을 짜고 수를 놓은 뒤 기워서 승려와 귀족을 위한 옷을 만들었다. 이들은 노동에 대한 대가로 식사와 방을 제공받았다. 많은 이들이 귀족이나 수도원의 노예이거나 노예의 아내 혹은 아이들이었다. 농노이거나 매춘 같은 범죄 때문에 노동수용소에 감금된 경우도 있었다.[●]

여성 전용 작업장은 산업화 이전에 자취를 감추긴 했지만 이런 여성 노동의 유산은 지금도 여전하다. 산업화 초창기 직물 공장은 거의 전적으로 여성 노동자에게 의지했고, 지금도 거의 전 세계적으로 직물 제작은 여전히 여성의 일로 간주된다.

산업화 이전의 생산 시스템은 길드였다. 비교적 오래 유지되었던 이 길드 시스템에 속한 **장인**, 즉 수공업 노동자는 원재료를 가지고 다양한 제품을 만들어냈다. 구성원의 이익을 보호하려는 목적으로 조직된 자영업자나 수공업 노동자들의 조합인 **길드**는 은식기, 철로 된 장비, 바퀴에서부터 직물, **빵**, 맥주에 이르기까지 집 밖에서 일어나는 대부분의

---

[*] 일본이 산업화를 겪고 있던 19세기 말에는 일본에도 이와 유사한 여성 전용 작업장이 있었다.
[●] 데이비드 헐리히David Herlihy 같은 일부 역사학자들은 소유주들이 여성의 작업장을 사창가 취급했다고 믿는다.

생산 활동을 감독했다. 여성 전용 작업장에서 일했던 직물 노동자와 마찬가지로 장인은 정교한 제품을 생산하는 숙련노동자였다. 하지만 작업장의 노동자들과는 달리 거의 모든 장인이 남성이었고, 자신이 만든 제품을 팔아서 소득을 창출했다.

오늘날 노동조합의 모태인 길드는 장인이 수공업을 배우는 도제 시스템을 통제했다. 길드의 목적은 경쟁 억제였기 때문에 길드는 여성을 포함한 외부인들이 도제에 접근하지 못하게 했다. 뛰어난 수공업 노동자의 아내는 남편 옆에서 함께 일했으며, 중세 초기에는 길드가 남편과 사별한 여성에게 작고한 남편의 일을 이어가도 좋다고 허락하는 경우도 있었다. 하지만 길드는 남편의 일을 수행할 수 있는 아내와 사별한 여성들의 권리를 점차 제한했고, 결국 여성에게는 뛰어난 수공업 노동자의 지위를 부여하는 것이 금지되었다.[5] 산업화 이전에 남성이 장인 노동을 독점하던 현상은 현대에도 여전히 지속되고 있다. 지금도 숙련된 기술을 요하는 업무는 남성이 사실상 독점하고 있기 때문이다. 이에 대해서는 제4장에서 더 자세히 살펴볼 것이다.

산업화를 통해 생산이 공장으로 이전되기 전에는 소작농, 그중에서도 주로 여성과 아이들이 **가내수공업** 시스템을 통해 집에서 일부 물건을 만들었다. 가내노동자들은 양털로 털실을 잣거나 레이스를 만들거나 직물을 짜거나 셔츠의 칼라를 달았고, 이렇게 해서 작업 물량을 기준으로, 즉 완성된 작업의 양에 따라 돈을 받았다. 이를 **정률급제**piece rate라고 하는데, 이 소득이 가계에서 유일한 현금 수입인 경우도 종종 있었다.

가족을 위한 노동이 가장 우선인 소작농 여성들은 한시도 쉬지 않고 일하면서 가내수공업을 할 수 있는 시간을 만들었다. 역사학자 맥신 버그Maxine Berg는 17세기 영국의 여성 가내노동자에 대해 이렇게 묘사했다. 이들은 "마을 도로 위를 걸으면서 뜨개질을 했고, 어둠 속에서도 뜨개질을 했다. 너무 가난해서 등불도 없었기 때문이다. 이들은 필사적으로 뜨개질을 했다."[6] 이후 여성과 아이들은 가내노동자로서 최초의 노동력으로 참여했다.

산업혁명,
젠더 불평등의 출발

수백 년 동안 인간은 농업 노동과 전 산업단계의 제작 노동을 하면서 생존했다. 그러다가 18세기에 접어들면서 자본주의는 서구 유럽인들이 상품과 서비스를 생산하고 분배하는 방식을 바꿔놓았다. 가족 단위의 생산방식은 자본가가 노동자에게 급료를 지불하고 공장과 광산에서 상품을 생산하게 만드는 시장 생산 방식으로 대체되었다. 사람들은 지불노동자가 되어 제품을 생산했고 중개인이 그 제품을 팔았다. 서구 세계에서 200여 년간 지속된 이 **산업혁명**은 개발도상국에서 지금도 진행 중이다.

산업혁명이 시작되다

산업화를 통해 상품의 생산 장소가 집에서 공장으로 이동하면서 새로운 개념이 등장했다. 바로 임금을 위해 노동하거나 적극적으로 지불노동을 추구하는 사람들로 구성된 **노동인구**였다. 18세기 후반부터 19세기 초에 걸쳐 산업화를 통해 큰 변화를 경험한 잉글랜드에서는 농업의 기반이 되는 토지에서 강제로 밀려난 소작농 수천 명이 일자리를 찾아 도시로 흘러들었다. 이런 소작농들 덕분에 현대적인 산업노동인구가 처음으로 형성되었다.

노동인구의 등장은 노동하는 사람들을 세 집단으로 갈라놓았다. 임금노동자, 유급 일자리를 찾는 **실업자**unemployed(노동인구), **비취업자** nonemployed였다. 물론 비취업자 집단은 새롭지 않았다. 역사적으로 특권계급은 생산적인 노동을 면제받았다. 하지만 이 국면에서 등장한 비취업자라는 새로운 범주는 '게으른 부자'를 의미하지 않았다. 당시 점차 늘어나고 있던 비취업자란 가족을 위해 요리와 청소를 하고 아이를 키우고, 아픈 친척을 돌보며 가족과 친구, 공동체를 사회적이고 감정적인 방식으로 지원하는 부불노동자 집단이었다. 노동시장에서 이루어지는 지불노동과, '비취업자'들이 하는 부불 가사 노동의 구분은 젠더 불평등에 지대한 영향을 미쳤다. 지난 200년간 남성은 노동인구에 속할 가능성이, 여성은 부불노동자가 될 가능성이 더 높았기 때문이다.

산업화를 통해 여성과 남성의 노동 역할에 대한 두 가지 새로운 구분이 생겨났다. 첫 번째 구분은 남성에게 지불노동을, 여성에게 가정을 돌보는 부불노동을 할당하는 것이었다. 고용주들은 이런 구분을 근거로 노동을 조직했고 노동자가 남성이라는 가정하에 급료를 결정했다. 20세기 노조운동이 가족임금제를 요구했던 것은 두 번째 가정, 즉 남성이 여성과 아이를 부양한다는 가정에 근거한 것이었다.

이렇게 생물학적 성별에 따라 지불노동과 부불노동을 구분하는 현상은 이 장의 뒤에서 다룰 것이다. 노동인구로 참여한 사람들 사이에서 이러한 분업은 여성과 남성을 서로 다른 일로 갈라놓았다. 이 구분에 대해서는 제4장에서 더 자세히 다룰 것이다.

노동보호법이 여성을 배제하다

19세기 내내 노동인구는 점점 남성들로 채워져 갔다. 19세기 초반에는 가내수공업이 소규모 직물공장에 밀리고 난 뒤에도 많은 고용주들이 여전히 여성과 아이들을 고용했다. 이들은 더 낮은 임금을 받고도 일을 했고 일부 지역에서는 남성보다 채용하기도 더 쉬웠다.[7] 하지만 고용이 점차 도시화되자 여성의 **경제활동참여**labor force participation가 감소했고 노동인구는 **남성화**되었다. 가령 1840년 미국에서 여성과 어린이는 산업노동인구의 약 40퍼센트를 차지했다. 그런데 1870년이 되자 산업노동자의 4분의 3이 남성으로 채워졌다.[8] 그리고 1890년에는 여성의 17퍼센트만이 집 밖에서 유급 노동을 했다.[9]

이 기간에는 구직자의 수가 일자리의 수를 넘어서는 경우가 종종 있었다. 그 결과 절박하게 일자리를 찾는 실업자가 엄청나게 증가했다. 고용주들은 이런 상황을 이용해서 임금을 줄였다. 초기의 노동조합은 여성과 어린이를 남성의 일자리와 임금에 대한 위험으로 인식했고, 그래서 여성과 어린이를 모든 공장과 광산의 일자리에서 내모는 작업에 착수했다.[10] 노동조합은 여성과 어린이를 위험하거나 비도덕적인 노동 환경에서 보호하는 법을 만들고자 했던 중간계급 개혁가들과 손을 잡았다.* 노동조합과 개혁가들의 압력 때문에 19세기 유럽과 미국의 입법가들은 착취적인 고용 관행을 금지하는 **노동보호법**protective labor laws

을 통과시켰다.

노동보호법은 고용주로 하여금 여성과 어린이를 하루에 정해진 시간 이상 고용하지 못하게 했고, 정해진 무게 이상을 들거나 야간 노동을 하거나 일부 업무를 맡지 못하게 했다. 이 법은 일부 여성을 야만적인 노동환경에서 보호해주긴 했지만 동시에 많은 여성이 높은 소득을 올릴 수 있는 공장 일자리를 얻지 못하게 막아버렸다.

젠더화된 가정 때문에 여성은 위험한 노동에서 보호받았지만 남성은 그렇지 못했고, 남성에게는 생계를 꾸려가는 방식을 결정할 때 보상과 위험을 가늠할 권리가 주어졌지만 여성에게는 그렇지 않았다. 당시 미국과 영국에서 여성의 노동시간을 제한하는 법은 일반적으로 널리 시행되었다. 법 집행, 바텐더 일, 전보 배달, 전차 차장 같은 일자리에 여성을 고용하지 못하게 막는 방식으로 고용주에게 특정 계열의 노동을 성별로 분리하도록 요구한 법도 있었다.

미국 정부는 두 차례의 세계대전 시기를 제외하고 1964년까지 이 보호주의적인 정책을 따랐다. 노동보호법은 여성이 많은 종류의 노동에 아예 접근할 수 없게 만들었기 때문에 노동인구를 남성화하는 데 기여했고 가족 부양은 남성의 책임이라는 인식을 강화했다.

✖ 18세기와 19세기 영국의 광산 소유주와 공장 소유주들은 노동자를 대놓고 착취했다. 6세 밖에 안 되는 남자아이와 여자아이, 그리고 60대 여성들이 탄갱과 구리 광산, 납 광산에서 일했다. 한 광산 감독에 따르면 이들은 "무릎까지 물이 잠긴 상태로" 일했다. 한 지방 행정관은 여자아이와 여성들이 "개처럼 사슬과 벨트, 마구에 채워진 상태에서 (…) 손과 무릎으로 기어 다녔고 (…) 무르고 질척이는 바닥 위로 무거운 짐을 끌고 다녔다"고 묘사했다. 공장과 광산 노동은 성인에게도 위험했다. 가령 직물 공장에서 물 방적기를 돌리는 남성은 하루 12시간 동안 3초에 한 번씩 160파운드(약 70킬로그램)짜리 틀을 들어 올려야 했다.

가사 노동이
여성의 일이 된 이유

노동보호법에도 불구하고 여성이 아예 공장에 취업하지 못하게 하려는 운동은 실패했다. 많은 여성이 필요에 의해 유급 일자리를 찾았고, 고용주들은 여성을 저임금으로 공장에서 부려먹고 싶어 했기 때문이다.[11] 여성에게 더 적은 급료를 줄 수 있었기 때문에 직물공장 소유주는 부모들에게 딸을 게으름이라는 '악덕과 범죄'에서 지켜주겠다며 결혼하지 않은 여성 노동자를 적극적으로 모집했다.[12] 대부분의 가정은 딸이 벌어오는 돈을 환영했다.[13] 요컨대 많은 여성이 노동인구로 남아 있긴 했지만, 19세기 내내 노동인구에서 남성의 비중이 점점 높아졌다.

그러나 노동인구의 남성화에 대한 이 설명에는 중요한 단서가 빠져 있다. 싱글이 아닌 기혼 여성은 고용 가능성이 가장 낮았다는 점이다.

기혼 여성의 딜레마

20세기에 접어들 무렵 기혼 여성과 싱글 여성의 경제활동참여율을 비교해보자. 기혼 여성 중 경제활동에 참여한 비율은 단 6퍼센트인 데

반해, 10세 이상의 싱글 여성은 40퍼센트가 경제활동에 참여했다.[14]

기혼 여성의 경제활동참여율이 어째서 그렇게 낮았을까? 중요한 요인은 **별개의 영역 이데올로기**ideology of separate spheres였다. 영국 중상계급 사이에서 탄생한 이 이데올로기는 가정생활과 지불노동을 분리해야 한다고 주장했다. 이 이데올로기에 따르면 여성에게 적합한 장소는 직장이 아닌 집이었고, 남성에게 자연스러운 공간은 집이 아니라 상업의 세계 또는 일터였다.[15]

이 별개의 영역 이데올로기 때문에 남성은 집에서 나와 일을 하려고 했고 여성은 가정 안에서만 생산적인 활동을 하려고 했다. 강인하고 공격적이며 경쟁을 즐기는 남성과 연약하고 순결하며 양육에 힘쓰는 여성이라는 고정관념은 이런 믿음을 강화했다. 이러한 인식은 남성을 경쟁이 극심한 19세기의 직장에 선천적으로 잘 맞는 존재로, 여성을 상업의 세계에 발을 들이기에는 너무 연약한 존재로 그렸다.

기혼 여성이 존중받으려면 두 가지 책임을 다해야 했다. 하나는 남편이 일터에서 돌아와 쉴 수 있는 안식처를 만드는 일이었고, 다른 하나는 취업을 하지 않음으로써 남편에게 부양 능력이 있음을 보여주는 것이었다. 아내가 일을 하러 다니면 남편은 실패자라는 의미였다.[16] 20세기에 접어들 무렵 재단사로 일했던 한 영국 여성은 다음과 같이 회상했다.

나는 결혼한 뒤에는 절대 일하러 가지 않았다. 결혼한 뒤에도 일하는 사람은 많지 않았다. 결혼한 여자들은 일을 하러 가면 수치스러워했다. 이런 사람들은 남편이 아내를 지켜야 한다고 말하곤 했다.

이와 마찬가지로 20세기 중반 미국 중서부의 정육공장에서 일했던 한 여성은 자신이 직장에 다닌다는 이유로 남편이 비웃음을 샀다고 하면서 "당신이 통조림공장에서 일하면 잡년인거고, 그거면 끝인 거예요"라고 말했다.[17]

아내의 취업은 남편뿐만 아니라 취업한 본인에게도 수치심을 안겼다. 영국의 한 상류층 여성 논객은 1839년 아래와 같이 꼬집었다.

> 신사는 그 어떤 모멸적인 직업에 종사하며 업무시간을 써도 되고, 집에서 상당한 고정수입을 마련할 수단을 확보하고 있다 해도 여전히 신사일 수 있지만, 숙녀는 아무리 조심스러운 방식이라 해도 장사를 하듯 어떤 물건에 손을 대면 신분을 잃고 숙녀의 지위를 박탈당한다.[18]

여성이 연약하다는 고정관념과 장식품에 한정된 여성의 역할은 성별분업을 악화시켰다. 중간계급 여성이 코르셋을 꽉 졸라매 유지하던 가느다란 허리는 여성이 생산적인 노동을 할 수 없음을 상징하기도 했지만 실제로 여성이 노동을 할 수 없게 만들었다.

남성과 여성 모두를 압박하는 이데올로기의 굴레

별개의 영역 이데올로기는 여성뿐만 아니라 남성에게도 협소한 역할을 강요했다. 이 이데올로기는 중간계급 남성들에게 경제적 성공을 끈질기게 추구할 것을 요구했다. 여성이 결혼하면 지불노동을 하지 않고 가사 노동자로서의 역할을 받아들여야만 존중받을 수 있었던 것처럼, 남성은 시장노동자로서의 역할을 잘 수행해야만 존중받을 수 있었다. 즉 남성성은 '남성의 급료가 얼마나 많은지'를 기준으로 평가되었다.[19] 생계 부양자와 주부라는 역할 사이에서 남성이 자신의 몫을 받아들인다는 것은 '가족에 대한 책임이라는 제단 위에 자신을 희생양으로 바치는' 것을 뜻했다.[20]

남성은 때로 가족 부양의 의무 때문에 일자리를 찾아 이주하기도 했다.[21] 사우디아라비아에서 일하는 한 필리핀 남성은 이렇게 말했다.

> 밤에 막사에서 우리는 한 가지 이야기만 합니다 (…) 하루 빨리 많은 돈을 벌어 가족이 있는 집으로 돌아가고 싶은 마음이 얼마나 큰지를. 자발적으로 사우디에 오는 사람은 아무도 없어요. 당신은 가족[의 경제적 향상]을 위해 희생하는 거예요.[22]

그러므로 별개의 영역 이데올로기는 여성과 남성 모두에게 벗어날 수 없는 굴레였다. 그럼에도 불구하고 일부 남성은 공적 영역의 명성과 권력이라는 사회적 보상을 얻을 수 있었지만 여성은 그럴 수 없었다.[23]

미국 남성들이 기록적인 실업률에 시달린 1930년대의 대공황기에도 많은 여성이 노동인구로 참여하지 못했다. 어머니들이 집 밖에서 일자리를 얻기 전에 먼저 아이들을 일터로 내보냈던 것이다. 남성들이 실직 상태인 동안 (정부를 포함한) 고용주는 기혼 여성을 고용하지 않으려 했다. 1932년 연방경제법 제213조 때문에 남편이 연방정부에서 일하는 많은 여성이 연방정부에서 해고되었고[연방경제법 제213조는 한 가족에서 한 명 이상이 연방정부에서 일하는 것을 금지했다] 이 전례를 따라 연방의 각 주와 지방에서 이와 유사한 정책이 만들어졌다.[24]

별개의 영역 이데올로기는 현대의 노동을 젠더화하는 데 여러 방식으로 기여했다. 첫째, 남성에게 가족 부양의 의무를 할당했지만 동시에 사회적 인정을 거머쥘 방법을 제공했다. 여성에게도 의무가 생겼지만 집에 눌러앉게 된 여성들은 임금 시스템 밖으로 밀려났고 따라서 사회적 보상의 기회에서 배제되었다. 둘째, 고용주로 하여금 많은 일자리에서 여성을 배제하도록 독려한 사회적 가치들은 성차별을 정당화했다. 셋째, 남성이 여성을 부양한다는 생각 덕분에 고용주는 여성에게 낮은 임금을 주는 행위를 정당화할 수 있었고, 여성이 남성에게 경제적으로 의존하면서 가족 내에서 남성의 권위가 확고해졌다.

그래도 빈곤한 여성은 일을 해야만 한다

별개의 영역 이데올로기는 대부분의 이민자와 소수 인종에 속하는 기혼 여성, 그중에서도 특히 빈곤층과 노동계급 여성에게는 그림의 떡이었다. 미국 기혼 여성의 경제활동참여율을 인종과 민족 집단별로 비교해보면 의미심장한 사실이 드러난다. 1920년 유럽계 미국인 기혼 여성 중에서 경제활동을 하는 비중은 7퍼센트뿐인 반면, 아프리카계 미국인 기혼 여성의 경우는 그 비중이 3분의 1에 달했다. 이 비중은 두 경우 모두 같은 인종집단 내에 있는 비혼 여성에 비하면 낮은 수준이긴 하지만, 유색인종 여성에게는 백인 여성보다 경제활동참여가 더 필수적이라는 점만은 분명하다.[*]

지불노동을 남성의 전유물로 간주하는 별개의 영역 이데올로기는 특히 노동계급 기혼 여성에게 타격을 입힌다. 이들의 가정은 노동자 한 명의 수입으로는 먹고살 수 없기 때문이다. 그 결과 많은 노동계급 여성이 삯빨래, 삯바느질 같은 삯일을 하거나 하숙을 치는 등의 방식으로 집에서 돈을 벌 수 있는 방법을 찾았다. 이런 대안은 보통 집 밖에서 일을 하는 것보다 소득이 낮고 노동시간은 길었다.[25]

소수 인종 여성도 별개의 영역이라는 이상과 무관하게 살 수밖에 없을 때가 많았다. 노예해방 이후 소작제가 시행되자 노예 신분에서 벗어난 아프리카계 미국 여성은 남편, 아이들과 함께 밭에서 일했다. 19세기 말부터 20세기 초에 걸쳐 많은 소작인이 북부로 이주했고, 그곳에서는 여성과 남성 모두 유급 일자리를 얻고자 했다. 이와 유사하게 20세기 초반 수십 년간 미국이 농업 부문의 임시직에 멕시코인을 모집할 때 멕시코 여성들은 미국 남서부에 있는 거대한 '공장형 농장'에서 남편과 함께 뼈 빠지게 일했다.[26]

---

[*] 비혼 여성 중 유럽계 미국 여성의 경제활동참여율은 45퍼센트, 아시아계 미국 여성은 39퍼센트, 아프리카계 미국 여성은 59퍼센트였다(Amott and Matthaei 1996, Table 9.2).

이런 사례들이 시사하듯, 별개의 영역 이데올로기가 절정에 달했을 때도 소수 인종 여성, 젊은 싱글 여성, 남편과 사별한 여성, 남편이 가족을 내팽개쳤거나 돈을 충분히 벌지 못하는 기혼 여성 등 숱한 여성들이 연령과 상관없이 일을 해서 돈을 벌었다. 고용주들은 노동력이 저렴하기만 하면 그만이었기 때문에 여성이 기혼인지 미혼인지는 신경 쓰지 않았다. 이민 온 기혼 여성과 과거 노예였던 여성들이 특히 취업을 많이 했다. 이들은 착취형 직장, 공장, 사무실, 학교, 다른 가족의 집에서 일했고, 집에서 삯일을 하기도 했다. 이런 여성들에게 경제활동에 참여하지 않는다는 것은 자신과 가족이 굶어죽는다는 뜻이었다.

요컨대 고용주는 남성에게는 경제활동을, 여성에게는 가정을 할당하는 성별분업을 기반으로 모든 정규직은 남성이고 모든 남성에게는 가정주부인 아내가 있다는 가정에 입각해서 일자리를 조직했다. 이런 가정 덕에 대부분의 남성 노동자는 가사 노동의 의무에서 해방되었지만 동시에 12~14시간에 달하는 노동시간을 할당받았다. 또한 이런 가정 때문에 여성이 집 밖에서 일을 하더라도 가사 노동은 여성의 책임이라는 믿음이 굳건해졌다. 사회경제적으로 경제활동참여에서 성차가 약화되기 시작한 지 한참이 지난 뒤에도 이런 젠더화된 가정과 고용 관행은 여전히 남아있다. 이에 대해서는 뒤에서 그 결과를 추적할 것이다.

여성 노동자의 경제활동참여율이 상승하다

기혼 여성이 집 밖에서 일을 해서는 안 된다는 이데올로기의 유산은 오늘날까지 이어지고 있다. 1970년대 이후에야 기혼 여성의 취업가능

자료 2.1 미국의 성별 경제활동참여율 추이(1890~2000)

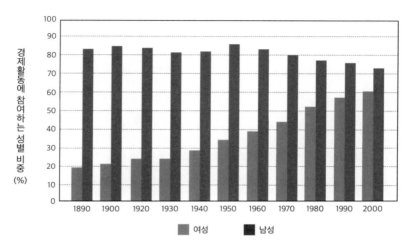

출처: U.S. Census Bureau 1975; U.S. Women's Bureau 1993:1; 1998년, 1999년, 2000년 3월 인구현황조사서를 바탕으로 계산(2000년의 수치는 1998년, 1999년, 2000년 인구현황조사서 자료의 평균임).

성이 싱글 여성과 이혼 여성을 따라잡게 되었다. 게다가 이제 사회는 기혼 여성이 경제활동에 참여하기를 기대하고 있음에도 (실제로 복지 개혁에 따라 빈민 여성은 의무적으로 경제활동을 해야 한다) 여전히 가사 노동을 여성의 영역으로 규정한다(제7장 참조). 그럼에도 불구하고 자료 2.1이 보여주듯, 남성의 경제활동참여율과 여성의 경제활동참여율 간의 격차는 상당히 좁혀졌다. 1890년 미국에서는 14세 이상 남성의 84퍼센트가 경제활동에 참여한 반면, 같은 연령대 여성 중에서는 18퍼센트만이 경제활동에 참여했다. 미국 인구조사국이 농부뿐만 아니라 농부의 아내와 하숙을 치는 여성도 셈에 넣었더라면 1890년 여성의 경제활동참여율은 28퍼센트 정도였을 것이다.[27] 이후 100여 년간 여성의 경제활동 참여율은 꾸준히 증가한 반면, 남성의 경제활동참여율은 약간 하락했다. 20세기 말 남성은 약 74퍼센트, 여성은 60퍼센트가 경제활동에 참여했다.[28] 전문가들은 여성과 남성의 경제활동참여율이 꾸준히 수렴하리라고 예측한다.[29]

여성의 경제활동참여율은 모든 인종과 민족 집단에서 증가하긴 했지만, 성별 경제활동참여율은 인종과 민족에 따라 다른 양상을 보인다. 20세기 말 흑인 여성의 경제활동참여율은 백인 여성보다 조금 높다. 백인 여성은 60퍼센트, 흑인 여성은 64퍼센트였던 것이다. 히스패닉 여성은 56퍼센트로 이보다 더 낮았다. 남성의 패턴은 이와 다르다. 20세기 말 히스패닉 남성은 79퍼센트, 백인 남성은 74퍼센트, 흑인 남성은 66퍼센트가 취업 상태이거나 구직 중이었다.[30]

이런 인종 및 민족 집단 내 경제활동참여율의 차이는 고용주가 특정 성별, 인종, 민족 집단의 노동자를 요구한다는 점과, 가정 내 경제상황에 따라 취업으로 내몰리거나 그렇지 않기도 한다는 점을 보여준다. 흑인 여성의 취업률은 항상 높았다. 고용주에게는 지위가 낮은 저임금 일자리에서 일할 노동자가 필요하기 때문이기도 하지만, 흑인 남성에 대한 차별 때문에 흑인 여성이 유급 일자리를 얻지 않을 수 없기 때문이다. 아메리카 인디언 여성의 경제활동참여율은 흑인 및 백인 여성보다 낮은데, 그 이유는 이들이 몰려 사는 남서부에 일자리가 적기 때문이다.[31] 푸에르토리코 여성의 경제활동참여율이 백인 여성보다 낮은 이유는, 평균적으로 학교 교육을 더 적게 받아서 취업할 수 있는 자리가 제한적인데다가 싱글맘일 가능성이 더 높기 때문이다. 과거에는 싱글맘인 경우 경제활동참여가 쉽지 않았다.[32] 멕시코 여성은 유럽 출신 미국 여성에 비해 학교 교육을 충분히 받지 못하기 때문에 일부 일자리에 필요한 영어 실력을 제대로 갖추지 못할 가능성이 높아서 노동시장이 팍팍한 텍사스와 캘리포니아에 지리적으로 집중되어 있다.[33] 장기적으로 여성 내 인종 및 민족 집단 간의 경제활동참여율 차이도 수렴하는 추세다.

하지만 남성의 경우, 흑인, 백인, 히스패닉 간의 경제활동참여율 차이는 꾸준히 벌어지고 있다. 전체적으로 히스패닉 남성은 백인 남성보다 경제활동에 조금 더 많이 참여하는데, 이들이 몰려 살고 있는 남서부에는 교육 수준이 높지 않아도 취업 가능한 농업 부문 일자리가 있기 때문이다.[34] 아프리카계 미국인 남성의 참여율이 백인 남성과 히스패닉 남성보다 낮은 것은 교육 수준이 낮고, 거주지(도심 지역)와 일자리의 입지(교외)가 공간적으로 떨어져 있는 데다가, 탈산업화 때문에 아프리카계 남성이 집중적으로 종사했던 일자리가 대거 사라졌고, 장애율이 높기 때문이다.

다시 말해 서구 사회에서 산업화를 거치며 생산의 현장이 집 밖으로 이전하자 남성은 매일 공장, 매장, 사무실에서 일을 하기 위해 집을 나서는 임금노동자로 탈바꿈했다. 이런 일자리 덕분에 남성의 가정 내 경제적 역할이 확대되었다. 이들은 가족이 필요로 하거나 원하는 상품의 생산자일 뿐만 아니라, 이런 물건에 돈을 지불할 수 있는 소득원이 되었다.

역으로 가내생산이 쇠락하면서 여성은 생계 부양자 역할을 박탈당했고, 눈에 보이지 않는 데다 사회적으로 저평가된 가사와 양육을 떠안게 되었다. 그러므로 산업화가 시작되자 여성에게 주어진 선택지는 제한적이었다. 사회규범과 고용차별로 인해 경제활동참여가 축소된 여성들은 남편과 가사 노동을 통해 경제적 안정과 존중을 얻을 수밖에 없었지만, 무보수 가사 노동에 얽매인 여성들은 경제적으로 생산성이 있는 사람들처럼 사회로부터 존중받지 못했다. 남성은 집 밖에서 "진짜" 노동을 수행함으로써 사회적, 경제적 혜택을 축적했다.

세계화는 노동시장에
평등을 주었을까

국가별로 성별분업의 정도는 크게 다르지만 어느 정도 유사성이 있
다. 우선 집에서 하는 부불노동을 '취업'으로 간주하는 나라는 없다. 즉
집에서 무보수 돌봄 노동을 수행하는 사람의 많은 수가 통계에서 빠져
있다. 그리고 이들 대부분이 여성이다. 이런 가사 노동은 노동력의 공
급을 유지하는 데 핵심적인데도 말이다.[35]✱ 또한 1970년대 이후 대부
분의 국가에서 여성의 경제활동참여율은 꾸준히 늘고 있고,[36] 이는 전
세계 지불노동자의 약 40퍼센트를 차지한다.[37] 이 증가세는 소득과 혜
택, 직접안정성이 취약한 비공식 경제 부문에서 크게 나타났다.[38] 그리
고 전 세계적으로 여성의 노동은 남성보다 낮게 평가된다. 이는 취업
여성의 임금이 남성보다 낮으며 부불 가사 노동을 하는 여성에게 남성
보다 사회적 지위와 권력이 적게 주어진다는 사실을 통해 드러난다.[39]

✱ 경제 재구조화 때문에 많은 나라에서 공공부문이 제공하던 정부 서비스가 축소되었고 이 때문에
　가사 부담이 증가되었다. 정부 예산의 감축은 이런 서비스가 다시 가정으로 돌아가야 함을 의미한
　다(Pyle 1999; 85; United Nations Population Fund 2000).

지역에 따른 남성과 여성의 경제활동참여율 차이

자료 2.2와 2.3은 20세기 말 15세 이상 경제활동인구 데이터를 나타낸다. 취업 여성과 남성에 대한 국제 데이터를 해석할 때는 주의할 필요가 있다. 경제활동은 무엇으로 구성되는가에 대한 인구조사원과 응답자의 인식이 한쪽으로 치우쳐있고, 여성은 눈에 보이지 않거나 측정하기 힘든 노동(비공식 노동과 자급을 위한 생산 같은)에 종사하는 경향이 높다 보니 여성의 경제활동참여율을 저평가할 위험이 높기 때문이다.[40]✱ 게다가 이 데이터에는 연령 상한선이 없기 때문에 유럽과 스칸디나비아처럼 조기은퇴가 성행하는 지역에서 남녀 모두의 경제활동참여율을 저평가한다. 그럼에도 불구하고 우리는 전 세계 성별분업에 대해 몇 가지 결론을 도출할 수 있다.

여성의 경제활동참여는 남성과 여성을 엄격하게 분리하는 무슬림 사회가 가장 낮다. 가령 사우디아라비아와 파키스탄에서 경제활동에 참여하는 남성은 5분의 4인 반면, 여성은 5분의 1 이하이다. 팔레스타인 점령 지역에서는 경제활동을 하는 여성이 8퍼센트에 불과하지만, 남성은 68퍼센트이고, 이라크에서는 경제활동을 하는 여성이 17퍼센트이지만 남성은 75퍼센트에 달한다. 멕시코와 브라질처럼 무슬림이 아닌 개발도상국에서 남성의 경제활동참여율이 여성을 크게 능가하는 이유

✱ UN인구기금(2000: technical notes to Table 5d)에 따르면 경제활동인구에는 '처음으로 일자리를 찾는 사람, 법인이 아닌 기업을 운영하는 소유주, 독립적으로 일하는 사람, 피고용자, 가족 단위 노동자, 생산자협동조합의 구성원, 군대의 구성원 등 모든 취업자와 실업자'가 포함된다. 또한 실소유자가 거주하는 주거지를 만들고, 고치고, 리노베이션 하는 일과, 개인적인 소비를 위해 음식을 만들고, 물을 긷고, 장작을 모으는 일 같은 비화폐적인 활동들도 포함된다.

는 집 밖에서 일하는 사람이 누구여야 하는가에 대한 문화적 관례 때문이다. 가령 멕시코의 경제활동참여율을 살펴보면 여성은 39퍼센트, 남성은 84퍼센트이고, 브라질에서는 여성이 51퍼센트인 반면, 남성은 82퍼센트이다.

탄자니아, 모잠비크, 부룬디 같은 아프리카 국가에서는 여성 83퍼센트, 남성 90퍼센트 이상으로, 가장 높은 경제활동참여율을 기록한다. 중국 역시 여성의 경제활동참여율이 대단히 높은데(여성 74퍼센트, 남성 85퍼센트), 이는 장애가 없는 모든 성인에게는 노동의 권리와 의무가 있다는 마르크스주의 이데올로기를 반영한다.

서유럽 여성의 경제활동참여율은 다른 선진국보다 낮은데, 이는 대체로 여성의 가정 내 역할을 장려하는 공공정책 때문이다. 서유럽에서 여성의 경제활동참여율은 평균 49퍼센트이고, 동유럽에서는 53퍼센트이다(두 지역에서 남성의 경제활동참여율은 약 70퍼센트이다). 미국과 캐나다에서 여성의 경제활동참여율은 60퍼센트 정도이고, 남성은 75퍼센트 정도다. 북유럽의 스칸디나비아 국가에서는 경제활동참여율의 성차가 이보다 적은데, 스웨덴의 경우 여성의 참여율이 65퍼센트, 남성이 72퍼센트이고, 노르웨이의 경우 여성이 68퍼센트, 남성이 78퍼센트이다. 북유럽에서 경제활동참여율의 성차가 적은 이유 중 하나는 공공정책이다. 시간제 일자리에 유급 육아휴가와 비례식 수당을 제공하는 덕분에 여성이 지불노동과 가사 노동을 수월하게 병행할 수 있기 때문이다. 우리는 이런 패턴 속에서 경제발전과 사회정책, 그리고 문화적 규범의 영향을 확인할 수 있다.

자료 2.2 여성의 경제활동참여율(1995~1997)

경제활동에 참여하는
여성의 비율

- ■ 90% 이상
- ■ 70~89%
- ■ 50~69%
- ■ 30~49%
- ■ 30% 이하
- ■ 데이터 없음

자료 2.3 남성의 경제활동참여율(1995~1997)

경제활동에 참여하는
남성의 비율

- ■ 90% 이상
- ■ 70~89%
- ■ 50~69%
- ■ 30~49%
- ■ 30% 이하
- ■ 데이터 없음

데이터는 추정치이다. 데이터 수집과 계산방법이 모두 표준화되지는 않았고, 데이터의 질은 국가별로 상이할
수 있다.

개발도상국에서 만연한 비공식 고용

산업사회에서 고용은 보통 고용주와 피고용자의 공식적인 관계를 수반한다. 하지만 개발도상국에서는 많은 고용이 **비공식 부문**에서 일어난다. 이 부문은 작은 사업체와, 이런 사업체가 정기적으로 고용하는 노동자, 그리고 고용 상태가 변화하는 임시직 노동자로 구성된다.[41] 여기에는 지불노동자와 많은 부불노동자, 특히 가족형 사업체와 농장에서 일하는 사람들이 포함된다. 그 외 다른 비공식 경제의 노동자들은 작은 매장의 주인과 노점상처럼 자영업 상태이거나 다른 사람을 고용한다. 이런 노동자들은 납부 청구서 쓰기, 사탕 포장하기, 쓰레기를 수거하고 재활용하기, 노점상, 성 노동 등 다양한 일을 한다. 노동규정이나 노동조합도 비공식 부문의 노동자들을 포괄하지 못하기 때문에 이중에서 의료보험이 있거나 일자리의 안정성이 보장되는 경우는 거의 없다. 비공식 부문은 공식 부문에 비해 소득이 적고 노동조건이 열악하다.

숱한 여성과 남성들이 비공식 부문에서 일한다. 한 추정치에 따르면 농업 노동자를 포함해서 아프리카와 아시아에서는 전체 노동자의 4분의 3, 라틴아메리카에서는 거의 절반이 이 부문에서 종사한다.[*] 여성이 비공식 부문에서 종사하는 비중은 지역에 따라 편차가 크지만, 대부분의 개발도상국에서 여성이 남성에 비해 이 부문에서 종사할 가능성이 높다.[42]

---

[*] 농업 노동자를 제외하면 아프리카와 아시아에서는 도시 노동인구의 약 절반, 라틴아메리카와 카리브해 지역에서는 4분의 1이 이 부문에서 종사한다고 볼 수 있다(Elson 2000: 25).

세계화가 불러온 노동시장의 변화

지난 20년간 변화하는 경제상황에 따라 자본 소유주가 돈과 상품, 일자리를 빠르게 이동시키는 **세계화** 과정이 크게 진척되었다. 세계화를 촉진한 요인은 여러 가지가 있다. 세계은행과 국제통화기금(IMF) 같은 대부기구와 다국적 기업 같은 힘 있는 기관이 단행한 조치들이 세계화를 촉발했고, 무역과 투자에 대한 국가의 통제가 사라졌으며, 새로운 정보통신기술이 확산되었다.[43] 세계화를 이끈 많은 거시경제 정책이 남성은 가장으로서 자신에게 딸린 아내와 자식을 부양한다는 가정을 따르고 있기 때문에 세계화의 영향은 젠더화되어 있다.[44]

1960년대 이후로 개발도상국에서는 수출주도성장, 즉 내수보다는 수출을 위해 상품과 서비스를 생산하는 것이 중요했다. 이 전략 때문에 일부 부문, 그중에서도 특히 생산직에서 여성 고용이 크게 늘었다.[45] 고용주가 여성을 채용한 것은 낮은 임금 때문이었다. 가령 1994년 한국 여성의 임금은 남성의 58퍼센트 밖에 되지 않았다.[46] 여성은 손이 빠르고 순종적이며 반복적인 노동을 잘 참아낸다는 고정관념 역시 수출용 생산 부문에서 고용주가 여성 노동자를 선호하는 데 일조했다.[47]* 수출용 생산 부문에서 남성 노동자와 여성 노동자의 비율 자료는 구하기가 힘들지만,[48] 멕시코, 대만, 스리랑카, 말레이시아, 필리핀의 수출품 가공 구역 노동자의 80퍼센트 이상이 여성이고, 한국과 과테말라에서는

✖ 한때 많은 고용주들은 결혼하지 않은 젊은 여성에게서만 이런 이점을 얻으려 했지만 점점 많은 나라에서 기혼 여성에게 손을 뻗고 있다.

70퍼센트 이상이다.[49]

다국적 기업들은 지난 20년간 주요한 고용주였다. 몇몇 아시아, 아프리카, 라틴아메리카 국가에서 다국적 기업의 수출지향적인 산업 부문 고용은 제조업 일자리의 20퍼센트를 차지했다.[50] 경영비용 중에서 설비가 아니라 임금이 가장 큰 비중을 차지하는 부문의 고용주는 남성보다 더 적게 돈을 줘도 된다는 이유로 여성을 선호한다. 이 때문에 이런 기업들은 중공업(석유화학과 자동차)에서는 주로 남성을, 소비재 부문(가령 전자제품과 신발)과 상담업무, 항공편 예약 같은 서비스 부문에서는 주로 여성을 고용한다.[51]

다국적 기업이 지역 업체보다 임금이 높고 노동조건이 더 나은 경우도 있지만, 다국적 기업의 노동자들은 남녀를 막론하고 긴 노동시간과 의무적인 초과근무, 해로운 노동조건, 높은 노동 강도에 시달린다.[52] 하지만 이런 노동조건은 그 나라가 수출주도성장에 발을 들인지 얼마나 되었는가에 따라 좌우된다. 상대적으로 수출주도성장의 역사가 긴 나라는 노동자의 노력 덕분에 임금과 노동조건이 다소 개선되었다.[53] 하지만 노동조건을 개선하기 위해 노동자를 조직하려는 노력이 오히려 역풍을 맞을 수도 있다. 이런 행동은 단기적으로 경찰 진압으로 이어지고, 장기적으로는 다국적 기업이 노동자를 더 다루기 쉬운 다른 나라로 이전하는 결과가 나타날 수 있다.[54]

전문적인 기술이나 자본에 접근할 능력을 갖춘 교육받은 여성은 세계화를 통해 더 높은 소득을 누릴 기회와 더 많은 자율성을 얻을 수 있게 되었다.[55] 그러나 개발도상국에서 세계화가 기술이 없는 남성과 여성에게 미친 영향은 엇갈린다.[56] 고등교육을 받고 컴퓨터 관련 분야에 종사하는 남성은 세계화된 경제체제에서도 잘 헤쳐 나가는 반면, 기술 수준이 낮은 남성의 일자리는 위험하고 불안정한 건설 분야나 광산 등에 국한되는 경향이 있다.

세계화가 노동자에 미친 영향은 해당 국가가 세계경제에 얼마나 통합되었느냐에 어느 정도 좌우된다. 국제경쟁은 상품이 다른 곳에서 더 저렴하게 생산될 수 있음을 의미하므로, 세계화는 노동자를 일터로 유입시키지만 정작 다국적 기업이 이전해버리면 이들은 한순간에 실업자가 된다. 가령 어떤 지역에서는 세계화로 인해 어떤 여성 집단은 희생시키고 다른 여성 집단에게는 이익을 가져다주기도 하는데, 북미자유무역협정(NAFTA) 이후 기업들이 생산 공장을 카리브해에서 멕시코로 이전시켰을 때 바로 이런 일이 일어났다.[57]

세계화는 국제이주에 박차를 가했다. 성인 이주자 중에는 여성보다 남성이 더 많지만 최근 몇 년간 여성 이주자의 비중이 점점 빠르게 늘고 있다.[58] 예를 들어 많은 아시아 여성들은 가사 노동자나 '연예부문 종사자'로서 임시 이주를 한다.[59] 아시아에서도 국가가 취업을 위해 여성에게 이주를 권장(혹은 허용)하는지의 여부는 국가에 따라 다르다. 일부 국가는 무역수지 개선을 위해 이런 이주를 지원하지만, 여성의 정조를 보호하기 위해 금지하는 나라도 있다.

결론적으로 세계경제에서 가장 힘 있는 다국적 기업과 국제무역조직같은 제도 행위자는 젠더 평등을 목표로 삼지 않는다. UN이나 국제노동기구, 그 밖의 많은 비정부기구 같은 젠더 평등을 목표로 삼는 조직은 다국적 기업과 국제무역기구에 비해 제도적인 권력이 적다.[60] 그러므로 새로운 경제에서 여성이 동등하게 통합될 수 있는 기반은 거의 없는 상태다. 게다가 국제금융 시장에는 세계화가 빚어낸 불안과 위험을 해결할 체계가 전무하기 때문에 이런 위험은 세계경제의 밑바닥에 있는 노동자, 주로 여성 노동자가 짊어지게 된다. 그러므로 경기침체와 경제위기가 몰아닥쳐 여성과 남성 모두 실직의 위험에 처한다 해도 더 취약한 쪽은 여성이다.[61]

여성의 노동은 왜 차별받는가

제3장

직장에서 벌어지는
성 불평등

고용과 승진,
소득의 불평등

우리 사회에서 직장은 종종 성 불평등의 무대가 된다. 고용주가 여성과 남성을 서로 다른 직장에 몰아넣고 다른 업무를 할당하는 한 직장은 성별 구분을 온존하게 된다. 또한 대부분의 성인은 주로 일자리를 통해 소득과 사회적 지위를 획득하므로, 직장에서 벌어지는 성별 구분은 여성의 소득, 권한, 사회적 지위가 남성에 비해 불평등해지는 결과로 이어진다. 마지막으로 여성은 직장 내에서 벌어지는 상호작용 속에서 가부장제, 성희롱, 무시, 배척 등 미묘하거나 노골적으로 표현되는 불평등에 노출될 수 있다. 남성 역시 이러한 관행 속에서 장시간 노동과 안전하지 않은 노동 관행에 시달릴 수 있다.

우선 직장에서 흔히 만날 수 있는 성 불평등의 세 가지 양태를 살펴보자.

성별에 따라 일자리도 달라진다

제1장에서 우리는 역사적으로 어느 시기든 여성과 남성이 다른 업

무를 수행하는 성별분업이 시행되었음을 확인했다. 이런 성별분업을 지칭하는 또 다른 용어는 **성별분리**다. 성별분리는 여성과 남성을 서로 다른 종류의 노동에 집중시키는 것이다. 미국의 작업장도 다른 나라처럼 성별로 분리되는 경향을 보인다. 형식적으로는 남성은 남성과 함께, 여성은 여성과 함께 일하는 패턴을 보인다. 동료 노동자가 같은 위치에서 똑같은 방식으로 교대근무를 하고, 고용주가 동일하며 동일한 직무를 수행하는 이성인 경우는 흔치 않다.[1]

물론 노동자가 어떤 직무를 맡을지는 성별 외에 다른 특징도 영향을 미친다는 주장도 있다. 직장은 인종, 민족, 나이에 따라 분리되기도 한다. 예를 들어 아프리카계 미국 여성은 멕시코계 미국 여성과는 다른 일자리에 몰려있고, 유럽계 미국 여성이 지배적인 일자리에서 멕시코계 미국 여성을 보기는 힘들다. 남성 역시 유럽계인지, 라틴계인지, 아시아계인지에 따라 각기 다른 일자리에 집중되는 경향을 보인다. 중요한 사실은 소수 인종과 다수 인종의 남녀가 집중되는 일자리는 그냥 다르기만 한 것이 아니라 불평등하다는 점이다.

승진을 가로막는 유리천장의 문제

남성이 여성에 비해 전반적으로 승진이 유리하지는 않다. 하지만 소속 집단과 노동 환경에 따라 한쪽 성별이 승진에 유리할 수 있다. 남성은 여전히 이들을 채용하는 조직 내에서 최고위층을 지배하고 대부분의 직업과 직종에서 최고의 지위를 독점한다. 간호업처럼 여성이 지배적인 계열의 노동에서마저 지위가 높을수록 남성일 가능성이 높다.[2] 직장에서 중간관리자급으로 승진한 여성이라도 대부분 최고위직 승진은 불가능하다고 여긴다. 이런 현상을 **유리천장**glass ceiling이라고 한다. 유리천장이란 눈에 보이지 않는 천장이 일부 노동자의 승진을 막는 현상을 말한다.

그렇다고 나쁜 일자리는 모두 여성으로, 좋은 일자리는 모두 남성으로 채워진다는 뜻은 아니다. 여성과 남성 모두 나쁜 일자리와 좋은 일자리에 두루 종사한다. 하지만 직업 분포의 이면을 들여다보면 정말 좋은 일자리에는 남성이, 정말 나쁜 일자리에는 여성이 더 많음을 알게 된다.[3] 게다가 여성은 남성에 비해 거느리는 부하직원의 수가 적고 금융자원을 통제할 가능성이 낮다. 심지어 최근 여성 관리자가 급증하고는 있지만 면밀히 살펴보면 여성 관리자는 남성 관리자에 비해 의사결정, 특히 고용주의 입장에서 중요한 결정을 내릴 가능성이 낮다.[4]

남성 노동자 대비 72퍼센트의 임금

전 세계적으로 남성은 여성보다 소득이 높다. 예컨대 21세기에 들어설 무렵, 전일제로 일하는 미국 여성의 평균소득은 전일제로 일하는 남성의 72퍼센트를 조금 넘는 수준이었다.[5] 다르게 표현하면 연중 전일제로 일하는 여성이 1달러를 벌 때 남성은 1.39달러를 벌었다. 게다가 남성은 여성에 비해 건강보험을 비롯한 다양한 혜택을 누릴 가능성이 더 높다.

소득과 그 외 혜택의 차이가 빚어낸 결과는 고령까지 이어진다. 퇴직자 통계를 살펴보면 여성은 남성에 비해 소득이 낮고 빈곤율이 더 높았다. 1997년 결혼하지 않은 고령 여성의 연평균 소득은 11,161달러였던 반면, 결혼하지 않은 고령 남성은 14,769달러, 결혼한 고령 부부는 29,278달러였다.[6] 결과적으로 고령자 가운데 빈곤상태인 여성은 13퍼센트인 반면, 남성은 7퍼센트였다.

이후에 이어질 세 장에서는 성별분리와 승진 및 권한의 성차, 그리고 소득의 성차라는 세 가지 측면에서 젠더가 어떻게, 그리고 왜 유리하거나 불리한지 더 자세히 들여다볼 것이다. 그 전에 이 장에서는 사회과학자들이 제시한 성 불평등의 이유를 개관할 것이다.

여성을 옭아매는
이데올로기의 함정

성 불평등이 많은 노동 현장에서 사라지지 않는 이유는 성 불평등이 많은 사회의 이데올로기 속에 깊이 뿌리박고 있고, 불평등한 시스템의 수혜자는 자신에게 유리한 사회적 배치를 유지하고자 하기 때문이다. 하지만 이런 일반적인 접근법을 가지고 포괄적으로 성 불평등을 이해하려 하기 전에, 먼저 우리는 시공간적으로 편차가 있는 현상 외에는 그 원인을 정확히 설명할 수 없음을 기억할 필요가 있다. 만일 직장의 성 불평등이 시공간을 초월해서 보편적으로 높은 수준이라면 우리는 그 원인을 찾아낼 길이 없다. 짐작만 할 뿐이다. 연구자들이 성 불평등의 수준과 관련된 요인을 판별하고, 이를 설명할 수 있는 것은 미국과 다른 여러 나라에서 직장에 따라 성 불평등의 정도가 다르기 때문이다.

앞으로 제시할 논의는 젠더와 노동에 대한 서구의 문화적 신념에 초점을 두고 있지만, 서구의 신념이 결코 보편적이지 않음을 기억해둘 필요가 있다. 제1장에서 보았듯 어떤 문화권에서는 남성의 노동이었던 일이 다른 문화권에서는 여성의 노동일 수 있다. 문화적 가치가 외부 영향이나 사회 내부의 압력 때문에 변하기도 한다. 외부 영향으로 인한 문화적 가치의 변화에 대해서는 이미 면밀한 연구가 진행되었다. 인류학자, 지리학자, 역사학자들은 성별분업에 대한 서구의 개념이 비서구 사회에 도입되면서 여성의 전통적인 경제적 역할이 침해된 과정을 기록해놓았다.

가령 인도에서는 '녹색혁명'(다수확 종자, 화학비료, 살충제의 도입)이 야기한 변화 때문에 여성의 노동이 설 자리를 잃었다. 녹색혁명으로 대규모 기계 농업이 확산되었는데, 이는 전통적으로 남성의 영역에 해당하기 때문이다.[7] 그러므로 예전에는 여성 20명이 손으로 쌀을 빻았다면 이제는 남성 1명이 도정 기계를 돌린다.[8]

이와 비슷하게 지금은 콩고민주공화국으로 알려진 자이르에서는 물과 관련된 일이 여성의 영역이었지만, 1994년의 르완다 난민 위기 이후 지역 주민에게 수도시설 설치 방법을 알려주러 온 서구의 구호대원들은 여성이 아닌 남성을 교육시켰다.[9] 기술적인 일은 남성의 영역이라는 전통적인 성별 고정관념을 깨트려야 한다는 필요성은 사태가 긴박하다는 진단에 의해 묵살당했다.

내부 압력에 의한 문화적 변화의 사례로는 1996~2001년 사이 아프가니스탄에서 집권한 탈레반 정부의 정책을 들 수 있다. 탈레반 정부는 아프간 여성이 수십 년간 경제활동에 적극적으로 참여해왔는데도 불구하고 여성이 공적인 직업을 갖지 못하게 막았다. 하지만 이런 변화의 원인이 순전히 하나의 문화권 내에서만 비롯되는 경우는 드물다. 아프가니스탄에서 이슬람 근본주의 성향의 탈레반 정부가 등장하게 된 데에는 그보다 앞서 소련과 미국의 취했던 조치들과, 해당 지역에서 사우디아라비아와 파키스탄이 권력을 잡고 있던 상황이 한몫 했다고 볼 수 있다.[10]

이 장에서 우리는 먼저 역사적으로 직장에서 높은 수준의 성 불평등을 유지해온 일반적인 요인을 살펴보고, 다양한 노동환경에서 성 불평등의 정도와 그에 관련된 여러 요인을 알아볼 것이다.

노동의 진정성은 성별에 따라 달라지는가

모든 불평등한 시스템의 배후에는 차별적인 보상과 기회를 정당화하는 이데올로기가 버티고 있다. **젠더 이데올로기**는 생물학적 성별에 대한, 그리고 남성과 여성의 관계에 대한 폭넓은 가정의 집합을 말한다. 젠더 이데올로기의 내용은 사람들에게 기대하는 행동양식에 대한 규범과 성별 고정관념을 빚어낸다. 영국 빅토리아 시대의 계관시인 앨프레드 테니슨 경이 19세기에 쓴 시는 전 세계의 젠더 이데올로기 속에 존재하는 가정을 그대로 보여준다.

남자는 들에서, 여자는 난롯가에서
남자는 칼을, 여자는 바늘을
남자는 머리로, 여자는 심장으로
남자는 명령을 내리고, 여자는 복종하고
이 외 나머지는 모두 혼란스럽다.

시가 나타내는 첫 번째 가정은 여성과 남성이 태어날 때부터 근본적으로 다르고, 따라서 일상에서 역할이 다른 것이 자연스럽다는 것이다. 하지만 이데올로기적인 주장은 여성과 남성이 다르다는 데서 그치지 않고 이 둘이 서로 정반대라고 설파한다. 이 주장에 따르면 여성과 남성은 교집합이 없다. 가령 테니슨의 시에서 남성은 이성("머리")의 지배를, 여성은 감정("심장")의 지배를 받는다고 밝히는 둘째 줄은 두 성별에게 인생을 대하는 상반된 태도를 부여한다.

제1장에서 밝혔다시피, 젠더 차이는 단순히 운에 의해 유지되지 않는다. 사회는 외모, 재능, 관심사 등등에서 여성과 남성이 다르다고 못 박기 위해 갖은 애를 쓴다. 차이를 생산하는 방법 중 하나는 별개의 영역 이데올로기처럼 두 성별을 분리("남자는 들에서, 여자는 난롯가에서")하는 것이다. 많은 개발도상국에서 이런 이데올로기는 여성의 취업 선택지를 제한한다.

미국을 비롯한 여러 다른 국가의 근본주의 성향 공동체에서 나타나는 고용 패턴은 서구 도시공동체의 그것과 크게 다르다. 여성은 남성과 물리적으로 분리되기 때문에 지불노동을 하지 못한 채 집 근처에서만 지낸다. 심지어 자신을 부양해줄 수 있는 남성 친지가 없는 여성은 취업을 하면 공개적으로 망신을 당하기 때문에 집에서 소득을 벌 수 있는 방법을 찾아야만 한다. 무슬림 농촌공동체에서 여성은 대체로 아주 낮은 임금을 받고 집에서 직물을 짜거나, 수를 놓거나, 담배를 손으로 마는 일을 한다.[11] 하지만 때로 집 밖에서 일하는 여성도 있다. 이들은 대부분 교직이나 의약 분야에서 일하며, 오직 여성 고객만 상대한다.[12] 오늘날의 서구 사회에서는 여성이 경제활동에 두드러지게 참여하고 있긴 하지만, 통상 남성이 주를 이루던 산업 부문(가령 건축, 광업, 철도)과 불평등한 가사분담에서 여전히 별개의 영역 이데올로기가 아주 두드러지게 표출되고 있다.

제2장에서 살펴본 바와 같이 다수의 사회는 산업혁명 이후 남성에게는 지불노동을, 여성에게는 가사 노동을 할당하는 성별분업을 통해 젠더 차이를 확립했다. 이런 성별분업은 지불노동만이 '진짜 노동'이고, 따라서 여성은 진짜 노동을 하지 않는다는 이데올로기적 가정을 뒷받침했다.

위와 같은 가정은 직장에서 여러모로 젠더 불평등에 기여한다. 첫째, 고용주는 노동자의 집에는 근무가 끝나고 난 뒤 이들을 돌보고 먹을 것을 마련해주며 옷을 빨아주고, 정서적인 지원뿐만 아니라 경력을 쌓도록 도와주는, 즉 가정사를 처리해주는 여성이 있다는 가정하에 일자리를 조직했다. 둘째, 위의 가정에 따르면 취업 중인 여성은 집에 일이 생기거나, 일을 하지 않고 집에서 지내도 될 정도로 경제적 형편이 괜찮아지면 그만둘 임시 노동자다. 그러므로 고용주는 가정에서 돌봄의 책임을 가장 크게 지고 있는 여성의 필요를 수용할 필요가 없다. 셋째, 이 가정에서는 취업 여성이 일에 전념하지 않는다고 여긴다. 그러므로 고용주는 여성에게 승진 기회를 제공할 필요가 없고 너무 중대해서 당사자가 이직할 경우 문제를 일으킬 수 있는 지위에 여성을 앉혀서도 안 된다.

남성은 돈을 벌기 위해 일하고 여성은 그렇지 않다는 가정은 고용주가 남성에게는 노동자 자신뿐만 아니라 피부양자를 부양하고 은퇴자금을 마련하기에 충분한 임금을 지불해야 한다는 뜻이지만, 여성에게는 은퇴 이후는 고사하고 지금 당장 자신을 부양할 수 있을 정도의 임금도 지불할 필요가 없다는 의미가 된다. 이런 가정은 세 가지 필연적인 결과를 낳는다.

- 남성이 '진짜' 가장이므로 고소득 일자리에 우선적으로 배치된다.
- 여성이 '진짜' 가사 노동자이기 때문에 남성은 가사일을 할 필요가 없고 돈 버는 일을 하지 않을 때는 여가를 즐겨 마땅하다.
- '진짜' 노동자는 남성이므로, 기술 습득을 위해 투자하는 쪽은 여성이 아닌 남성이다. 이로 인해 남성은 여성보다 더 숙련된 일자리를 얻게 되고, 이는 남성의 임금이 여성보다 더 높은 상황으로 귀결된다.

테니슨의 시에서 나타나는 젠더와 관련된 두 번째 이데올로기적인 가정은 남성이 여성보다 태생적으로 우월하다는 생각이다. 이 가정은 모든 활동 영역에서 성 불평등을 합리화한다. 이 가정은 직장에서 남성이 최고위직과 중요한 의사결정을 내리는 직책을 독점하고 있는 상황을 정당화한다. 여성주의 경제학자인 바버라 버그만Barbara Bergmann에 따르면 많은 고용주가 여성은 남성을 감독하지 못하게 막고, 오직 남성만 승진으로 이어지는 교육을 받을 수 있도록 하는 비공식적인 성별분리 관행을 고수한다.[13] 남성이 여성 혹은 하급 남성의 관리를 맡거나,

여성이 다른 여성의 관리를 맡는 경우는 많아도, 여성이 남성을 관리하는 경우는 드물다.

남성이 우월하다는 가정의 부산물 중 하나가 바로 여성을 남성의 돌봄이 필요한 열등한 존재로 바라보는 **가부장주의**paternalism다.[14] 제2차 세계대전 기간 동안 한 신문 기사는 교통 산업에서 종사하는 여성을 감독하는 남성 관리자에게 다음과 같은 지침을 제시했다. "일하는 동안 모든 여자애들에게 적당한 휴식시간을 주어야 한다 (…) 지시를 하거나 비판을 할 때는 요령 있게 해야 한다 (…) 여성이 주위에 있을 때 거친 단어를 쓰는 행동은 적당히 삼가는 게 좋다."[15]

여성은 태생적으로 유약하다는 고정관념

성별 고정관념은 한쪽 성별에 여러 가지 특성과 기술을 연결시키는 사회적으로 널리 공유된 믿음을 의미하며, 당연히 젠더 이데올로기에 속한다. 일반적인 성별 고정관념에 따르면 남성은 태생적으로 여성보다 합리적이고 공격적이며 강인하고, 여성은 감정적이고 수동적이며 양육에 끌린다. 가령 미국인의 60퍼센트는 여성이 태생적으로 남성보다 더 육아에 적합하다고 믿는다.[16]

성별 고정관념은 종종 인종에 대한 고정관념과 함께 작동한다. 흑인 여성은 싱글맘이라는 고용주의 고정관념이 여기에 해당한다. 때문에 이들은 흑인 남성(이들에 대해서는 가족이 없다는 고정관념이 있다)보다 흑인 여성이 더 일자리가 필요하다고 생각하고, 그래서 흑인 남성보다는 흑인 여성이 노동자로서 더 바람직하다고 여긴다. 동시에 고용주들은 이런 고정관념 때문에 흑인 여성은 아이를 양육하는 데 문제가 있을 수 있고, 그래서 더 자주 결근을 하리라고 생각한다.[17]

고정관념은 '과잉학습'의 산물이기 때문에 상습적이고 자동적이다. 따라서 의식하지 않아도 사람들의 인식과 행동에 영향을 미친다. 사회심리학 연구에 따르면 모든 사람은 의식적, 무의식적으로 고정관념에 따른 사고를 하는데, 주로 이 세상에 범람하는 복잡한 정보의 홍수를 가공할 때 이런 일이 자동적으로 일어난다고 한다. 이는 상대가 속한 집단을 좋아하든 싫어하든 그 상대를 고정관념의 틀에 맞춘다는 의미다.[18] 경찰이 과도한 무력을 행사했다는 보도를 접하면, 대부분의 사람들은 남성 경찰이 곤봉을 휘둘렀으리라고 생각할 가능성이 아주 높다. 심지어 여성 경찰은 그렇게 공격이지 않으리라고 생각하는 사람들도 있을 것이다.

이처럼 자동적으로 튀어나오는 정형화된 사고는 의회의 엘리베이터 운전원이 새로 선출된 아프리카계 미국인 여성 국회의원에게 "이 엘리베이터는 국회의원 전용이므로 탈 수 없다"고 이야기했다는 황당한 일화가 발생한 이유를 설명해준다. 이 운전원에게는 흑인과 여성은 국회의원일 수 없다는 생각이 깔려있었던 것이다. 누가 어떤 종류의 일을 해야 한다는 고정관념은 모든 사회구성원, 즉 장래의 노동자, 고객, 노동자를 고용하고 이들에게 업무를 할당하며 임금을 정하는 고용주에게 영향을 미친다.

변호사는 남성의 직업일까

다양한 직업이 요구하는 특성에 대한 고정관념과 성별 고정관념 때문에 직업에는 남자의 일 혹은 여자의 일이라는 꼬리표가 붙는다.[19] 가령 서구 문화권에는 남성이 적극적이고 경쟁을 좋아한다는 고정관념이 있다. 이런 고정관념에다 적극적인 판매원은 자동차를 더 많이 팔고, 호전적인 변호사는 더 많이 승소한다는 가정이 더해지면 남성은 자동차 판매나 법정 다툼에서 태생적으로 여성보다 더 우월하다는 결론이 도출된다.

그러나 성별 고정관념이나 직업과 관련된 고정관념은 터무니없는 소리일 때가 많다. 가령 보험회사의 학습 경험에 따르면 부드러운 판매 전략이 공격적인 판매 전략보다 더 효과적일 뿐 아니라, 여성은 필요할 경우 공격적인 판매 전략을 완벽하게 구사할 수 있다. 그럼에도 불구하고 성별, 직업과 관련된 고정관념은 직장에서 다양한 형태의 성 불평등에 기여했다. 이는 다음 장에서 더 자세히 살펴볼 것이다.

사람들은 어릴 때부터 듣고 자란 지배적인 이데올로기를 당연시하는 경향이 있기 때문에 별로 문제 삼지 않는다. 지배적인 이데올로기는 이렇게 잘 표가 나지 않기 때문에 사람들의 행동에 더 강력하게 영향을 미친다. 예컨대 지점 관리자에게 여성 점원이 야간 관리자로의 승진 제안을 받아들일지 모른다는 생각이 전혀 떠오르지 않는다면 그는 이 여성에게 승진을 제안하지 않을 것이다. 이 관리자는 승진 욕구, 임금인상의 필요, 야간 근무를 받아들일 의향, 혹은 가족 부양 책임이 성별로 다르다고 생각하기 때문에 여성에게는 승진을 제안할 생각조차 하지 않는 것이다. 어떤 외부적인 상황이 발생해 관리자들이 이러한 이데올로기가 만들어낸 가정을 재고하지 않는 한, 이런 가정들은 직장에서 젠더 불평등을 뒷받침하게 될 것이다.

여성을 위협으로 여기는 남성들

성 불평등에 대한 두 번째 설명은 특권집단 혹은 **지배집단**dominant groups이 자기 집단이 구가하는 우위를 지키려고 노력한다는 데 중점을 둔다.[20] 군주는 자신의 왕국을 포기하지 않고, 기업 경영자는 낮은 자리로 자발적으로 내려오지 않는다. 오히려 힘 있는 집단은 자신의 권력과 특권을 유지하거나 확대하려고 부단히 애쓴다. 이를 위해 여러 방법을 쓸 수 있는데, **종속집단**subordinate groups에게 다양한 영역으로 진출하는 데 필요한 기술 습득의 기회를 주지 않는 것도 여기에 해당한다.

자신의 우위를 지키려는 욕구만 보자면 여성과 남성은 다르지 않다. 여성 역시 구조 내에서 힘 있는 지위를 점하면 다른 이들을 배제하기 위해 권력을 행사한다. 가령 백인 여성이 자신의 영역에 유색인종 여성이 진입하지 못하게 막은 사례는 역사를 통해서도 확인할 수 있다.[21] 하지만 여성과 남성의 사회적 처지가 다르고, 일반적인 경우 여성에게는 남성을 '여성의' 일에서 배제할 필요나 권력이 없다.

어째서 일부 남성은 여성을 자신이 점하는 우위에 대한 위협으로 여길까? 먼저 모든 남성이 여성을 위협으로 간주하지는 않는다는 점을 짚고 넘어가고 싶다. 많은 남성이 여성의 직업적인 성취를 환영한다. 그럼에도 불구하고 여성이 일자리를 빼앗아가고, 자신보다 일을 더 잘하고, 그로 인해 고용주가 자신의 임금을 낮출지도 모른다고 두려워하는 남성도 있다.

게다가 여성이 석탄 채굴, 경찰 업무, 트럭 운전, 건축 같은 '마초적인' 직업을 수행할 수 있게 되면 이런 직업을 통해 남성 노동자의 남성성을 과시할 수도 없다. 여성 동료가 생기면 남성의 체면이 깎인다고 두려워하기도 한다. 한 남성 법학과 교수는 "여긴 법대지 망할 간호대가 아니라고!"라고 강변하며 교수직에 지원한 여성 지원자를 거부했다고 전해지기도 한다.

여성을 배제하려는 남성들

남성은 일자리에서 여성이 남성과 평등해지면 일자리뿐만 아니라 다른 영역에서도 자신의 권위가 실추되리라고 걱정한다. 여성이 일자리에서 남성만큼 돈을 벌고 권한을 가지면 가정과 지역사회, 국가 정치에서 평등의 확대를 요구할 수 있다고 보는 것이다. 남성, 특히 백인 남성이 그저 남성이라는 이유만으로 온갖 혜택을 누린다는 점을 고려해보면 일부 남성이 자신의 우월한 지위를 지키려고 안간힘을 쓰는 것도 당연하다고 볼 수 있다.

임금이 더 적은 노동자와의 경쟁을 걱정하는 다른 집단과 마찬가지로, 남성 노동자의 첫 번째 방어 전략은 여성을 배제하는 것이다. 이미 살펴보았듯, 중세 시대의 길드는 일반적으로 여성을 도제로 받지 못하게 금지했다. 좀 더 최근에 일어난 조직적인 배제의 사례는 셀 수 없이 많다. 국가가 여성에게 법 집행 면허를 주지 않기도 했고, 여성은 경찰관이 될 수 없는 경우도 있었다.

효과적인 배제 전략은 여성이 통상적인 남성의 직업에 필요한 자격을 갖추지 못하게 막는 방법이었다. 가령 일부 노조는 여성이 수습 프로그램에 참여하지 못하게 금지했고, 1970년 이전에는 여성이 전문학교에 거의 입학하지 못했다.

남성은 왜 여성 노동자를 쫓아내려 할까

진입장벽이 무너지기 시작하면 일부 노동자들은 외부자를 몰아내기 위해 괴롭힌다. 1870년 미국 재무부가 처음으로 여성을 고용했을 때 남성들은 이들을 향해 담배 연기를 뿜고 담뱃진을 뱉으며 야유를 퍼부었다.[22]

그로부터 100년 뒤 남성이 주를 이루는 생산직 일자리에 진입한 여성들도 비슷한 대우를 받았다. 한 여성은 건설 현장에 일을 하러 간 첫날 감독관으로부터 "난 한번도 망할 여자랑 일해본 적 없고 앞으로도 절대 그럴 일 없을 거야. 이번 주가 끝나기 전에 당신이 여기서 줄행랑치게 만들어주지"라는 이야기를 들었다고 전했다.[23]

여성 개척자를 몰아내는 또 다른 전략은 정보를 차단하거나, 잘못된 장비를 주거나, 업무를 고의로 방해해서 이들이 일을 제대로 하지 못하게 만드는 것이다.[24] 대부분의 남성이 중립적이거나 우호적이라도 여

전히 소수의 남성은 적대적인 환경을 조성할 수도 있다.[25]

한편 여성의 교육이나 진입을 막는 장벽이 사라지면 성 불평등이 감소한다. 일자리가 충분히 많아 고용시장에서 여성이 위협이 되지 않거나, 고용주가 더 이상 그런 장벽을 용인하지 않는 경우를 예로 들 수 있다. 20세기 후반 약 30년간 미국의 여러 직종에서 이런 일이 실제로 벌어졌다.[26]

고용주가 조장하는 성차별

직장에서 성 불평등의 정도는 대체로 고용주의 조치에 좌우된다. 노동자를 고용하고 이들에게 업무를 할당하며, 누구를 승진시킬지 결정하고 임금을 정하는 사람은 고용주이기 때문이다. 고용주는 특정 업무에 여성을 집중시키고 다른 업무에서는 이들을 배제함으로써 성차별에 기여해왔다. 반대로 어떤 고용주는 노동자의 성별에 관계없이 업무를 할당함으로써 불평등을 위축시키기도 했다.

고용주의 고용 관행이 어떻게 성 불평등을 양산하는지 이해하려면 고용주가 장래의 노동자를 배치하는 세 가지 방법을 살펴봐야 한다. 어떤 고용주는 지원자 집단에서 직접 노동자를 선발하고, 어떤 고용주는 취업알선기관 같은 공식적인 중개업체를 이용하며, 어떤 고용주는 기존 피고용인의 소개를 통해 사람을 고용한다. 이 중 세 번째 방법, 즉 기존 노동자의 소개가 가장 일반적인데, 그 이유는 돈이 들지 않고 달갑잖은 지원자를 걸러내는 데 효과적이기 때문이다.

하지만 노동자의 소개로 새로운 피고용인을 모집할 경우 불평등이 고착화되는 경향이 있다. 사람들의 사회적 네트워크는 성별, 민족, 인종이 같은 사람으로 구성될 가능성이 높다.[27] 또 성별 고정관념, 경쟁에 대한 두려움, 동료와 상사의 반응에 대한 우려 때문에 노동자는 성별이나 인종이 '잘못된' 사람을 추천하지 못한다. 예를 들어 남성 노동자는 구직 중인 처제를 자신이 다니는 남성 일색인 일자리에 선뜻 추천하지 못할 수 있다. 동료가 불쾌해 할 수 있고, 처제가 일을 잘 못하면 상사는 그에게 책임을 돌릴 것이며, 반대로 상사나 동료가 처제를 힘들게 하면 처제가 그를 탓할 수 있기 때문이다.

고용주는 업무 할당을 통해서도 성 불평등에 기여한다. 누구를 어떤 업무에 배치할 것인가는 거의 전적으로 고용주와 관리자의 손에 달려 있는데, 이들에게 선입견이나 고정관념이 있어서 여성과 남성에게 서로 다른 업무를 맡길 수도 있고, 노동자의 성별에 관계없이 일을 맡길 수도 있다.

캘리포니아주의 식료품 체인점인 럭키스토어Lucky Stores를 상대로 한 1992년의 성차별 소송은 고정관념과 관리자의 재량이 어떻게 여성을 일부 업무에서 배제했는지 보여준다. 소송에서 럭키의 한 임원은 30년간 가게를 운영해온 경험을 통해 "남성은 계산대보다 현장에서 일하는 걸 더 좋아하고 (…) 여성은 계산대에서 일하는 걸 더 좋아한다"는 확신을 갖게 되었다고 증언했다.[28]

고용주가 요구하는 자격요건 역시 이들이 누구에게 어떤 일을 할당하는가에 영향을 미친다. 어떤 조직은 일을 하는 데 필요하지 않더라도 남성에게 더 일반적인 경험을 요구한다. 가령 관리직을 뽑는 데 생산직 경험을 요구하면 여성 지원자의 수가 불필요하게 줄어들 수 있다. 1997년 홈디포는 성차별로 고소를 당했는데 그 이유 중에는 계산원 경력이 있는 지원자들에게 [이들의 의사에 관계없이 일방적으로] 계산원 업무를 맡긴 사실이 포함되어 있었다. 일반적으로 여성이 계산원 경험이 더 많다 보니 이런 관행에 따르면 여성은 현장 업무를 거의 맡지 못했다. 홈디포가 이를 비롯한 다른 관행을 바꾸자 성별분리가 감소되었다.

고용주는 어째서 여성 노동자와 남성 노동자를 다르게 대할까? 여성에 대한 의식적 혹은 무의식적 선입견 때문일 수도 있고, 장기적으로 그게 더 많은 수익을 가져온다고 믿기 때문일 수도 있다.

"이 여자들은 누구야? 다 해고해버려!"

차별discrimination은 업무 수행과 무관한 개인적 특성을 바탕으로 사람을 불평등하게 대하는 것을 말한다.* 동네 놀이공원에서 아홉 살짜리 여자아이를 안전요원으로 고용하지 않는다고 해서 차별이라고 주장하는 사람은 거의 없을 것이다. 이때 나이는 사람들로 가득 찬 수영장의 안전을 책임지는 일과 관련이 있다고 볼 수 있다. 그리고 이 경우 해당 놀이공원에서는 아홉 살짜리 남자아이 역시 고용하지 않을 것이다. 반면 19세의 남자는 고용하면서 19세의 여자는 여자라는 이유로 고용하지 않는다면 이는 성차별이다. 성별은 해당 업무를 수행하는 능력과

✱ 사회학자 로버트 머튼은 이와 비슷하게 차별을 '기능적으로 무관한 특징을 마치 관련이 있다는 듯이 다루는 행위'라고 정의한다.

무관하기 때문이다.

　전 세계적으로 고용주는 인종, 민족, 출신국가, 나이, 외모, 성적 취향, 그리고 성별을 바탕으로 노동자를 공개적으로 차별했다. 고용주는 여성을 비롯한 사회적 소수자를 고용하지 않았고, 이들을 백인 남성과는 다른 일자리로 몰아넣었으며, 승진을 시키지 않으면서 더 낮은 임금을 지불했다.

　상당히 최근까지 고용주는 주저 없이 차별행위를 했다. 가령 19세기 중반 〈뉴욕 헤럴드〉의 발행인은 신문사 사무실로 난입해서 "이 여자들은 누구야? 다 해고해버려!"라고 소리쳤다.[29] 1977년 〈뉴욕 타임스〉가 성차별로 고소당했을 때 발행인은 민간 회사가 어째서 "자기가 원하는데도 남자들을 측근으로 둘 수 없는지" 질문했다.[30] 요즘에는 이런 차별이 터무니없어 보이지만 35년 전만 해도 이는 합법적인 데다 일상적이었다. 미국인들은 1960년대 초 민권운동이 일어난 뒤에야 인종차별이 부당하다는 사실을 납득했고, 국회와 주의원도 인종과 출신 국가뿐만 아니라 성별을 근거로 한 고용차별을 불법화하는 데 박차를 가했다.

　미국 국회는 1964년 민권법 제7장과 그 수정조항을 통과시킴으로써 인종, 출신국가, 종교, 성별, 나이, 장애를 근거로 한 고용차별을 금지했다. 이 법으로 인해 15인 이상의 전일제 노동자를 고용하는 직장에서, 고용주가 위와 같은 특성을 근거로 고용과 직무 할당, 해고, 보수와 그 외 조건, 작업 환경, 혹은 취업의 특전상에서 노동자를 다르게 대우하는 행위가 불법화되었다. 또한 대부분의 주에서도 고용차별을 금지하는 법이 통과되었다.

하지만 이 법의 집행을 담당하는 기관인 고용기회평등위원회Equal Employment Opportunity Commission는 오랫동안 예산이 부족했고, 그래서 집행의 짐은 주로 차별의 희생자가 져야만 했다.[31] 그럼에도 불구하고 몇몇 대규모 직장의 고용주를 상대로 한 소송이 이어졌고, 덕분에 성별이나 인종에 관계없이 모든 노동자의 합법적인 권리가 확대되었다. 고용기회평등위원회는 이런 기업과 협상을 벌여, 고용주가 인사 관행을 재조정하도록 유도하는 동의판결을 얻어냈다. 동일한 산업 내에 있는 다른 고용주들은 자발적으로 선례를 따랐다.

이 같은 진전에도 불구하고, 고용차별과 관련해 차별금지 집행기관과 법원으로 밀려드는 적법한 항의는 수천 건에 달한다. 가령 연방계약준수국Office of Federal Contract Compliance Programs의 조사원들은 다트사Dart, Inc.가 남성 지원자를 대상으로는 월급이 많은 준숙련 업무를 위한 기술적성검사를 실시한 반면, 여성 지원자에게는 월급이 적은 저숙련 업무를 위한 손재주 검사를 실시했다고 밝혔다.[32] 세계 최대의 집수리장비 소매업체인 홈디포는 여성을 판매직과 관리직에서 제외시키고 월급이 적은 업무에만 가둬두었다고 주장하는 성차별 소송을 해결하기 위해 8,500만 달러의 합의금을 치렀고,[33] 1999년 인테리어 및 배관 전문 기업인 콜러Kohler Corporation는 여성을 비전통적인 생산직에서 배제한 고용 관행 때문에 약 100만 달러를 지불하는 데 합의했다.

1990년대에 고용기회평등위원회로 1년 동안 접수된 성차별 신고는 2만 4,000건이 넘었고,[34] 설문조사에 참여한 미국인 2,000명 중 3분의 1 이상이 취업시장에서 개인적으로 차별을 경험한 적이 있다고 답했다.[35] 제4장에서 확인하겠지만 이 신고 중 일부는 '역차별' 혐의를 제기했고, 대부분은 여성과 소수 인종 차별이었다.[36]

고용주의 고질적 문제, 성희롱

성희롱sexual harassment은 미국의 민권법 제7장에 규정된 차별의 한 형태다.✻ 고용기회평등위원회와 법원은 불법적인 성희롱을 두 가지 유형으로 구분했다. 한 가지는 상사가 노동자에게 근무조건으로서 성적인 행위를 요구하거나, 성적인 행위를 대가로 업무 관련 혜택을 약속하는 보상형 성희롱이다. 다른 하나는 성적인 위협, 접촉, 언어적인 괴롭힘, 혹은 불쾌한 인쇄물의 전시 같은 양상으로 노동자가 너무 불편해서 업무를 하기 어려운 상황을 말하는 '적대적인 노동환경'이다.

성희롱은 직장에서 볼 수 있는 고질적인 현상이다. 일반적으로 성희롱 신고는 보고되지 않지만 2000년 고용기회평등위원회는 약 1만 6,000건에 달하는 성희롱 신고에 대한 정보를 공개했다.[37] 성희롱은 성별에 따라 작업성과가 달라지는 결과를 낳는다. 첫째, 여성은 남성에 비해 희롱을 당할 가능성이 높고(남성이 고용기회평등위원회에 접수한 성희롱 신고는 7건 중 1건이었다), 대다수가 지목한 가해자는 남성이었다. 둘째, 성희롱 피해 남성에 비해 성희롱 피해 여성은 직장을 그만둘 가능성이 9배, 이직 가능성이 5배, 실직 가능성은 3배 더 높다.[38]

✻ 고용기회평등위원회와 법원은 인종과 장애를 근거로 한 희롱 역시 민권법 제7장에 따라 차별이라고 주장했다.

법원은 두 유형 모두에 대해 고용주에게 책임을 묻는다. 고용주가 해당 사안에 대한 보고를 받았다면 피고용인의 근무 중 행위에 책임이 있다는 것이다. 성희롱 사건은 고용주에게 큰 대가를 요구한다. 생산성에 미칠 타격을 감안하지 않더라도 금전적인 피해가 상당하다. 2000년 고용기회평등위원회는 민권법 제7장의 성희롱 금지규정 위반을 근거로 고용주들로부터 5,500만 달러를 징수했다. 소송에서 패할 경우 고용주는 추가적으로 수백만 달러의 대가를 치르게 된다. 가령 고용기회평등위원회는 미쓰비시모터스 제조회사가 비공개 성희롱 소송을 해결하기 위해 전현직 직원 350명에게 각각 30만 달러(연방정부의 최대 상한선)를 지불하고 여기에 추가로 950만 달러를 더 지출하리라고 추정했다.

통계는 거짓말을 한다

일부 고용주가 여성을 차별하는 또 다른 이유는 여성은 생산성이 낮아서, 또는 고용 비용이 더 많이 들어서 이윤을 감소시킨다는 믿음이다. 자녀가 있는 여성은 남성보다 결근이 잦거나 이직률이 높다고 보기 때문이다. 개인을 이들이 속한 집단에 대한 믿음을 근거로 대우하는 행동을 **통계상의 차별**statistical discrimination이라고 한다.

고용주가 업무를 수행할 수 없는 개인의 고용이나 승진을 거부하는 것은 합법적일 수 있지만, 이 개인이 평균적으로 생산성이 더 낮거나 고용 비용이 많이 드는 성별, 인종, 출신국 집단에 속한다는 이유만으로 다르게 대우하는 것은 불법이다. 게다가 노동자의 생산성, 결근, 이직률은 주로 생산 공정과 업무의 질에 좌우된다. 미국의 차별금지법에 따르면 통계상의 차별은 불법이다.

고객이 성차별을 요구할 때

일부 고용주는 고객 혹은 다른 노동자의 편견을 배려하는 마음에서 여성 또는 남성을 차별한다. 가령 1970년대 초까지 항공사들은 승객이 여성 승무원을 선호한다고 주장하면서 남성 승무원을 고용하지 않았다. 그러다가 1971년 대법원이 고객의 차별적인 선호가 성차별을 정당화하지 않는다는 하급법원의 판결을 승인하고[39] 승무원이라는 직업을 남성에게, 그리고 결국에는 나이든 사람들에게까지 열어주었다.

그럼에도 불구하고 많은 고용주가 여전히 고객의 차별적인 선호를 존중한다.[40] 여성 경비원에 대한 한 연구에 따르면 경비회사의 고객 대부분은 신경 쓰지 않지만 선호를 드러내는 일부가 남성을 원했다.[41] 어떤 고용주는 임시직 인력회사에 '마리아'나 '김'이라는 성별을 가진 사람은 보내지 말라고 요구하기도 하는데, 이는 라틴계 여성과 아시아계 여성에 대한 배척을 의미한다. 이처럼 고객의 선호에는 젠더와 인종 또는 민족이 결합되어 있을 수 있다. 임시직 인력회사에 대한 이 연구는 특정 성별과 인종 또는 민족 집단 출신 노동자에 대한 폭넓은 선호를 보여준다. 고객들은 마치 암호처럼 "말을 또박또박 하는" 혹은 "경영 본부" 지원자라는 표현으로 에둘러 "백인"을 요구한다. 임시직 인력회사 중에서 이런 요청을 거부한 곳도 있었지만 많은 경우가, 특히 주 고객의 요청일 때는 아무리 터무니없다 해도 이를 존중했다.[42]

여성은 왜
적은 보상에도 만족하는가

    지금까지는 고용주와 남성 노동자의 행동이 직장에서 성 불평등에 어떻게 기여하는지에 초점을 맞췄다. 이제는 여성과 남성 노동자의 차이를 강조하는 주장을 살펴볼 것이다. 일부 사회과학자와 고용주는 여성이 남성과는 달리 직업적인 성공에 별로 관심이 없기 때문에 전통적인 여성의 직업을 선택하고 승진을 원치 않으며 낮은 임금을 기꺼이 받아들인다고 주장한다.

    어째서 여성은 남성보다 기회와 보상이 적은데도 기꺼이 만족해야 할까? 어째서 남성은 여성보다 더 열심히 일하거나 더 큰 직업적 성취에 대한 포부를 가져야 하는 걸까? 사회과학자들은 여성의 경우 일이 아니라 가정을, 남성은 가정이 아닌 일을 지향하는 경향이 있기 때문이라고 설명한다.

성차별은 '여성의 인적자본 부족' 때문이라는 경제학자들
    주류 경제이론은 노동시장이 전적으로 노동자의 생산성에 따라 보상하므로 차별적이지 않다고 가정한다. 이 논리에 따르면 여성이 남성에 비해 경제적 형편이 열악하다면 이는 남성보다 생산성이 낮기 때문이다. 하지만 이런 가정은 검증할 수 없다. 생산성을 정량적으로 측정할 수 있는 직업은 많지 않기 때문이다. 그래서 연구자들은 생산성에 영향을 미친다고 생각되는 특성, 즉 기술, 경험, 노동자가 일에 헌신하는 정도를 통해 생산성을 검토한다. 경제학자들은 노동자의 기술과 경험을 **인적자본**human capital이라고 일컫는다. 경제학자들에 따르면 이론적으로 남성 노동자는 교육, 훈련, 경험을 통해 인적자본에 투자하고, 이 투자는 이들의 생산성을 강화한다. 이러한 인적자본론에 따르면 여성은 가족에게 치우치는 경향 때문에 교육, 훈련, 경험에 투자를 잘 하지 못하고 따라서 여성의 생산성이 남성보다 낮아지는 결과가 초래된다고 한다.[43]

교육의 양은 사실 경제활동참여 여부와 미래에 갖게 될 직업, 권한, 소득에 중요한 영향을 미친다. 하지만 교육 기간의 성차만으로는 직장에서 일어나는 성 불평등 현상을 제대로 설명하지 못한다. 남성 노동자와 여성 노동자 모두 평균적으로 12년이 약간 넘는 기간 동안 교육을 받는데도 불구하고, 남성은 여성에 비해 고등학교를 마칠 가능성이 낮은 한편, 석사학위 이상으로 진학할 가능성이 더 높다.[44]

게다가 대학에서 여성과 남성은 서로 다른 전공으로 갈리는 경향이 있고, 이 차이는 성별에 따른 임금격차에 기여한다.[45] 경영학에서는 여성과 남성이 거의 비슷한 비율로 학사학위를 받는다 해도 인문학, 교육학, 외국어 분야에서는 여성이 더 많다.[46] 여성보다 남성이 더 많은 공학 분야에서는 학사학위의 82퍼센트,[47] 컴퓨터 과학 분야에서는 학사학위의 83퍼센트를 남성이 받았다.[48] 일반적으로 모든 전공에 남성과 여성이 동일하게 분포하려면 여성 혹은 남성의 약 30퍼센트가 전공을 바꿔야 했다.[49] 그러므로 교육의 차이는 과학과 공학 분야의 직업에서 성 불평등에 크게 기여하지만 이런 직업은 전체의 3퍼센트 정도에 해당한다.[50] 다른 직업의 경우는 대체로 교육의 차이가 성 불평등을 야기하는 데 큰 역할을 하지 않는다.

직무훈련은 사정이 다르다. 여성과 남성은 각기 다른 종류의 훈련을 받는 경우가 많다. 가장 중요한 직무훈련은 현장에서 진행되고, 여성과 남성은 서로 다른 업무를 맡기 때문이다. 게다가 여성이 하는 일은 남성에 비해 현장 교육을 제공할 가능성이 낮다.[51]

여성은 남성에 비해 필요한 직무훈련을 본인 스스로 직접 받을 가능성이 더 높다.[52] 간호업이나 미용업처럼 전통적으로 여성이 많은 직업군에서 고용주는 노동자가 일을 시작하기 전에 알아서 훈련을 받고 그에 필요한 비용 또한 노동자가 직접 지불하기를 기대하는 경우가 많다.

예비 노동자들은 공립학교와 커뮤니티칼리지에서 교육을 받기도 한다. 과거에는 공립학교가 제공하는 직업 교육이 성별로 분리되었기 때문에 여성과 남성이 서로 다른 수업을 들었다. 당시 직업 교육과 관련된 미국의 연방법은 남성을 위해서는 직무훈련을, 여성을 위해서는 가정학 교육을 받도록 지정해놓았다.

혹은 도제 프로그램을 통해 직무훈련을 받기도 하는데, 미국의 경우 대부분 노동부와 노조에 의해 운영된다. 이런 훈련 프로그램은 그 조상

격인 중세의 길드처럼 여성을 배제할 때가 많다.[53] 미국 인구조사국이 공식적인 도제 프로그램이 있다고 나열한 직업은 사실상 모두 남성을 위한 일이다.[54] 직무훈련에서 이런 차이는 여성이 직장에서 낮은 지위에 머무는 결과를 초래한다.

인적자본의 세 번째 요소인 경험은 상황이 더 복잡하다. 차이가 좁혀지고 있기는 하지만 평균적으로 여성은 남성보다 노동 경험이 적다. 1980년대 중반 전문가들은 평균적인 18세 여성은 앞으로 약 29년 동안 경제활동에 참여하게 될 것이며, 이는 평균적인 18세 남성보다 9.4년 적은 수치라고 예상했다.[55]✱ 또한 여성은 남성에 비해 지속적으로 고용 상태를 유지할 가능성이 더 낮다.[56] 뒤에서는 경험이 성별로 다른 업무 할당에, 여성과 남성의 승진 가능성에, 그리고 소득격차에 미치는 영향을 살펴볼 것이다.

다음 주제로 넘어가기 전에 수준 높은 교육을 받거나 경험이 더 많은 노동자가 생산성이 높다는 가정에 문제를 제기하는 사람들도 있음을 지적하고자 한다. 물론 훈련과 경험 외에도 많은 요인이 노동자의 생산성에 영향을 미친다. 가령 고용주의 노동 조직 방식과 노동자의 헌신도는 생산성에 크게 영향을 준다.

요컨대 직장의 성 불평등이 여성의 인적자본이 부족해서 생기는 결과라고 주장하는 인적자본론은 오늘날보다는 처음에 그 주장이 제기된 50년 전의 불평등을 설명하는 데 더 잘 들어맞아야 마땅하다. 현재는

✱ 이는 가장 최근에 구할 수 있는 예상수치다.

대부분의 여성이 유급 노동을 기반으로 삶의 계획을 세우기 때문에 남성 못지않게 교육과 경험에 많은 투자를 한다. 그럼에도 불구하고 뒤에서 이어지는 내용을 통해 우리는 인적자본의 성차가 오늘날의 직장에서 발생하는 일부 성차별의 원인임을 보게 될 것이다.

사회화 과정이 여성에게 불평등을 강요한다는 사회학자들

인적자본론은 여성이 직업보다 가정에 치중한다는 가정을 더 심도 깊게 설명하려 하지 않는다. 젠더 역할 사회화론은 바로 이 문제를 다룬다. **젠더 역할의 사회화**Gender-role socialization는 가족, 동료, 학교, 직장, 미디어 등의 사회제도가 여성과 남성에게 용인 가능한 옷차림, 화법, 인성, 여가활동, 포부에 대한 사회의 기대를 주입하는 과정을 말한다.[57]

젠더 역할의 사회화는 여러 방식으로 불평등한 노동환경을 조성한다. 우선 이를 통해 여성은 가정에, 남성은 직장에 더 치중하게 만들 수 있다. 전통적으로 여자아이는 아이를 낳고 요리를 하며 집안일을 원하도록 사회화되는 반면, 남자아이는 돈을 벌고 가족으로서의 의무를 일 다음으로 미루도록 사회화되었다. 이런 식의 서로 다른 사회화가 지속되는 한 여성과 남성은 사회가 각 성별에 알맞다고 여기는 일자리를 추구하는 경향을 유지한다.

또한 젠더 역할의 사회화는 노동 생활에 영향을 미치는 가치의 중요도에도 기여한다. 즉 성별에 따라 직급이나 연봉의 중요도가 달라지기도 한다. 마지막으로 젠더 역할의 사회화는 남성이 직장과 가정에서 성별분업을 당연시하게 만듦으로써, 직장에서는 남성에게 일정한 직무와 승진궤도, 권위 있는 지위, 더 높은 보수가 보장된다고 여기고, 가정에서는 일상적인 대부분의 가사 노동에서 남성이 면제된다고 생각하게 만든다. 남성은 보통 직장에서 의사결정을 하는 자리에 있으므로 이런 기대를 실제로 집행하는 지위를 차지하고 있는 이들도 남성이다.

젠더 역할의 사회화 개념이 직장 내 불평등을 설명하는 데 도움이 될까? 사회화 과정이 여성으로 하여금 (남성은 아니다) 가정과 가족에 치중하게 만들고, 따라서 여성은 자연히 가정에 대한 자신의 의무와 병행하기 쉬운 일을 선택하게 된다고 주장하는 사회학자와 경제학자도 있다. 여성이 가족의 요구에 부응하느라 직장과 승진을 두고 남성과 경쟁할 수 있는 능력이 그만큼 줄어들게 된다는 주장도 있다. 결론은 동일하지만 경로는 다소 상이한 셈이다. 이와 유사하게 남성에게 전통적인 사회화는 경제적 성공을 거머쥘 수 있는 일자리의 추구와 조화를 이룬다. 그리고 여성이 가사 노동과 육아 대부분을 책임지고 대부분의 남성은 이를 기피하는 상황은 남성이 직장에서 여성보다 더 나은 지위를 차지하는 현상에 대한 위와 같은 설명과 부합한다.

이런 전통적인 사회화 경험과 태도가 오늘날에도 전형적일까? 2001년 미국에서 4년제 대학을 다니는 25만 명 이상의 1학년 학생에게 설문조사를 실시한 결과, 중요한 목표로 '가족 부양'을 선택한 학생은 여성과 남성 모두 73퍼센트를 차지했다. 그리고 중요한 목표로 "금전적으로 아주 넉넉해지기"를 선택한 남성은 여성보다 아주 조금 더 많을 뿐이었다.[58]

성 불평등이 여성은 가정에, 남성은 직장에 치중하는 성향에서 비롯된다는 주장에 근본적인 의문을 제기하는 연구도 있다. 여성은 남성에 비해 일에 헌신하는 정도가 전혀 낮지 않다.[59] 오히려 노동자가 종사하는 직업의 종류가 해당 노동자의 성별보다 일에 대한 헌신도에 더 많은 영향을 미치고,[60] 여성과 남성의 헌신도를 높인 요인은 노동조건, 업무 자율성, 승진 기회로 모두 동일하다.[61]

여성은 도리어 자율성의 정도가 비슷할 때 남성보다 업무에 더 많은 노력을 기울인다.[62] 국가별 데이터를 근거로 한 연구에서도, 가정에 대한 헌신이 여성의 업무 노력에 거의 혹은 전혀 영향을 미치지 않는다고 확인되었다.[63] 물론 가족 내 역할에 대한 애착에서 나타나는 성차는 남성이 경제활동에 더 많이 참여하고 주당 노동시간과 연간 노동일이 더 길며, 이로 인해 남성의 소득이 더 높아지는 결과에 기여할 수 있다.

대중담론에서는 어린 시절에 이루어지는 사회화가 성인의 세계관을 영구적으로 결정한다고 하지만, 여성과 남성이 서로 다른 직업에 집중되어 있고 승진 속도가 다르며 평균소득이 다른 현상을 설명하는 데 이 사실은 별로 중요하지 않다. 사람은 어린 시절뿐만 아니라 생애의 전 과정에서 사회의 영향을 받는다. 어린 시절에 이루어진 사회화의 탓으로 치부되는 노동환경은 어쩌면 사회적 통제라는 전 생애에 걸친 과정의 결과일 수도 있다.

사회적 통제social control란 사람들이 자신의 행위에 대한 결과로 꾸준히 경험하는 보상과 처벌을 말한다. 자녀가 둘인 부부가 있다고 생각해보자. 아내의 고용주가 1주짜리 경영훈련에 그녀를 보내면 남편은 아이들과 더 많은 시간을 보낼 핑계가 생겨서 기뻐할지도 모른다. 하지만 남편이 상사에게 아이들을 어린이집에서 데려와야 하므로 초과근무를 할 수 없다고 말한다면 상사는 이를 쉬이 허락하지 않을 것이다. 이후 아내에게 또 다른 출장이 잡히면 남편은 못마땅한 기색을 보일 것이다. 남편의 이런 반응은 어린 시절에 흡수한 미묘한 메시지, 즉 사회화 과정의 결과물이 아니다. 그보다는 오늘날의 보상(아이와 보내는 즐거운 시간, 아내를 기쁘게 하기)과 처벌(상사가 자신의 헌신에 의문을 갖는 것)에 더 긴밀하게 연결되어 있다.

아내의 사례 역시 동일한 사실을 보여준다. 어쩌면 아내는 열아홉 무렵에는 결혼 후 몇 년간 직장에 다니다가 일을 그만 두고 아이를 키운 뒤 아이들이 어느 정도 크면 다시 복귀하겠다는 생각을 했을 수 있다. 하지만 경영훈련에 선발되는 보상과 한 사람의 수입으로 근근이 먹고 살아야 하는 잠재적인 처벌이 청소년기에 세웠던 계획을 무색하게 만들었을 가능성이 높다.

여성의 노동은 왜 차별받는가

제4장

노동 현장에서
남성과 여성은
어떻게 분리되는가

성차별이 노동시장을
비효율적으로 만든다

19세기 후반 영국 외무부가 여성 직원을 처음 고용했을 때, 외무부는 여성 직원이 남성 직원과 접촉하지 못하게 하려고 이들을 다락에 숨겼다. 월급날에는 남성이 복도에 다니지 못하게 한 뒤 여성을 1층으로 내려 보내 월급을 수령하도록 했다. 이런 엄격한 성별분리가 오늘날에는 아주 이상해 보일 수도 있지만, 현대에도 일부 국가는 여전히 성별분리를 엄격하게 유지한다. 무슬림 국가에서 여성 판매원은 여성 고객을 상대하는 상점에서만 근무하고, 여성 공장노동자는 전 직원이 여성인 공장에서만 근무한다. 예컨대 방글라데시의 일부 의류공장은 여성과 남성이 서로 다른 층에서 근무하게 함으로써 이들이 서로 접촉하는 일이 없도록 한다.[1]

여성과 남성이 때로 바로 옆에서 함께 일하는 21세기 초 미국의 상황을 이런 사례와 비교해보면 서구 사회의 직장에서는 성별분리가 사라졌다는 결론을 내릴 수도 있다. 하지만 이는 지나치게 낙관적인 생각이다. 성별분리의 형태와 정도가 다르기는 하지만, 이슬람 국가를 제외

한 다른 국가에서도 여성과 남성은 여전히 서로 다른 종류의 노동에 쏠
린다.

장비가 한쪽 성별에 맞추어 설계되었다면

직장 내 성별분리란 여성과 남성이 서로 다른 직종, 직무, 노동의 장
소에 상이하게 분포하는 것을 일컫는다. 앞선 사례처럼 성별분리는 여
성과 남성을 시간과 장소에 따라 물리적으로 분리한다. 즉 여성과 남성
은 서로 다른 환경에서 동일한 (혹은 상이한) 업무를 한다. 어떤 은행이 교
외 지점에는 여성 관리자를, 시내 지점에는 남성 관리자를 고용한다거
나, 보안회사가 낮 시간에는 여성 경호원을, 밤 시간에는 남성 경호원
을 고용하는 경우를 들 수 있다. 성별분리 개념은 여성과 남성이 동일
한 노동 공간에 있지만 서로 다른 업무를 하는 상황에도 적용된다. 가
령 여성 기술자가 남성 과학자와 함께 일하는 실험실이나, 여성 점원이
남성 관리인과 함께 근무하는 사무실이 이런 경우에 해당한다. 두 번째
형태의 성별분리는 제1장에서 다뤘던 성별분업 개념과 동일하다.

여성과 남성이 서로 다른 일을 하는 게 어째서 중요할까? 그 이유는
1954년 미국 연방대법원이 공립학교의 성별분리를 금지한 이유와 동
일하다. 사회적으로 불평등한 집단을 분리하는 조치는 평등의 원칙에
위배된다. 복수의 집단을 서로 다른 장소나 역할로 분리할 경우 불평등
한 처우가 활개 칠 수 있는 여건이 형성된다. 게다가 이는 여러 집단을
서로 다르게 대우하는 것이 적절하다는 함의로 이어진다.

직업은 사람들을 지위 시스템 속에 배치하고 소득을 제공하며 특전

을 안겨준다. 따라서 여성과 남성을 서로 다른 직업으로 구분하면 여성이 더 낮은 임금을 받고 직장과 가정, 사회에서 권한이 축소되는 상황에 기여한다.

성별분리의 가장 직접적인 결과는 남성에 비해 여성의 소득이 낮아진다는 점이다. 이는 두 가지 방식으로 일어난다. 첫째, 여성은 소득이 낮은 직업에, 남성은 소득이 높은 직업에 더 많이 몰리는 경향이 있다. 둘째, 여성이 많은 직업은 남녀 직원 모두에게 더 적은 임금을 지불하는 경향이 있다.

또한 어떤 직업과 장비가 한쪽 성별에 맞춰 설계되면 해당 직업 부문에서 성별분리가 영구적으로 지속될 가능성이 높다. 가령 성별분리가 고착된 상황에서는 여성이 성별분리가 적은, 혹은 더 나은 직업으로 이동하는 데 필요한 기술을 습득하기 힘들 수 있다. 일본의 한 사례를 살펴보자. 어느 당과류 공장에서 남성 장인이 젊은 남성에게는 꽃 장식 기술을 가르쳤지만 젊은 여성은 하급 생산직에서 일하게 했다. 여성들은 너무 바빠서 고급 기술을 배울 수 없었고 결과적으로 꽃 장식 업무에서는 계속해서 배제되었다.[2]

장비 설계 역시 성별분리의 자기영속성을 보여주는 사례다. 최근까지 항공기 기장은 거의 남성이었고, 비행기 조종석 역시 거기에 맞춰 설계되었다. 이 때문에 여성은 제어장치를 조작할 때 남성보다 더 어려움을 겪는다.[3] 장거리 트럭의 운전석도 비슷한 문제가 있을 수 있다. 그러므로 성별분리는 오도 가도 못하는 상황을 만든다. 장비가 여성을 배제하도록 설계되었다는 것은 여성이 그 일을 하기 힘들다는 의미이고,

따라서 장비설계자는 꾸준히 남성에게 적합한 장비만 설계할 것이며 이를 통해 성별분리는 영구적으로 생명을 이어간다.

성별분리가 반드시 남성에게 유리한가

직장의 성별분리는 사회에서 좀 더 폭넓게 여성의 지위에 영향을 미친다. 가령 의회로 진출하는 가장 일반적인 방법은 법과 관련된 일에 종사하는 것이다. 하지만 일단의 메커니즘은 여성이 주요 로펌에서 시니어 파트너가 되지 못하게 막고 기껏해야 법률비서나 준법률가, 혹은 법률구조 변호사로 일하게 하기 때문에 여성이 직장에서 겪는 고충을 완화할 법안을 고안할 여성 입법가의 수가 어느 정도 이상으로 늘지 않는다. 이뿐만 아니라 여러 다른 방식으로, 직장의 성별분리는 현대사회에서 성 불평등을 유지하는 데 중요한 역할을 한다.

일반적으로 남성에게 주어지는 노동이 여성에게 주어지는 노동보다 더 나은 편이긴 하지만, 성별분업이 반드시 남성에게 유리한 것만은 아니다. 먼저 전 세계적으로 증가하는 일자리는 남성이 더 많이 종사하는 생산직보다는 여성이 지배적인 서비스직인 경우가 많다. 남성은 서비스직에 적게 종사하다 보니 취업 가능성에 타격을 입을 수 있다.[4]

또 남성에게 제공되는 직업은 건강 문제를 야기하는 경우가 많다. 미국에서는 고용주가 트럭 운전사, 벌목공, 건설 노동자 같은 위험한 직업에 남성을 고용할 가능성이 더 높고,[5] 이 때문에 산업재해로 인한 사망자의 93퍼센트가 남성이다.[6] 트럭 운전사는 거의 전원이 남성이고 (95퍼센트) 흑인과 히스패닉 남성에게는 첫 번째, 백인 남성에게는 세 번째로 가장 흔한 직업이지만 이상적인 노동과는 거리가 멀다. 트럭 운전사의 3분의 2가 시급이 낮다 보니 10시간 운전 뒤 8시간 휴식을 의무화하는 법을 자주 위반한다고 인정했다. 법률상의 주당 노동시간 한도는 60시간이지만 운전사들은 평균적으로 65시간 이상 일했고, 노동자의 3분의 1이 이전 달에 운전 중에 졸거나 잠든 적이 있다고 인정했다.[7] 모든 남성이, 심지어 미국에서 태어난 유럽계 백인 남성까지도 특전과 고소득을 만끽할 수 있는 일자리를 갖지 못한다는 사실은 분명하다. 그럼에도 불구하고 성별분리는 일자리에 대한 경쟁을 완화하기 때문에 일반적으로 남성에게 유리하다.

성별분리는 전 세계적으로 노동시장이 비효율적인 이유이기도 하다. 특정 노동자를 어떤 직업에서 배제하면 노동시장이 경직되고 인적자원이 낭비되며 경제가 세계의 변화에 대응하기가 더 힘들어지기 때문이다.

마지막으로 고용주가 성별, 또는 인종, 나이, 성적 취향 같은 업무와 무관한 다른 특성을 근거로 노동자를 분리하여 배치하고 이 때문에 노동자의 능력을 십분 활용하지 못하면 전체 사회가 그 대가를 치르게 된다. 미국이 경제적으로 아주 잘 나가던 시절에는 여성과 소수 인종 시민 대부분의 재능을 허비하고도 별탈이 없을 수 있었다. 하지만 그런 시절은 이제 끝났다. 오늘날에는 피부색이나 성별이 어떻든 총기와 활력과 재능이 넘치는 노동자를 보험청구서 작성이나 쓰레기통 비우기, 프렌치프라이 서빙 같은 일에 처박아 둘 정도로 여유를 부릴 수 있는 나라가 없다.

근대 여성의 노동은
어떻게 변화했는가

미국의 근대사를 예로 살펴보면, 지불노동자가 성별에 따라 분리되는 문제는 초기 이민자들의 부불노동에 그 뿌리가 있다. 식민지 주민은 10명 중 9명이 농업에 종사하면서[8] 주로 가족을 위해 식량을 재배하고 물건을 만들었다. 이들의 성별분업은 유럽의 소작농과 농민과 비슷했다. 남성은 대부분 농사일을 했고, 여성은 집안일을 돌보고 집에서 쓸 물건을 만들었다. 여성은 비누와 레이스처럼 집에서 만든 물건을 팔거나 교환하고, 실잣기나 환자 돌보기 같은 서비스를 제공하여 돈을 벌기도 했다. 하지만 필요한 일이 있으면 성별을 가리지 않고 일을 했으므로 여성과 남성의 노동은 종종 겹치기도 했다.

18세기에 이르러 미국이 성장하면서 상업이 왕성해졌다. 많은 가족이 장사꾼, 정육업자, 약품업자, 인쇄공, 나무통 제조업자, 은 세공인, 여관 주인, 간수 등으로서 소규모 사업체를 운영했다. 하지만 여성이 이런 종류의 일에서 독립적인 기업인이 될 수 있는 유일한 길은 남편이 먼저 세상을 떠나는 상황뿐이었다.[9]

동시에 수많은 여성과 남성이 노예나 연한계약노동자로서 보수도 없이 일을 했다. 남자 노예는 보통 밭일을 했고, 여자 노예는 밭일도 하고 집안일도 일했다. 하지만 노예들 사이에서의 구체적인 성별분업은 노예 소유주에 따라, 그리고 지리적인 위치에 따라 달랐다. 가령 사우스캐롤라이나의 벼 농장에서는 농장이 자족적인 마을처럼 운영되었기에 노예가 다양한 일을 했다. 뱃사공, 대장장이, 구두수선공, 세탁공, 침모, 동물사육사 같은 전문적인 일을 맡는 경우는 남성의 25퍼센트, 여성의 8퍼센트였다.[10] 반면 면화 생산 지역인 미시시피, 앨라배마, 루이지애나 같은 주에서 필요한 노예는 성별에 관계없이 밭일을 할 수 있는 사람이었다.[11]

요컨대 17~18세기에는 노예도, 자유민도 노동이 성별로 분리되어 있긴 했지만 이 구분이 엄격하지는 않았다.

19세기, 가사 서비스가 여성의 일이 되다

여전히 대부분의 미국인이 농업에 종사하고 있었지만, 19세기에는 산업화를 통해 여성과 남성이 할 수 있는 일의 종류가 늘어났다. 의복 제작처럼 여성이 하던 일부 가사 노동은 공장으로 넘어가고도 여전히 '여성의 일'로 남았다. 장례업 같은 일은 상업화되면서 남성의 일이 되었다.

전체적으로 경제활동참여인구 중에서도 남성이 여성을 크게 웃돌았고(자료 2.1 참조) 대부분의 직업 부문에서 많은 업무가 남성의 일로 정의되었는데, 이 중에는 오늘날에는 여성의 일로 여기는 것도 있다. 가령

19세기에 사업체가 고용한 얼마 되지 않는 하급 사무직 노동자들은 대부분 남성이었다. 실제로 1870년에 사무원, 속기사, 타이피스트, 경리, 계산원, 회계원 중에서 여성은 3퍼센트뿐이었다.[12]

여성이 독점하다시피 한 직업은 주로 **가사 서비스**domestic service처럼 임금이 낮고 노동조건이 열악해서 남성이 잘 찾지 않는 일이었다. 남북전쟁으로 여성이 공장에 취업하거나 간호사나 교사 같은 일을 할 수 있는 기회가 늘어나긴 했지만[13] 취업자 중에서 여성은 가사 서비스, 농장일, 직물 관련 일에 종사하는 비중이 가장 많았고 남성은 농부, 비숙련공, 목수로 일하는 경우가 가장 많았다.[14]

19세기 말이 되자 인종과 성별뿐만 아니라 민족 역시 사람들이 하는 일에 영향을 미쳤다. 이민이 늘어나면서 고용주가 노동자를 고를 때 출신국 역시 고려하게 된 것이다. 미국에서 태어난 백인 남성은 공장노동자, 수공예사, 사무원, 기업가, 전문직으로 일했다. 중국 출신 남성은 떠돌이 농장 노동자, 광부, 철도 건설 인부로 일했다.[15] 푸에르토리코계 이민자는 의류 제조, 담배 제조, 호텔 및 요식업, 세탁업에 종사했다. 결혼하지 않은 여성 이민자, 특히 아일랜드, 스칸디나비아, 독일계 여성이 얻을 수 있는 가장 흔한 일은 가사 서비스였다. 아일랜드 출신 여성은 방직 공장에 취직하는 경우도 많았는데, 그러면서 먼저 일하고 있던 뉴잉글랜드 출신의 소녀들을 밀어냈다. 유대계 이민 여성은 바느질을 비롯하여 '봉제 관련 업종'에 쏠렸다.[16] 그러므로 미국에서 태어난 일부 백인 여성들이 간호사나 교사로 일하긴 했지만 취업 여성은 대부분 공장, 제작소, 착취형 노동 현장에서, 또는 하인으로 입에 풀칠할 정도의 임금으로 하루 12시간 동안 고된 노동을 했다. 취업 남성, 특히 이민자와 소수 인종 역시 낮은 임금으로 혹독한 환경에서 일하는 경우가 다반사였지만 그래도 여성보다는 임금이 높았다.

20세기 초에 이르자 직장의 성별분리는 확고하게 자리를 잡았다. 이전 50년간 여성이 집에서 가족을 위해 하거나, 소규모 기업인으로서 상업적으로 했던 일이 남성의 일이 되어버리기도 했다. 산업화를 통해 새로 만들어진 직업에는 얼마 지나지 않아 여성의 일 혹은 남성의 일이라는 꼬리표가 달렸다.

20세기, 세계대전이 여성에게 준 기회

20세기는 여성에게 새로운 기회를 선사했다. 제1차 세계대전(1914~1918)이 벌어지자 남북전쟁과 제2차 세계대전 당시 그랬듯 남성이 일터를 비우고 전쟁에 참전했다. 또한 전쟁은 이민자의 유입을 중단시켰다. 이로 인해 노동력이 부족해지자 과거 백인 남성이 채우던 일자리에 여성과 아프리카계 미국 남성도 접근할 수 있게 되었다. 전쟁은 남성의 일이었지만 백인 남성과 아프리카계 미국 남성은 서로 다른 경험을 했다. 아프리카계 미국 남성은 항만 노동자와 미천한 일꾼 같은 노예 상태로 전락했다. 군에서도 장교직이 금지되었기 때문에 참전한 사람은 11퍼센트뿐이었다.[17]

전쟁이 끝나자 고용주는 돌아온 장병들을 다시 고용했고, 아프리카계 미국인 남성과 모든 인종의 여성은 잡역부와 가정의 하인 같은 일자리로 되돌아갔다. 1919년 여성부는 여성 기계공, 전차 차장, 엘리베이터 작동기사, '교통경찰', 우편배달부를 앞세워[✻] "여성을 위한 새로운 일자리"라는 낙관적인 모토가 새겨진 포스터를 만들기도 했지만 1918년 종전 이후 원래 남성이 맡고 있던 일자리를 지킨 여성은 거의 없었다.

20세기 초 노동이 관료적인 방식으로 조직되면서 성별분업에 변화가 일었고, 이로 인해 여성의 일이라는 꼬리표가 붙은 수백만 개의 사무직 일자리와, 초기에는 남성의 일이라는 꼬리표가 달렸던 관리직 일자리가 상당한 규모로 생겨났다. 기업이 커지고 관료화되면서 사무직 노동자 군단이 필요해지자 고용주는 여성에게 눈독을 들였다. 여성에게는 낮은 임금을 지불할 수 있고, 여성은 공장일보다는 사무직 일자리를 더 좋아하기 때문에 항상 공급이 있었기 때문이다. 1930년에 이르자 타이피스트와 속기사의 95퍼센트가 여성으로 채워졌다.[18] 고용주는 관리직 일자리를 남성에게 맡겼고, 이 현상은 1990년까지 지속되었다. 남성 사무직 노동자에게 관리자, 회계사, 경리, 계산원 자리는 더 높은 지위에 오르기 위한 사다리일 때가 많았지만, 여성 사무직 노동자는 이런 사다리를 기대하기가 힘들었다. 사실 많은 고용주가 경험이 쌓인 여성 직원을 승진시키는 대신 임금을 낮게 유지하고 결혼할 때 사직을 종용하는 방식으로 이직을 하게 만들었다.

제2차 세계대전 직전에는 451개 직종의 5분의 4에서 남성 노동자가 여성 노동자보다 3배 이상 더 많았다. 남성 노동자가 여성 노동자보다

✻ 타이피스트로 가득한 사무실 풍경을 찍은 어떤 사진에는 "사무직 노동 — 검둥이 소녀를 위한 상당히 새로운 직업"이라는 설명이, 재봉틀을 돌리는 여성을 담은 사진에는 "이들은 세탁과 가사 노동은 벌이가 너무 안 좋아서 의류 산업에 뛰어들었다"는 설명이 달려있었다(Callahan 1992: 37).

9배 이상 더 많은 직종도 절반이 넘었다. 반면 여성이 남성보다 9배 더 많은 직종은 고작 10개에 불과했다. 경리, 의상제작자, 세탁부, 간호사, 간호조무사, 의사 혹은 치과의사 보조, 전화교환원이나 속기사 혹은 타이피스트, 비서, 하인, 하숙집 관리인이었다.[19] 남성이 주류인 직종과 여성이 주류인 직종 중 일부(가령 경리, 세탁부, 하인)는 유색인종도 종사할 수 있었지만 대부분은 백인의 몫이었다.

제2차 세계대전(1941~1945)은 성별과 인종별 분리를 다시 한번 흔들어놓았다. 노동력이 부족해지자 산업계는 통상적으로 백인 남성이 하던 일을 여성과 소수 인종 남성에게 맡기지 않을 수 없었다. 군에 입대하지 않은 아프리카계 미국 남성은 노조가 조직된 기술직 일자리를 얻을 수 있게 되었고, 아프리카계 미국 여성은 노동력이 부족해진 제조업과 사무직 분야에서 가사 노동의 대안을 찾았다. 농업 노동력이 부족해지자 정부는 멕시코인이 미국 농장일을 할 수 있도록 임시 노동허가권을 발급했다.[✱] 이 프로그램은 이후 멕시코인이 꾸준히 농업 노동에 쏟아져 들어올 수 있는 물꼬를 터주었다.

전쟁은 전차 차장, 의약업, 화물용 비행기 제작과 조종처럼 여성이 관례적으로 접근할 수 없었던 일자리에 진입할 수 있는 문을 열어주었다. 고용주는 원래 남성이 종사하던 일자리에 여성을 끌어들이기 위해 생산직 일자리를 여성의 살림살이에 비유했다. 한 슬로건은 "재봉틀을 돌릴 수 있으면 리벳 건[강한 압력으로 고정장치인 리벳을 쏘는 도구]도 쓸 수

✱ 유급 일자리이긴 했지만 노동조건은 "합법화된 노예제"로 묘사될 정도로 열악했다.

있다"며 여성을 안심시켰다. 고용주는 이런 전략과 함께, 평화의 시기에도 여성이 이런 일을 할 수 있다고 암묵적으로 인정했다.

하지만 전쟁이 끝나자 고용주는 통상적인 남성의 일자리에서 여성을 해고했다.[20] 공군은 퇴역 수당을 지급하지도 않고 여성 파일럿을 땅위에 내려놓았고, 민간 고용주는 여성 용접공, 기계공, 전기기사를 해고했다. 많은 여성이 전통적으로 여성이 종사하는 저임금 사무직, 서비스직, 판매직, 공장 일자리로, 아프리카계 미국 여성의 경우는 가사 서비스로 돌아가기를 두려워했다. 하지만 선택의 여지가 없었다. 제2차세계대전은 장기적으로 성별분리의 수위에 거의 아무런 영향을 미치지못했다. 가령 제2차 세계대전 이후 20년간 뉴저지주 린든에 있는 제너럴모터스 공장의 자동차 조립 라인에는 사실상 여성이 한 명도 없었다. 전쟁 중에는 이와 유사한 다른 공장에서 숱한 여성이 일을 했는데도 말이다.

1960년대가 되자 최초로 성별분리를 공격하는 연방의 규정이 만들어졌다. 1964년의 민권법 제7장은 고용주나 노조가 성별을 근거로 노동자를 차별하지 못하게 강제했다. 이 법은 특히 성별분리를 겨냥하여, "개인의 인종, 피부색, 종교, 성별, 혹은 출신국을 근거로 개인으로부터취업 기회를 박탈하거나 그럴 경향을 띠는 방식으로, 또는 개인의 피고용인 지위에 악영향을 미칠 수 있는 방식으로 피고용인을 (…) 제한, 분리, 분류하는 것"을 불법으로 규정했다. 하지만 규제기관은 1970년대까지 성별분리 금지 조항을 심각하게 여기지 않았고, 그래서 1970년에도 1960년과 똑같이 성별분리가 유지되었다. 1970년대에는 성별 직종분리지수가 유례를 찾을 수 없을 정도로 7포인트 하락했는데 여기에는 여러 이유가 있다. 당시 이미 성별이 통합된 직종이 성장하고 성별분리가 심한 직종이 위축된 것도 도움이 되었다. 하지만 1970년대에는 여성이 전통적인 남성의 직업으로 진출하기도 했다. 많은 여성이 기업 경영자, 바텐더, 홍보 전문가, 도서 편집자, 약사, 보험 사정인, 버스 운전사, 식자공처럼 주로 남성이 일하던 직종에 종사하게 되었다. 여성이 남성의 직업으로 진출할 수 있었던 주된 요인은 남성이 참전하거나 가정에서 더 안락함을 느껴서, 혹은 해당 부문이 성장하면서 남성 노동력만으로는 수요를 채울 수 없게 되었기 때문이었다.[21] 그 외 다른 전통적인 남성의 직종과 전문직에서는 여성의 성과가 이보다 별 볼일 없었다.

과거에 남성이 종사하던 직종에서 일하게 된 여성은 전통적으로 여성의 직업에 남아있는 여성보다는 소득이 더 높았다. 그러나 이런 직종에서도 많은 여성은 소득이 낮은 분야에 쏠렸다. 가령 남성 제빵사는 대형 제과점에서 일하지만 여성 제빵사는 식료품점의 제빵 코너에서 일한다. 그러므로 1970~1980년대에 아무리 성별 직종분리가 감소했다 해도 성별 직무분리는 여전한 경우가 있다.

현대에 성별분리는
완전히 사라졌을까

주변 세상, 특히 텔레비전, 영화, 잡지가 그리는 세상을 잠시 둘러보면 마침내 여성과 남성이 직장에서 같이 일을 하게 된 것처럼 느껴진다. 물론 현대는 역사상 그 어느 때보다 성별분리가 적다. 하지만 성별통합은 힘겨운 싸움이었고 아직도 갈 길이 남아있다. 가령 20세기 말을 기준으로 미국 전체 버스 운전사와 바텐더 중 여성은 절반을 약간 상회하지만, 건설업에서는 3퍼센트 미만, 수리업에서는 5퍼센트를 차지할 뿐이다. 경찰관 중 여성은 14퍼센트인데, 이는 20년 전만해도 상상할 수 없는 비중이다. 하지만 소방관 중에서는 여전히 남성이 여성보다 20배 더 많다. 소매점 판매원 중에서는 약 3분의 2가 여성이지만, 분야별로 따져보면 의류 판매원 중에서는 75퍼센트를 상회하는 반면, 하드웨어 및 건설 용품 판매원 중에서는 22퍼센트 밖에 되지 않는다.[22]

21세기 초에 나타나는 성별분리의 규모를 검토하려면 성별분리가 일어나는 다양한 수준을 구분할 필요가 있다. 일반적으로는 직종 수준과 직무 수준, 그리고 사업장 수준을 구분한다. 직종occupation이란 사업장 전반에서 유사한 활동을 하는 직무의 집합을 말한다. 가령 식품점 점원은 '재고 관리 및 포장 담당원'이라는 직종에 속하고, 의료보험 손해사정인은 '보험심사관, 사정인, 평가사'라는 직종에 속하며, 학교 경비는 '수위 및 청소부'라는 직종에 속한다.

직무jobs란 노동자가 특정 사업장에서 구체적인 활동을 수행하면서 점하는 특별한 지위를 말한다. 예를 들어 오하이오주 콜럼버스에 있는 빅베어 식료품점의 점원, 캔자스주 토피카에 있는 푸르덴셜 보험사의 건강보험 손해사정인, 워싱턴주 시애틀에 있는 브린모어 초등학교의 경비가 바로 이런 직무에 해당한다.

사업장이란 공장, 사무실, 가게처럼 상품이나 서비스를 만들어내는 시설을 말한다. 플로리다주 탤러해시에 있는 센터빌 우체국, 미시건주 앤아버의 리버티로에 있는 보더스 서점, 매사추세츠주 캠브리지의 센트럴스퀘어에 있는 라디오색이 이런 사업장에 해당한다.

비서, 접객원, 계산원은 여성의 직업인가

미국 인구조사국은 직종을 500여개로 구분하고 있다. 인구조사국은 10년마다 노동자의 직종에 대한 정보를 수집하고, 이 덕분에 우리는 성별 직종분리를 추정할 수 있다. 21세기에 접어들던 시기에는 여전히 많은 여성이 주로 여성이 종사하는 직종에서만 일했다. 경제활동에 참여하는 여성 약 6,600만 명 중에서 30퍼센트가 503개 직종 중 단 10개 직종에 집중되었다(자료 4.1 참조). 가장 많은 비중을 차지한 직종은 비서직이었다. 여기에 그와 유사한 사무직(가령 일반적인 하급 사무직, 타이피스트)을 추가하면 이런 '행정 지원' 직종에서 일하는 여성이 4명 중 1명 꼴이었다. 그 외 여성이 주를 이루는 직종으로는 소매업(470만 명), 식품 준비(380만 명), 교직(430만 명), 간호직(320만 명), 계산원 및 경리직(420만 명)이 있었다.[✖] 제2차 세계대전과 여성해방운동을 거치고 차별금지법과 차별철폐 조치가 마련되었지만 21세기로 접어드는 시점에 여성에게 가장 흔한 직종은 1940년대와 거의 동일했다.

남성 역시 소수의 직종에 집중되기는 마찬가지였지만 상위 10대 직종 중에서 남성과 여성 모두에게 해당하는 직종은 단 두 가지, '월급을 받는 기타 관리직, 행정직'과 '월급을 받는 판매직 감독, 경영자'뿐이었는데, 여기에는 워낙 다양한 직무가 해당되기 때문에 똑같이 분류되어 있다 해도 여성과 남성이 완전히 다른 일을 할 수도 있다.

대부분의 직종에서 남성 종사자 수가 여성을 크게 웃돈다. 가령 차량 수리업에 종사하는 남성은 86만 5,134명이고 여성은 6,761명이다. 목수로 일하는 남성은 141만 125명, 여성은 2만 2,694명이다. 자동차와 선박을 판매하는 남성은 29만 9,483명이고 여성은 3만 8,905명이다.[23] 여성 종사자 수가 남성을 크게 웃도는 직종은 이보다 훨씬 적다. 가령 비서로 일하는 여성은 약 298만 4,073명이고 남성은 4만 6,259명이다. 접객원의 경우 여성은 109만 50명이고 남성은 4만 1,804명이다. 계산원으로 일하는 여성은 248만 9,827명이고 남성은 74만 143명이다.

✖ 이 목록에는 미국에서 가장 많은 여성이 종사하는 직업인 주부가 빠져있다. 우리 사회는 주부를 진짜 직업으로 여기지 않기 때문이다.

자료 4.1 여성과 남성의 상위 10대 직종(2000)

	여성	인원수 (명)
	총 경제활동인구	65,983,000
1	비서	2,984,000
2	기타 관리직, 행정직	2,518,000
3	계산원	2,490,000
4	판매직 감독, 경영자	2,042,000
5	간호사	1,974,000
6	초등교사	1,844,000
7	간호보조, 병원 잡역부, 간병인	1,833,000
8	경리, 회계, 감사직원	1,736,000
9	웨이터와 웨이트리스	1,165,000
10	접객원	1,090,000
	남성	**인원수 (명)**
	총 경제활동인구	74,627,000
1	기타 관리직, 행정직	5,487,000
2	판매직 감독, 경영자	3,054,000
3	트럭 운전사	2,958,000
4	경비, 청소부	1,614,000
5	목수	1,410,000
6	요리사	1,300,000
7	컴퓨터 시스템 분석가, 과학자	1,166,000
8	외판원, 광업, 제조업, 도매업	1,164,000
9	건축업을 제외한 비숙련노동	1,058,000
10	생산직 감독	960,000

출처: 1998년, 1999년, 2000년 3월 인구현황조사서를 바탕으로 계산(수치는 1998년, 1999년, 2000년 인구현황조사서 자료의 평균임).

직종별로 남녀 종사자 수를 비교해보면 직장에서 성별분리가 존재함을 알 수 있지만, 그것만으로는 성별분리가 어느 정도로 존재하는지를 밝힐 수 없다. 성별분리의 정도를 한눈에 볼 수 있도록 정리한 지수가 **성별 직종분리지수**index of occupational segregation다. 이 지수는 여성과 남성이 직종 전체에서 고르게 분포하여 성별 직종분리 현상이 사라지려면 특정 성별이 우세한 직종에서 변화해야 하는 노동자의 비중을 나타낸다. 여성과 남성이 동등하게 종사하면 지수는 0이 된다. 반대로 모든 직종에서 여성 또는 남성만 종사하면 그 값은 100이 된다. 21세기에 진입하던 수년 간 성별 직종분리지수는 52.1이었다. 다시 말해서 여성 경제활동인구의 52.1퍼센트, 즉 3,900만 명의 미국 여성이 과도하게 남성이 쏠려있는 직종으로 이동해야 직종 수준의 성별통합을 달성할 수 있는 상황이었다.[24]

하지만 같은 직종 범주 내에서도 여성과 남성은 서로 다른 직무를 수행하기 때문에 직종 내에서도 상당한 성별분리가 존재한다. 가령 세계에서 손꼽히는 회계법인인 딜로이트Deloitte에서 여성 회계사는 비영리, 의료, 소매업 부문의 고객만 할당받고, 흔히 '남성'의 분야로 여겨지는 인수합병 업무는 거의 맡지 못했다.[25] 이와 유사하게 여성은 작가라는 직종 분야에서 남성과 수치상 별 차이가 없지만, 각본가 중 여성은 4분의 1뿐이다.[26]

소수 직종 내에서의 이런 차이를 500개 직종으로 곱해보면, 직종 데이터가 직장에서 실제로 일어나는 성별분리의 수준을 과소평가하고 있음을 알 수 있다. 미국에서 성별 직무분리의 양을 계산하려면 개별 여성과 개별 남성이 어떤 직무를 맡고 있는지 알아야 한다. 하지만 약 7,500만 명의 취업 남성과 6,600만 명에 달하는 취업 여성이 맡고 있는 정확한 업무에 대한 정보를 비롯해 누가 이들을 고용해서 이런 업무를 맡기고 있는지에 대한 정보를 구하기는 불가능하다.

성별분리의 세 번째 유형은 동일한 직종에 종사하는 여성과 남성을 서로 다른 사업장에 배치하는 것이다.[27] 가령 주 교도소의 여성 경비는 여성 교도소에서, 남성 경비는 남성 교도소에서 일하는 경향이 있다.[28] 남성 웨이터가 여성 웨이트리스에 비해 팁이 더 많은 고급 레스토랑에서 일할 가능성이 더 높은 점 역시 성별 사업장분리 사례에 속한다.[29] 몇 개의 직종이나 산업에서는 성별 사업장분리의 정도를 추정해볼 수 있다. 가령 여성과 남성이 통합되려면 섬유, 의류, 마무리 가공기 운전수의 약 3분의 2가 다른 사업장으로 이동해야 한다.[30]

소수 인종 여성의 이중고

미국의 고용주는 노동자에게 직무를 할당할 때 개인적 특성 중에서 노동자의 성별을 가장 많이 고려한다. 하지만 그 외에도 인종, 민족, 나이 등 업무와 관련 없는 다른 특성 역시 감안한다. 흑인 여성의 노동이력을 살펴보면 성별과 인종이 결합되었을 때 성별분리에 어떤 영향을 미치는지 알 수 있다.[31] 더 나은 직업과 학교 교육에 대한 갈망으로 19세기 말부터 20세기 초까지 많은 아프리카계 미국 남성과 여성이 북부로 이동했지만, 고용주는 사무직과 판매직에 아프리카계 미국 여성을 고용하지 않으려 했고, 따라서 그들은 대부분 하루 24시간 동안 고용주가 부르기만 하면 달려가야 하는 가정부 자리에 만족해야 했다.[32] 구할 수 있는 몇 안 되는 공장 일자리(철강, 자동차, 의류, 육류 가공업)는 육체적으로 매우 가혹한 일이었고, 최저 수준의 임금을 지급했다. 1964년 국회가 인종차별을 금지하자 많은 고용주가 아프리카계 미국 여성을 사무직에 고용하기 시작했지만, 오늘날에도 기업은 여전히 유색인종 여성을 백인 여성과 분리하는 경향이 있다. 예를 들어 사무직에서 소수 인종 여성은 서류 정리원, 사회복지 보조원, 보험심사관 같은 저임금 직종에 과하게 많다.[33]

흑인 남성은 흑인 여성과 마찬가지로 과거에는 주로 서비스직에만 종사하면서 문지기, 엘리베이터 운전원, 철도 잡역부와 차장, 웨이터, 수위로 일했다. 백인과 아프리카계 미국인 모두를 채용한 고용주들은 이들을 서로서로, 그리고 여성 노동자와도 분리했다.[34] 가령 1930년대에 배터리, 라디오, 텔레비전 제조업체인 필코Philco는 흑인 남성 몇 명을 비숙련 노동자로 고용했지만 이들은 업무 영역인 우편 발송실 밖을 나가지 못했다. 그 결과 많은 백인이 필코가 아프리카계 미국인을 고용한다는 사실을 알지 못했다.[35] 심지어 제2차 세계대전 동안 노동에 대한 수요가 증가했음에도 흑인 남성을 '백인 남성의 일'에 고용하는 데 대한 제도화된 반감이 모두 극복된 것은 아니었다. 미국 제철소의 절반이 전쟁 동안 아프리카계 미국인의 고용을 거부했고, 설령 이들을 고용한 제철소라고 해도 이들에게는 비숙련 업무만 맡겼다.[36] 그럼에도 불구하고 수위로 일하던 많은 흑인 남성이 이 시기에 기계 관련 기술자 혹은 조립라인 노동자로 이직할 수 있었고, 일부는 전쟁 이후에도 이 직업을

유지했다.[37]

고용주들은 역사적으로 아시아계와 히스패닉계 여성을 같은 인종의 남성과, 그리고 유럽 출신 백인 여성과 다른 노동에 투입하여 분리하기도 했다. 가령 1950년대 통조림 공장 고용주는 멕시코계 미국 여성을 채소 써는 일에, 유럽 출신 여성은 그보다 더 쉬운 캔 포장 작업에 투입했다.[38] 20세기 초 중국계 미국 여성은 대부분 의류 공장과 통조림 공장 노동자로 고용되었다. 1930년에 이르러서는 본토보다 차별이 적은 하와이 같은 곳에서 교직을 구한 사람도 많긴 했지만 말이다.[39]

오늘날에도 성별 직종분리는 많이 남아있고, 동성의 노동자를 인종에 따라 직종분리하는 경우도 상당하다.[*] 자료 4.2에서 볼 수 있듯

자료 4.2 인종별, 성별 상위 8개 직업(2000년)

흑인 여성	인원수 (명)	흑인 남성	인원수 (명)
총 경제활동참여인구	8,247,000	총 경제활동참여인구	6,999,000
간호보조, 잡역부	606,000	트럭 운전사	448,000
계산원	422,000	수위, 청소부	307,000
비서	234,000	월급을 받는 기타 관리직, 행정직	196,000
초등교사	214,000	요리사	181,000
간호사	188,000	월급을 받는 판매직 감독, 경영자	165,000
요리사	183,000	건축업을 제외한 비숙련노동	162,000
수위, 청소부	166,000	경호원	151,000
월급을 받는 기타 관리직, 행정직	159,000	기타 기계 조작원	136,000

[*] '인종별 직종분리'란 인종에 따라 서로 다른 직종으로 분리하는 현상을 일컫는다.

히스패닉 여성	인원수 (명)	히스패닉 남성	인원수 (명)
총 경제활동참여인구	5,912,000	총 경제활동참여인구	8,446,000
계산원	299,000	트럭 운전사	369,000
비서	214,000	요리사	345,000
간호보조, 잡역부	193,000	수위, 청소부	301,000
개인가정 청소부, 하인	193,000	농장 노동자	293,000
수위, 청소부	182,000	정원사, 공원 관리인	271,000
요리사	160,000	월급을 받는 기타 관리직, 행정직	253,000
가정부, 관리인	157,000	건설 노동자	237,000
월급을 받는 기타 관리직, 행정직	136,000	월급을 받는 판매직 감독, 경영자	216,000
백인 여성	**인원수 (명)**	**백인 남성**	**인원수 (명)**
총 경제활동참여인구	48,872,000	총 경제활동참여인구	55,827,000
비서	2,441,000	월급을 받는 기타 관리직, 행정직	4,848,000
월급을 받는 기타 관리직, 행정직	2,139,000	월급을 받는 판매직 감독, 경영자	2,517,000
월급을 받는 판매직 감독, 경영자	1,691,000	트럭 운전사	2,070,000
계산원	1,635,000	목수	1,120,000
간호사	1,612,000	외판업, 광업, 제조업, 도매업	1,043,000
초등교사	1,493,000	수위, 청소부	955,000
경리	1,451,000	컴퓨터 시스템 분석가	887,000
간호보조, 잡역부	967,000	생산직 감독	763,000

출처: 1998년, 1999년, 2000년 3월 인구현황조사서를 바탕으로 계산(2000년의 수치는 1998년, 1999년, 2000년 인구현황조사서 데이터의 평균이며, 흑인과 백인에는 히스패닉도 섞여있음).

1998년부터 2000년까지 인종과 민족 집단을 불문하고 가장 많은 남성을 고용한 8개 직종을 살펴보면, 이들 가운데 여성 역시 많이 고용한 직종은 기타 관리직과 행정직, 월급을 받는 판매직 감독과 경영자, 요리사, 그리고 수위 및 청소부까지 4개 직종뿐이었다. 미국에는 관리직의 수가 많고 매력도 여러 가지라서 이 범주는 모든 집단의 상위 8개 목록에 올랐다. 이 유사점만 빼면 목록은 인종과 성별에 따른 분리를 보여준다. 가령 비서와 트럭 운전사는 일자리의 수가 무척 많은데도 한쪽 성별에서만 나타난다.

요컨대 성별분리는 전 직장에서, 전 직무에서, 전 직종에서 일어나고, 인종과 민족에 따라 차이가 있다. 가장 중요한 점은 그 현상이 광범위하다는 사실이다. 대학을 갓 졸업하고 나서 2002년 봄에 자신이 일했던 로펌에 대한 글을 보내준 한 사회 초년생의 경험을 살펴보자.

> 내가 다녔던 회사는 큰 회사(변호사가 약 125명)였다. 변호사는 상당히 다양한 사람들로 구성된 집단이지만 그 외 나머지 분야는 놀라울 정도로 엄격하게 분리되어 있어서 깜짝 놀랐다. 100명쯤 되는 비서는 모두 여성이다. 이 중에서 흑인은 단 두 명이고 나머지는 전부 백인이다. (나 같은) 임시직마저 모두 여성이다. 인력사무소에 가면 여기에서 일하고 싶어 하는 남성 지원자가 충분히 있다는 사실을 알고 있기 때문에 특히 놀랐다. 복사실에서 일하는 사람(6명 정도)은 모두 흑인이고, 한 명을 빼면 모두 여성이다. 우편실에서 일하는 사람(8명 정도)은 모두 백인 남성이다. 팩스실에서 일하는 사람(여기도 8명 정도)은 모두 중년의 백인 여성이다. 로비에서 신분증을 확인하고 손님의 출입을 관리하는 사람(10명 정도)은 모두 흑인이다.[40]

그러므로 지난 두 세대 동안 성별구분이 감소하긴 했지만(과거와 달리 현재 이 로펌은 남성뿐만 아니라 여성 역시 변호사로 채용한다), 대부분의 다른 업무는 성별과 인종에 의해 여전히 구분된 상태였다.

'복지의 천국'에서도 나타나는 성별 직종분리

20세기 마지막 20년의 데이터를 바탕으로 작성한 국제노동기구(ILO)의 보고서에 따르면 성별 직종분리는 "전 지역에서, 경제가 얼마나 발전했든, 정치체제가 어떻든 간에 다양한 종교, 사회, 문화적 환경에서 광범위하게 나타난다."[41] 전 세계 노동자의 절반이 80퍼센트 이상 한쪽 성으로 구성된 직종에 종사한다. 그리고 일반적으로 가장 좋은 직업은 남성에게 돌아간다. 가령 여성은 전 세계 판매원과 매장보조의 약 42퍼센트인 반면, 판매직 감독과 구매담당 중에서는 18퍼센트뿐이었다. 전 세계적으로 여성은 남성보다 더 적은 수의 직종에 국한되는 경향이 있다. 데이터를 살펴보면 여성 노동자의 4분의 3이 겨우 7개 직종(간호사, 비서 및 타이피스트, 가정부, 경리 및 계산원, 건물 관리인 및 청소부, 돌봄 노동자, 재봉사 및 재단사)에 몰려있음을 알 수 있다.[42]* 이런 직종은 대부분 여성이 돌봄에 소질이 있고, 인내심이 있고, 손재주가 있고, 집안일에 능숙하고, 고분고분하다는 고정관념에 부합한다. 하지만 서양에서 전통적으로 여성의 일로 인식되는 일을 남성이 하는 국가와 지역도 있다. 가령 세네

✖ 안타깝게도 국제노동기구의 보고서는 남성과 직접 비교할만한 자료를 제공하지 않는다. 남성이 주를 이루는 직업은 여성이 주를 이루는 직업보다 7배 더 많기 때문에 대부분의 남성 노동자는 여성과 경쟁할 필요가 없다.

갈과 튀니지에서는 간호사의 절반이, 바레인과 모리셔스에서는 3분의 1이 남성이다.[43]

성별분리의 정도는 지역에 따라 다르긴 하지만, 같은 지역 안에 있는 국가들은 비슷한 경향을 보인다. 이는 성별분리 수준에 사회적, 문화적 요인이 큰 영향을 미친다는 사실을 보여준다. 중동과 북아프리카 지역은 직종분리가 가장 심하고 아시아 태평양 지역은 가장 덜하다. 동유럽의 구 공산주의 국가는 직종분리의 수준이 경제협력개발기구(OECD) 회원국과 비슷했다. 경제협력개발기구 국가 중에서는 북아메리카가 분리 수준이 가장 낮았고, 스칸디나비아 국가들이 가장 높았다. 스칸디나비아에서는 여성이 지배적인 직종에 종사하는 여성이 절반에 달한 반면, 북아메리카에서는 3분의 1 수준이었다. 스칸디나비아 국가의 공공정책은 남녀평등을 지지하면서도, 여성이 시간제로 일하도록 장려하고 시간제 노동자는 여성이 주를 이루는 직종에 집중되는 경향이 있다.

여성 의사를 상상할 수 없었던 사람들

앞서 살펴보았듯 수 세기 동안 많은 직업의 성별 유형이 안정된 상태로 유지되었다. 산업화 전부터 존재했던 직종에서는 성별분업이 20세기까지 지속되기도 하는데, 이는 사회가 젠더에 얼마나 큰 의미를 부여하는지 보여준다. 하지만 어느 성별이 무슨 일을 하는지는 세월이 흐르면서 바뀌기도 한다. 이 절에서는 먼저 수 세기를 지나는 동안 여성과 남성의 노동 유형이 어떤 식으로 바뀌었는지를 살펴본다. 그 뒤에는 미국의 성별 직종구분 동향을 돌아볼 것이다.

20세기 말 여성 은행원이 늘어난 이유

지불노동이 성별에 의해 크게 분리되어 있다하더라도 일부 업무는 시간이 흐르면 두 성별 사이를 오간다. 가령 제1장에서 살펴보았던 직물 생산이 이런 사례에 속한다. 직물은 중세의 직장에서 여성에 의해 처음으로 생산되다가, 16세기에 상업적인 생산이 이루어지면서 길드에 속한 남성 장인의 일이 되었다. 그러다가 다시 1840년대에 가내 수공업이나 공장에서 일하는 여성에게 되돌아갔다.[44] 그리고 지난 20세기 동안 직물생산은 미국 여성이 가장 많이 종사하는 직종 중 하나였다.

한때 남성이 지배적이던 다른 직종도 **여성화**feminization를 겪으면서 남성 노동자 중심에서 여성 노동자 중심으로 바뀌었다. 가령 미국의 통신회사인 AT&T는 처음 전화교환원을 모집할 때 전보를 배달하는 소년을 채용했지만 고객이 남자아이의 무례함과 못된 장난에 대해 불만을 제기하자 젊은 여성으로 교체했다. 그러다가 1970년 고용기회평등위원회가 AT&T를 성차별로 고소한 뒤에야 다시 남성 전화교환원을 고용했다. 하지만 30년 뒤에도 여전히 전화 교환원의 85퍼센트가 여성이었다.

20세기 초반 수십 년 동안 은행 직원은 대부분 남성이었지만 제1, 2차 세계대전 동안 은행은 참전한 남성의 빈자리를 메우기 위해 여성을 고용했다. 제2차 세계대전 이후부터 20세기 말 사이에는 남성이 다른 곳에서 더 전도유망한 일자리를 구했기 때문에 은행 직원 중 여성의 비중은 45퍼센트에서 약 90퍼센트로 치솟았다.

이런 식으로 성별분업이 뒤바뀌는 경우는 흔치 않다. 바뀌는 경우도 거의 대부분 여성이 남성을 대신하는 식이다.[45] 여성이 주로 하던 일을 남성이 하게 되는 경우는 거의 없다. 하지만 민권법 제7장에 따라 대학이 코치 월급을 비롯해서 여성 스포츠와 남성 스포츠의 자원을 동일하게 만들도록 요구한 뒤 예외적인 일이 발생했다. 코치 업무의 매력도가 상승하자 남성이 여성을 대신하기 시작했고, 10년이 지나자 남성이 여자대학 프로그램의 절반에서 코치로 일하게 되었다(처음에는 10퍼센트였다).[46] 여성 노동자가 주를 이루는 직업은 남성이 주를 이루는 직업보다 월급이 적고 별로 바람직하지 않다. 남성에게는 선택지가 더 많기 때문에 전통적인 여성의 일을 받아들일 필요가 없다. 하지만 인종, 민족, 혹은 국적 때문에 선택지가 적은 남성은 여성이 주를 이루는 직업에서 일할 가능성이 높다.

노동시장에서 인종과 성별이 미치는 영향

1900년부터 1970년까지는 성별 직종분리지수가 65~69로 직종분리의 수준에 큰 변화가 없었다. 이 70년 동안 경제활동참여인구 중에서 여성의 비중이 크게 증가했고, 고용주는 노동을 재조직하고 신기술을 도입하여 어떤 직종(가령 얼음장수)은 사라지고 새로운 직종(가령 프로그래머)이 등장했다. 하지만 많은 고용주는 여전히 여성과 남성을 다른 직종에 배치했다.

자료 4.3은 20세기에 성별 직종분리가 어떻게 변했는지를 추적한다. 1940년 이후에는 아프리카계 미국인과 백인 사이의 성별분리도 별도로 추정하고 있다. 이 두 집단에서 성별분리의 수준은 유사하지만, 인종에 따른 분리 역시 확연해서 아프리카계 미국인은 동성의 백인과는 다른, 그리고 이들보다 더 열등한 직종에서 벗어나지 못한다.

이 자료는 그 외에도 몇 가지 중요한 동향을 보여준다. 첫째, 20세기에는 노동자에게 직종을 할당할 때 인종보다 성별이 더 중요했다. 지난 60년간 아프리카계 미국인과 백인 간의 직종분리는 여성과 남성의 직종분리보다 더 많이 감소했다. 자료 4.3를 보면 성별분리를 의미하는 두 선이 인종분리를 나타내는 두 선보다 더 위에 있다. 1940년부터

자료 4.3 성별, 인종별 직종분리지수(1900~2000)

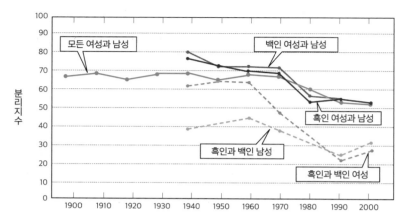

출처: Gross 1968, table 2; Jacobs 1989, table 2; King 1992, chart 1; 1998년, 1999년, 2000년 인구현황조사서를 바탕으로 계산(2000년의 수치는 1998년, 1999년, 2000년 인구현황조사서 자료의 평균임).

2000년 사이에 여성 내 인종분리지수는 65.4에서 26.8로, 남성의 경우는 44.4에서 31.2로 하락했다.[47] 아프리카계 미국인 집단은 전체 여성 집단에 비해 경제활동참여인구 내에서 훨씬 적은 비중을 차지한다. 따라서 동성의 백인이 주를 이루는 직종에 흑인을 통합시키기가 더 쉽다. 남성이 주를 이루는 직종의 경우, 수천만 명에 달하는 여성을 통합시켜야 하기 때문이다.

둘째, 1960년까지 여성 집단에서 인종에 따른 분리는 남성에 비해 더 심각했는데, 그 이유는 주로 아프리카계 미국 여성이 가사 서비스에 크게 집중되어 있었기 때문이다. 셋째, 1980년에 이르자 인종에 따른 분리는 특히 여성 집단 내에서 크게 감소했다. 넷째, 1970년대와 1980

년대에 감소하던 성별 직종분리는 1990년대에 이르러 정체되었다. 1980년 62였던 성별분리지수는 1990년에는 53이었고 2000년에도 약 52였다.

20세기에 비해 21세기는 얼마나 더 나아졌을까

요컨대 1970년대와 1980년대에는 사회적, 법적, 경제적 압력 때문에 일부 고용주가 인사 관행을 바꾸었고 여성과 소수의 남성은 성별이 잘 구분되지 않는 일로 이동했다. 그 결과 노동자가 직업에 할당되는 방식에 변화가 생겼고 전반적으로 성별분리의 정도가 약해졌다. 아버지가 트럭 운전사, 수위, 우편배달부였던 남성은 이제 사서, 교사, 승무원으로 일하고, 어머니가 교사, 타이피스트, 웨이트리스, 가정부였던 여성이 수의사, 판매 관리인, 버스 운전사, 의사로 일한다.

20세기 후반에 유명했던 수수께끼에는 자동차 사고로 부상을 당한 남자아이가 나온다. 아이 아버지가 크게 다친 아이를 데리고 병원에 갔고, 아이는 곧장 수술실로 보내졌다. 그때 의사가 아이를 한번 보더니 이렇게 말한다. "난 이 아이를 수술할 수 없어요. 얘는 내 아들이에요." 1970년대 초에는 사람들이 이 수수께끼(의사는 누구인가?)에 당황스러워했다. 요즘에는 아무도 이런 수수께끼를 내지 않는다. 이는 많은 여성이 의약업을 비롯하여 과거에는 남성 일색이던 직종에 진입했음을 뜻한다.

그럼에도 불구하고 대부분의 여성과 남성은 서로 다른 직종과 직무로 분리되어 있다. 예를 들어 1998년부터 2000년 사이에 의사로 일하는 여성이 1명이면 하급 사무직으로 일하는 여성은 83명, 공장 기계를 돌리는 여성은 15명, 판매직 여성은 14명, 간호보조 여성은 10명, 음식을 나르는 여성은 6명이었다. 21세기에도 여전히 수백만 명의 직장 여성과 남성이 서로 다른, 불평등한 직무로 분리된 상태에서 일한다.

고용주의 인식이
성별분업에 미치는 영향

성별분업이 여러 문화권에서 워낙 보편적으로 나타나는 현상이다 보니 사람들은 여성과 남성이 당연히 서로 다른 종류의 일에 적합하다는 결론을 내리기도 한다. 하지만 한두 가지를 제외한 모든 직업에서 고용주가 여성과 남성에게 어떤 업무를 할당할지 판가름하는 기준은 생물학적인 요인보다는 사회적 요인이다. 앞서 살펴보았듯 분리의 수준은 시기에 따라, 국가에 따라, 같은 사회 안에서도 업계와 회사에 따라 변해왔다. 연구자들은 이런 변화 덕분에 분리가 일어나는 원인을 나름대로 설명할 수 있다. 고용주 또는 노동자가 취하는 조치의 차이가 성별분리 수준이 다른 이유가 될 수 있으므로, 성별분리에 대한 원인으로 먼저 고용주의 직무 할당 관행에 영향을 미치는 요인을 살펴본 뒤, 다음 절에서 노동자가 특정한 업무에 종사하도록 만드는 요인을 검토한다.

고용주는 누구에게 무슨 업무를 맡길지를 최종적으로 결정한다.* 만일 특정한 시간이나 장소에서 모든 고용주가 성별분리형 인사 관행을 따를 경우 성별분리의 수준이 높아질 것이다. 어떤 시기나 장소에서 젠더 중립적인 관행을 따르는 고용주가 많아지면 성별분리의 수준은 낮아진다. 그러므로 성별 직무분리가 얼마나 광범위하게 이루어지는지 알아보려면 고용주나 그 대리인이 노동자에게 업무를 할당하는 방식을 살펴보아야 한다.

어째서 예비 노동자의 성별, 인종, 민족이 **문지기**gatekeeper, 즉 직무에 대한 접근을 제안할 권한을 가진 상관, 관리자, 감독의 인사 관행에 영향을 미칠 수밖에 없을까? 고용주의 선호에 영향을 미치는 요소는 크게 세 가지로 나뉜다. 첫 번째는 누가 특정한 일을 해야 하는가 대한 문지기의 인식과, 여성과 남성은 특징, 기술, 환경이 서로 다르다는 고정관념이다. 두 번째는 문지기가 특정 업무에 한쪽 성별을 채용하는 것이 경제적으로 더 이롭다고 믿는지 여부다. 세 번째는 문지기의 개인적인 호오, 즉 동성의 노동자에 대한 선호나 다른 성별의 노동자 기피다. 이런 방식은 종종 인사 관행으로 제도화되고, 이는 다시 성별분리의 정도에 직접 영향을 미친다.

일상 언어에 깊숙이 남아있는 성별 꼬리표

성별분업이 도처에 존재한다는 사실은 많은 직종이 사람들에게 한쪽 성별을 연상시킨다는 뜻이다. 어떤 직업(가령 간호사)은 여성의 일, 어

✖ 대부분의 여성은 자신이 지원 가능한 직업 중에서 오직 극소수에 대한 정보만 얻는다. 그리고 어떤 직업에 대해 알게 되어 지원을 했을 때도, 이들을 고용할지, 고용한다면 어떤 업무를 맡길지는 고용주가 택한다.

떤 직업(가령 배관공)은 남성의 일이라고 단정해버리는 이런 **성별 꼬리표** sex labels는 노동자뿐만 아니라 고용주의 선호에도 영향을 미친다.[48] 가령 일부 영화 장르에서 할리우드 스튜디오가 남성 시나리오 작가를 선호하는 이유를 생각해보자. 한 탤런트 에이전트는 이렇게 말한다. "작가를 찾는 연락이 오면 사람들은 '액션 어드벤처물을 쓸 수 있는 사람이 있을까요?'라고 묻는다. 내가 여성 작가를 제안하면 그들은 나를 비웃는다."[49]

성별 꼬리표가 모든 직종에 다 붙어있지는 않다. 사람들은 회계사 같은 일부 직종은 젠더 중립적이라고 생각한다. 여성 회계사와 남성 회계사 둘 다 알고 있기 때문이다. '아일랜드 이끼를 표백하는 사람' 같은 직종은 어떤 일을 하는 직업인지 아는 사람이 없기 때문에 젠더 중립적이다. 한 경제 단위 안에서 사람들이 한쪽 성별에 '속한다'고 생각하는 직업이 많으면 많을수록 성별분리의 수준이 높아진다.

직종에 어느 성별의 꼬리표를 달지는 주변 상황에 좌우된다. 1960년대 중반 미국에서 차별금지법과 규정이 통과된 이후 페미니즘이 다시 등장하면서 직업에 성별 꼬리표를 다는 데 대한 반발이 일었고, 이는 성별분리를 약화하는 데 기여했다. 1970년대 중반에는 고용기회평등위원회가 성별 또는 인종별로 구분된 구인 광고를 금지했고, 그래서 "여사원girl Friday" 같은 표현이 사라졌다.[50]

직종의 성별통합은 성별 꼬리표뿐만 아니라 언어까지 바꿀 수 있다. 승무원이 여기에 해당한다. 항공사가 이 자리에 여성만 채용하던 시절에는 이 일이 성적으로 매력 있는 젊은 여성에게 적합한 일이라고 여겨졌다. 실제로 내셔널 항공National Airlines은 매력적이고 섹시한 젊은 여성을 내세운 전면 광고를 냈는데, 이 광고에서 여성은 이렇게 말한다. "전 셰릴[또는 다른 여자이름]이에요, 저를 타고 비행하세요!"✱ 그리고 콘티넨탈 항공Continental Airlines의 광고에서는 "우리는 여러분을 위해 정말로 꼬리를 움직입니다!"라고 외친다.

항공사가 남성을 승무원으로 채용하지 않는 것은 불법이라는 대법원의 판결이 나온 이후[51] 항공사는 점차 남성 승무원을 채용하게 되었고 '스튜어디스stewardess'라는 용어는 사라져갔다. 젠더 중립적인 언어를 만들려는 정부 관료와 그 외 집단의 노력 역시 직업 이름을 젠더 중립적으로 바꾸는 데 도움을 주었다. 대표적인 예로는 '메일맨mailman' 대신 '우편배달부letter carrier', '파이어맨fireman' 대신 '소방수firefighter', '웨이트리스waitress'와 '웨이터waiter' 대신 '서버server'나 '웨이트퍼슨waitperson'으로 바꾼 경우를 들 수 있다.

"여성은 수줍음과 연약함을 타고 나기 때문에"

성별 고정관념은 예비 노동자에 대한 고용주와 노동자의 인식을 형성하기도 한다. 그래서 성별 고정관념이 확대되면 성별분리가 일어난다. 고용주와 노동자의 고정관념, 즉 개인의 속성을 집단 구성원에 연결시키는 사회집단에 대한 심상은 직무 할당, 승진, 해고에 영향을 미칠 수 있다.[52] 예컨대 회사 경영자는 발전소에서 파업이 일어나자 다급

✱ 이에 대해 일부 승무원은 "비행은 당신이 알아서 하세요!"라고 적힌 버튼을 만들었다.

히 여성과 남성 사무직 노동자 모두에게 생산 현장 업무를 평등하게 할당했지만, 발전소 감독은 성별 고정관념 때문에 남성이 주로 하는 업무(가령 운전원)가 할당된 여성을 발전소 청소처럼 여성이 주로 하는 업무로 재배치했다. [53]

지위에 따라 성별 고정관념이 미치는 영향이 달라지기도 한다. 가령 입법가나 판사, 그 밖의 정책 입안가가 가진 성별 고정관념은 성별분리 강화에 기여했다. 여성은 나약하고 타락하기 쉬운 존재라는 고정관념은 여성이 바텐더나 전보 배달 같은 일을 하지 못하게 막고, 직장에서 특별대우를 하도록 하여(가령 노동시간 제한, 휴게실에 낮잠용 침대 배치) 다른 일에 접근하지 못하게 제한하는 "보호목적의" 노동법을 정당화했다. 미국 연방대법원은 악명 높은 1873년 판결에서 여성이 법을 집행할 권리를 부정하는 일리노이주의 법령을 옹호했다.

여성은 당연하게도 수줍음과 연약함을 타고 나기 때문에 시민 사회의 많은 직종에 명백히 부적당하다. 사물의 본성뿐만 아니라 신성한 법령에 기초한 가족의 성질은 가정이라는 영역이 마땅히 여성성의 영역과 기능에 속하는 것임을 보여준다. 가족제도에 (⋯) 속한 (⋯) 이해관계의 조화는 여성이 남편과 구별되는 독립적인 경력을 쌓는다는 생각과 어울리지 않는다. [54]

그보다 좀 더 최근인 1960년대에 빈곤 퇴치를 위한 주요 직무훈련 프로그램인 직업단Job Corps은 숙련을 요하는 부문에서는 젊은 아프리카계 미국 남성을, 가사일에는 젊은 아프리카계 미국 여성을 훈련시켰다. 그래서 남성에게는 더 나은 직업 기회가 열렸지만 여성에겐 그렇지 못했다.[55]

물론 입법기관과 법원, 혹은 그 밖의 정책 입안가가 성별 고정관념을 넘어서기도 한다. 1989년 미국 연방대법원은 다국적 회계 감사 기업인 프라이스워터하우스Price Waterhouse가 미국 출신의 기업 경영인 앤 홉킨스Ann Hopkins와 협력관계를 쌓기 위해 그녀를 평가하면서 성별 고정관념을 적용하는 성차별을 저질렀다는 판결을 내림으로써 성별 고정관념을 허용하지 않겠다는 분명한 메시지를 전달했다(제5장 참조).

성별 꼬리표와 고정관념이 성별분리에 미친 영향에 대한 체계적인 연구는 거의 없는 실정이다. 하지만 2001년의 한 연구에 따르면 고용 기준에 '다른 사람과 잘 지냄' 같은 여성의 속성으로 분류되는 고정관념이 들어있는 로펌은 고용 기준에 공격성처럼 남성적 속성으로 분류되는 고정관념이 들어있다고 답한 기업에 비해 여성을 일반 변호사로 더 많이 뽑는 경향이 있었다.[56]

고정관념은 성별분리를 조장한다. 고용주는 개인에 대한 정보가 부족할 때 자동적으로 고정관념에 의존하고, 고정관념은 노동자에 대한 고용주의 평가에 영향을 미칠 수 있으며, 다른 사람의 행동에 대한 우리의 기억과 이들의 미래 행동에 대한 예측을 왜곡할 수 있기 때문이다. 고용주의 인사 관행은 고정관념이 성별분리에 영향을 미치지 못하게 막을 수도 있다.[57] 정확하게 '개별화된' 정보는 고정관념의 작동을 저지할 수 있고, 따라서 인사를 할 때 취업 지원자에 대한 정보를 충분히 제공하는 조직은 다른 조직에 비해 성별분리가 적을 수밖에 없다.[58] 직무기술서를 문서화하고 취업 지원자에 대한 관련 정보를 완벽하게 갖추며 분명한 평가 기준을 마련하면 고정관념이 고용주의 결정에 영향을 미치지 못하도록 막을 수 있다.[59]

성별이 생산성에 미치는 영향

성별 고정관념뿐만 아니라 생산성을 극대화하거나 인건비를 최소화하고자 하는 고용주의 바람이 어떤 노동자를 채용할지에 영향을 미치기도 한다. 노동자의 성별이 생산성이나 업무 비용에 영향을 미친다고 믿는 고용주는 사람을 뽑을 때 성별을 고려한다. 이를 통계적인 차별이라고 하는데, 가장 분명한 사례는 고용주가 일반적인 여성 혹은 남성의 특징이라고 믿는 속성을 근거로 개별 여성 혹은 남성을 선호하는 경우다.

어떤 고용주가 남성 관리자는 입원이 필요한 건강상의 문제가 생길 가능성이 여성 관리자에 비해 더 높다고 생각한다면, 고용주는 보험료를 낮게 유지하려는 마음에 개별 지원자의 건강 상태에 대한 정보도 없는 상태에서 남성 지원자 대신 여성 지원자를 선발할 것이다. 실제로 고용주의 돈을 아껴줄지의 여부와 관계없이, 이 전략은 장기적으로 성별분리를 초래하고, 1964년 민권법 제7장에 따르면 이는 명백한 불법이다.

고용주는 현재 근무 중인 노동자나 고객이 전통에서 벗어난 노동자에 어떻게 반응할지 자신이 없어서 일부 직무에 한쪽 성별만 배치하기도 한다.[60] 지금 일하고 있는 노동자가 불만을 품으면 관리자 입장에서 골치가 아플 수 있고, 심지어 생산성이 떨어질 수도 있다. 성별 고정관념에서 벗어난 노동자에 대해 고객이 부정적으로 반응할지 모른다는 우려(이는 팬 아메리칸 항공Pan American World Airways이 남성을 승무원으로 채용하지 않은 데 대해 제시한 이유이기도 하다)도 마찬가지로 성별분리를 초래한다.

민간 경비 노동자에 대한 캐나다의 한 연구는 고용주가 창고단독순찰 같은 위험한 현장에는 남성 경비를, 병원처럼 여성 노동자가 많은 현장에는 여성 경비를 선호한다는 사실을 밝혔다. 병원의 경우 폭력적인 환자를 제압해야 하기 때문에 오히려 경비에게 가장 위험한 곳으로 밝혀졌는데도 말이다.[61] 미국의 법은 고객의 선호와 동료 노동자의 선호를 고용주가 업무를 할당할 때 특정 성별을 요구할 수 있는 정당한 사유로 인정하지 않는다.

남성 관리자는 남성 직원을 선호한다

일부 문지기는 동성인 노동자를 편하게 생각하고, 이성인 노동자를 (최소한 피고용인으로서) 드러내놓고 싫어한다. 이런 좋고 싫음이 표현되는 정도는 고용주에 따라, 그리고 시기에 따라 다르다. 이런 표현이 일반적이고 고용주가 거리낌 없이 기분에 따라 행동할 때 성별분리가 심해진다.[62]

방대한 양의 사회심리학 연구는 사람들이 내집단in-group의 타인을 더 좋아하는 경향이 있음을 보여준다.[63] 다른 사람들과 잘 어울리는 사람을 원하는 고용주는 직원을 채용하거나 직무를 할당할 때 이런 내집단 선호를 드러낼 수 있다. 내집단 선호 혹은 정실인사가 직무분리에서 중요한 역할을 할 수 있긴 하지만 이 영향을 입증할 수 있는 구체적인 증거는 많지 않다.

어떤 인사 관행이 내집단 선호를 조장하거나 좌절시키는지는 분명히 알 수 있다.[64] 가령 지원자의 자질이 모호할 때 피실험자들은 자신과 성별과 인종이 같은 사람을 선발하는 경향이 있었다. 같은 맥락에서 평가 기준이 분명할 때는 지원자의 인종과 성별에 무관한 선택을 내릴 가능성이 더 높았다.[65] 문지기가 인사 결정에 대한 재량이 많을수록 내집단 선호는 성별분리로 이어질 가능성이 더 높다.

차별 소송을 야기한 마이크로소프트사의 한 관행을 생각해보자. 이 회사에서 부하직원에 대한 관리자의 평가는 주로 "구명보트"의 생존 기준을 바탕으로 이루어졌다. 그러니까 '자신이 조난을 당해서 구명보트를 탔을 때 누구와 함께 있고 싶은가'가 기준이었다. 이 때문에 내집단 선호가 활개를 칠 수 있는 기회가 활짝 열렸고, 마이크로소프트의 관리자는 대부분 백인 남성이기 때문에 상황이 이들에게 유리하게 돌아갔다는 주장이 제기되었다.[66]

"난 망할 여자들이 사무실에 있는 게 싫어"

일부 문지기는 단순한 이유로 이성을 배제한다. 이들이 노동 현장에 있는 것이 '그냥 싫다'는 것이다. 남성 노동자를 싫어하는 고용주도 분명히 있긴 하지만, 우리가 확인했던 적대의 사례는 여성을 겨냥한 것이었고, 따라서 우리는 이 경우가 훨씬 더 일반적이라고 생각한다. 1993년 유타주 교통부를 피고로 한 성차별 소송에서 한 증인이 남긴 증언은 여성혐오에 의한 배제를 대표적으로 보여준다. 업무 감독은 원고의 채용을 거절하면서 "망할 여자들, 난 망할 여자들이 사무실에 있는 게 싫어"라고 말했다.[67]

1964년 미국 연방의회는 정확히 이런 종류의 차별, 즉 외집단out-group에 대한 적대를 바탕으로 한 의도적인 차별을 없애기 위한 조치를 단행했다.[*] 고용에서 인종차별이 워낙 만연하다보니 이런 법이 만들어졌고, 그래서 입법가들은 인종차별을 염두에 두고 1964년 민권법 제7장을 통과시켰다(제3장 참조). 이 법안에 성차별과 관련된 내용을 포함시킬 때 입법가들은 노동자가 의도적으로 성별분리된 직무에 문제를 제기할 수 있는 기제를 마련해두었다. 민권법 제7장에 입각한 불만신고와 소송은 성별 고정관념에 맞지 않는 노동자에게 취업의 기회를 열어줌으로써 일부 회사에서 직무분리를 감소시키는 데 기여했다. 가령 홈디포는 한 집단소송 때문에 전에는 남성뿐이던 판매 업무에 여성이 접근할 수 있도록 인사 관행을 변경했다.[68]

하지만 민권법 제7장의 영향은 대통령과 의회의 우선순위에 따라 달라졌다. 그러므로 차별철폐 조치가 실제로 효력을 발휘할지의 여부는 운에 좌우되었다. 우리는 이런 실효성의 차이를 가지고 차별철폐 조치가 성별분리에 미친 영향을 판별할 수 있다. 1970년대 미국에서는 이런 규정이 제대로 효력을 발휘했고 그래서 성별분리지수가 전무후무

---

[*] 법은 외집단 적대에서 비롯되는 것을 차별이라고 해석하기 때문에 자기 성별에 대한 선호를 근거로 행한 차별적인 처우는 허용해왔다(McGinley 1997).

하게 감소했다.

차별철폐 조치가 성별분리를 막는 효과를 가져올 수도 있다. 1967년 존슨 대통령은 연방의 용역계약자들이 인종을 근거로 차별하지 못하게 하는 행정명령을 수정하여 성차별을 포함시켰다. 수정된 행정명령은 계약자들이 차별을 막기 위한 적극적인 조치, 즉 **차별철폐 조치** affirmative action를 실행하라고 요구하기도 했다. 차별철폐 조치란 사전에 차별을 예방할 수 있도록 설계된 정책과 절차들을 일컫는다. 일반적으로 이를 위해서는 소수 인종과 여성(규정의 적용대상인 "피보호 집단")이 백인 남성과 동등하게 일자리에 접근할 수 있도록 인사 관행을 변경하는 과정이 필요하다. 행정명령에 따라 계약자는 소수 인종과 여성을 직원으로 통합하기 위한 목표(하지만 할당제는 아니다)를 설정하고 이 목표를 달성하기 위한 메커니즘을 개발하라는 지시를 받았다.

많은 고용주가 차별철폐 조치가 훌륭한 정책임을 깨닫게 되었다. 재능 있는 노동자를 뽑는 데 도움이 되고, 차별소송을 예방할 수 있는 방어막 역할도 하기 때문이다. 인사 관행에 차별철폐 조치를 반영한 고용주는 대부분 과거의 낡은 체제로 되돌아갈 이유를 느끼지 못한다. 가령 공군의 기초훈련을 성별통합적으로 운영하는 정책을 폐지할 생각이 있는가라는 질문에, 해당 부서의 고참 상사는 단호하게 대답했다. "기초훈련에 대한 우리의 젠더통합형 접근법은 아무런 문제가 없습니다."[69] 연방의 차별철폐 조치 요구가 직장 내 분리를 얼마나 많이 감소시켰는지 정확하게 판별하기는 불가능하지만, 이 조치가 시행된 덕분에 미국에서 여성이 비전통적인 직업에 접근할 수 있는 기회가 확대된 것은 분

명하다.[70]

정부의 규정은 주로 고용주로 하여금 분리를 야기하는 고용 관행을 수정하도록 동기를 부여함으로써 변화를 만들어낸다.[71] 다음으로는 분리의 수준에 영향을 미치는 여러 인사 관행을 살펴볼 것이다.

'라커룸 구인공고'의 문제

고용주가 노동자를 모집하는 방식 역시 성별분리 수준에 영향을 미친다. 고용주가 노동자를 모집하는 방식은 다양한데, 가장 일반적인 모집방식은 기존 노동자를 통해 소개받는 것이다(구두모집).[72] 대개 노동자의 네트워크는 성별과 인종이 같은 사람으로 구성되기 때문에 이 관행은 한 고용주가 거느린 직원의 성별 및 인종 구성을 그대로 유지하는 데 기여한다.[73] 그러므로 고용주가 백인이 주를 이루는 일자리에 사람을 뽑기 위해 비공식 네트워크를 활용하면 이 일자리의 인구학적 구성이 되풀이되는 결과가 나타나게 된다.

고용주가 가장 적격인 노동자를 물색할 것으로 기대되는 전문직에서도 구두모집이 일어나고, 그 효과는 예상대로 성별분리를 초래한다. 가령 1986년부터 1990년 사이에 고용된 미국 내 법대 교수의 절반 이상이 인적 네트워크를 통해 일자리를 구했고, 좋은 자리일수록 네트워크를 통해 채워질 가능성이 특히 높았다. 이런 식으로 일자리를 찾을 가능성은 여성보다 남성이 높았는데, 아무래도 이는 법대 교수 다수가 남성이고, 따라서 가장 인정받는 로스쿨 자리를 차지할 가능성은 여성보다 남성이 더 높기 때문으로 보인다.[74]

반면 **공개모집**open recruitment 방법은 공개적으로 성별에 대한 아무런 편향 없이 구인공고를 내고 외부자가 이 직업에 대해 알 수 있게 한다. 이런 공개모집 방법에는 많은 사람이 접근할 수 있는 장소(남자 직원 라커룸이 아니라)에 구인공고를 내는 방법과, 폭넓은 집단을 상대하는 구인 서비스를 이용하는 방법이 있다. 한 연구에 따르면 주에서 운영하는 구인 기관과 커뮤니티 집단을 활용할 경우 흑인 남성과, 그보다 정도는 덜하지만 라틴 계열의 선발비중이 높아졌다.[75] 그 결과는 여성을 비롯한 다른 배제된 집단의 경우도 다르지 않을 것이다. 500명이 넘는 고용주를 대상으로 한 연구에 따르면 공개모집 방법을 이용할 경우 관리직 일자리에서 여성의 비중이 증가했고, 비공식모집 방법을 이용할 경우 남성의 비중이 증가했다.[76]

좀 더 일반적으로 개별 의사결정자의 재량을 축소하는 고용 관행은 고정관념에 따른 판단, 통계적인 차별, 내집단 선호, 외집단 적대가 인사결정에 영향을 미치지 못하게 하는 데 도움을 준다.[77] 관료적인 인사 관행(공개 구인 광고, 업무 내용과 평가 기준의 문서화, 지원자에 대한 서면 기록)은 관리자의 재량을 축소하고, 이로써 성별통합을 활성화하는 경향이 있다.[78]

고용 결정에 대한 책임을 강화할 경우에도 문지기의 선호 여부와 고정관념이 미칠 영향이 제어되어 성별통합이 활성화된다. 실험을 이용한 한 연구에서는 학생에게 수업 보조로 누구를 고용할지 추천해보라고 요청했다. 의사결정 과정이 비밀에 부쳐진다는 사실을 아는 학생은 자신과 같은 성별과 인종의 후보자를 추천하는 경향을 보였다. 반대로 의사결정 과정이 공개되었을 때는 후보자의 인종과 성별이 학생의 선

택에 미치는 영향이 감소했다.[79]

이와 같은 방식으로, 의사결정자가 직장의 평등을 보장하도록 설계된 정책을 이행할 책임을 지는 조직은 분리가 적게 일어날 것이다.[80] 평등한 고용기회에 헌신적인 사람이 높은 자리에 있는 것도 중요하지만,[81] 이것만으로는 충분치 않다. 아무리 위에서 좋은 의도를 갖고 있다 해도 아래로 내려가면 현장감독이나 노동자의 조치 때문에 이런 의도가 희석되는 경우가 종종 있기 때문이다.

예컨대 성 평등을 실현하기 위해 애쓰는 고위 경영자를 둔 한 전기회사가 발전소에서 파업이 진행되는 동안 전통적으로 남성이 하는 일에 남녀 사무직 노동자를 모두 배치했다. 하지만 공장 감독은 여성 대부분을 공장 청소일에 다시 배치하고 전통적으로 남성이 하는 숙련노동에 여성이 접근하지 못하게 했다.[82] 역으로 윗사람이 신경을 쓰고 있다는 사실을 의식하면 하급 감독자가 그 기대를 충족시키려고 노력하기도 한다.[83] 예컨대 한 현장감독은 여성 노동자가 거부감을 느껴 일을 그만둘지 모른다는 생각에 남성 직원에게 험한 말을 쓰지 못하게 금지했다. 한 노동자는 이렇게 말했다. "사무실에서 바로 압력이 들어왔다고 생각해요 (…) 우린 이 여성들을 지켜주고 싶어요."[84] 업무에서 공정한 관행을 유지하는 책임이 자신에게 있다는 사실을 아는 현장감독은 여성을 몰아내려는 동료 노동자의 행동을 억제할 것이다.

의사결정권자에게 이들이 자신의 판단에 책임을 지게 되리라는 사실을 사전에 알려주는 방법 역시 고정관념에 대한 의존도를 줄이는 경향이 있다.[85] 책임성을 통해 변화가 일어나려면 의사결정권자가 정해

진 절차에서 이탈할 경우 자신에게 부정적인 평가가 뒤따르리라는 점을 알고 있어야 한다.[86]

자격요건을 갖춘 후보자 중에서 선택을 할 때 소수인 노동자의 성별을 긍정적인 요인으로 간주하는 젠더의식적인 방법은 성별분리를 줄이는 데 더 효과적이다. 젠더의식적인 채용 방법으로는 관리직에 지원한 여성을 찾아내서 조언하기, 전통적으로 여성이 많이 몰려있는 곳을 겨냥해서 구인 활동 벌이기, 여성이 적은 자리의 경우 완전히 자격을 갖춘 지원자 중에서 여성을 우선 선발하기가 있다.

시대에 뒤떨어진 사고

고용주가 직업을 개념화하고 조직하는 방식은 한 집단이 수적으로 열세인 직업에 진입하는 데 지장을 줄 수도 있고 도움이 될 수도 있다. 여자는 이런 직업에서, 남자는 저런 직업에서 일한다는 생각을 바탕으로 자격요건을 짜면 통합을 달성하기가 힘들다. 이런 고용주에게 반드시 여성을 배제할 의도가 있다고 볼 수는 없지만 그런 영향을 낳을 수 있다. 초기에 일자리를 만들 때 고용주는 이미 고용된 노동자의 배경과 환경을 바탕으로 지원자의 자격을 정하고 근무 일정을 짜며 업무와 시간 운용 방식을 정할 때가 많기 때문이다.

자격요건과 관련하여 더 살펴보자. 만일 처음에 남성 퇴역군인이 그 자리에서 일을 했다면 군대 경험이 암묵적인 직무요건이 될 수 있다. 초창기 직원이 경영학 석사학위를 보유하고 있었다면 고용주는 새로 구하려는 노동자에게도 경영학 석사학위를 요구할 수도 있다. 한쪽 성별이 이런 필수 자격요건을 갖추고 있을 가능성이 더 높을 경우, 아무리 그 자격요건이 업무 수행에 필수적이지 않다 해도 또 다른 성별은 꾸준히 배제될 것이다. 반대로 실제 직무수행과 관련이 있는 필수 자격요건만 요구한다면 통합이 활성화될 수 있다. 가령 1970년대까지만 해도 미국의 대형 은행은 관리자에게 경영학 석사학위를 요구했다. 학위가 없어도 사무직 노동자가 관리자가 되기 위해 필요한 일들을 배울 수 있었는데도 말이다. 연방정부가 은행업계에 차별적인 관행을 중지하라고 경고하자 일부 은행은 여성이 경영학 석사학위를 다른 경험으로 대체할 수 있도록 허용했다. 이 변화로 많은 여성이 은행 관리자 지위에 진입할 수 있는 기회가 열렸다.[87] 1990년대 기술 관련 일자리가 확대되면서 노동자 수요가 늘어나자 많은 첨단 기술 관련 회사가 조건과 경험이 표준적이지 않은 사람을 선발하게 된 것과 마찬가지로, 고용주는 공식적인 자격요건을 재고하고 그 대신 정말로 필요한 기술에 초점을 맞출 수 있다.

또한 육체적으로 더 건장한 사람이 사용한다는 가정하에 설계된 장비는 체격이 작은 사람이 업무를 수행하는 데 구조적인 제약으로 작용한다. 평균적인 체격의 백인 남성을 위해 설계된 장비는 일부 아시아계, 라틴계 남성뿐만 아니라 평균적인 여성 역시 배제할 수 있다. 새 장치를 설치하는 데 돈이 많이 들 수 있지만 마모되거나 노후한 장비는 교체해야 하므로 어쨌든 장비는 정기적으로 재설계하게 된다.[88] 평균적인 남성과 여성 노동자의 신체 조건에 맞는 새로운 장비는 여성에게 더 많은 직업 기회를 열어줄 것이다.

여성이 많은 생산직 노동에 더 쉽게 접근할 수 있게 해주는 또 다른 투자는 육체적인 힘의 중요도를 낮춰주는 부양기계다.[89] 또한 더 많은 노동자의 편의를 봐주는 방향으로 직무를 재설계할 수도 있다. 예를 들어 노동자 한 명이 하루에 한 번이라도 125파운드(약 57킬로그램)를 들어야 하는 직무가 있다면, 지게차 기사 한 명에게 해당 공장에 있는 이 업무 전부를 할당하는 방식으로 바꿀 수 있다.[90]

근무 일정 역시 성별분리를 약화 혹은 유지시킬 수 있다. 고용주는 여성을 고용하는 대부분의 자리는 낮 시간 업무로 정해놓고, 저녁 근무와 교대근무가 필요한 일에는 남성을 채용해야 한다고 생각한다. 정해진 낮 시간에만 근무하는 일자리는 양육 책임을 1차적으로 지는 사람(여성)에게 더 접근가능하다. 근무 이외의 시간에 아이를 맡길 곳을 찾기가 어렵기 때문이다.[91] 저녁 시간에 아이를 봐주는 어린이집은 3퍼센트뿐이고(가정형 어린이집 중에서는 13~20퍼센트), 교대근무에 맞춰 아이를 봐줄 곳을 찾기는 훨씬 더 어렵다.[92] 이 때문에 표준적이지 않은 근무 일정은 여성을 배제하는 효과를 가져올 가능성이 있다.[93] 시간제로 일하는 여성이 남성보다 더 많은 이유는 육아 때문이기도 하다. 전통적인 남성의 일을 시간제로 설계하면 육아 책임을 주로 지는 여성과 남성 역시 접근하기 편해질 것이다.

마지막으로 조직의 시간 운용 방식이 인종이나 성별분리를 초래할 수도 있다. 퇴근 직전에 회의를 소집하거나 회의가 길어지도록 방치하는 관행을 생각해보자. 이런 식으로 시간 운용에 대한 예측이 불가능하고 규율이 부재할 경우 직장 밖의 생활이 별로 유연하지 않은 노동자에게는 문제가 발생한다. 가정이라는 전선에서 여성이 더 큰 책임을 지고 있는 상황은, 이렇게 시간을 무한정 잡아먹는 조직에서 여성이 남성보다 회의에 더 많이 빠질 수밖에 없음을 뜻한다. 늦게까지 남아있을 수 있는 사람에 비해 헌신도가 낮은 사람으로 비춰지고 조직에 기여를 할 기회를 놓치면 주로 남성으로 구성되어 있는 고위직으로 승진할 가능성이 낮아진다.[94]

　　요컨대 한 조직에서 고용주의 다양한 관행이 분리의 수준에 영향을 미칠 수 있다. 고용정책은 성별 고정관념에서 벗어난 일자리에 노동자가 접근할 수 있는 길을 확대할 수 있다. 무엇보다 이는 비공식적인 네트워크를 통한 인력충원을 막을 수 있고, 고정관념에 치중하는 의식적 혹은 무의식적 경향에 의한 배제 효과를 최소화하는 인사 관행이 뿌리내리도록 할 수 있다. 하지만 의사결정권자는 비용이 발생할지도 모를 변화를 시도하기보다는, 현 상태를 유지하는 것이 자신의 경력에 더 유리하거나 더 쉽다고 판단하기 때문에 때로 개혁을 뒤집기도 한다.[95] 차별할 의도가 전혀 없는 고용주라 해도 조직 내 성 불평등의 근원을 찾아내서 이를 제거하는 데 크게 관심을 두지 않는다.[96] 그러므로 정부나 법원으로부터 압력을 받는 고용주가 포용적인 정책을 지향할 가능성이 더 높다.

여성이 자발적으로
저소득 직업을 선택한다는 착각

노동자 역시 성별분리에 기여할 수 있다. 여성과 남성이 서로 다른 직업을 선호하기 때문에 성별 직무분리가 일어난다고 주장하는 이론은 두 가지가 있다.

우선 남성이 자신과 동성인 남성이 주를 이루는 일을 선택하고 여성이 주를 이루는 직업을 거부하는 이유는 쉽게 알 수 있다. 남성이 주를 이루는 직업이 더 소득이 높고, 자율성이 더 많으며 승진의 기회가 더 많기 때문이다.

하지만 여성은 어째서 여성이 주를 이루는 직업을 선택할까? 이에 대한 표준적인 대답이 있기는 하다. 1988년 미국의 대형 유통업체 시어스로벅Sears, Roebuck이 여성을 차별하지 않았다는 판결을 내린 판사의 입장문을 보면 그 이유를 확인할 수 있다. 이 판사는 고소득 커미션 판매직에 여성이 없는 이유를 아래와 같이 설명했다.

여성은 남성에 비해 직장의 사회적이고 협력적인 측면에 더 관심이 많은 경향이 있다. 여성은 스스로 경쟁을 별로 즐기지 않는다고 여긴다. 비커미션 판매직은 진출입이 더 쉽고, 사회적 접촉과 우정이 더 많이 발생하며 스트레스가 적기 때문에 커미션 판매직보다는 더 매력적이라고 보는 경우가 종종 있다.[97]

우리는 이 판사가 분리를 조장하는 시어스로벅의 인사 관행을 도외시한 채 사회화의 중요성을 너무 과장했다고 생각한다. 여기서 우리는 판사의 의견 밑에 깔린 성별분리의 두 가지 이론, 즉 인적자본론과 젠더 역할의 사회화에 대한 근거를 평가할 것이다.

'여성의 일'은 가정과 병행 가능할까

인적자본론이 성별분리를 설명할 때는 다음의 세 가지 전제에서 출발한다. 첫째, 노동자는 소득을 극대화하기 위해 교육과 채용에 대한 정보가 충분한 가운데 선택을 내리는 합리적인 행위자라는 전제다. 둘째, 교육과 경험에 대한 투자는 노동자의 생산성을 향상시키고, 그러면 고용주는 노동자에게 그에 맞는 보상을 해준다는 전제다. 셋째, 20세기 전반의 약 70년 동안 일반적이었던 성별분업이 여전히 일상적이라는 전제다. 다시 말해서 여성은 부불가사 노동을 전업으로 하면서 남성에게 부양을 받는다고 생각하는 것이다.

만일 이런 전제들이 타당하다면 남성은 고용주가 중요하게 생각하는 기술과 경험을 습득하는 데, 여성은 배우자에게 호감을 사면서 살림을 잘 할 수 있는 기술과 경험을 습득하는 데 더 많은 투자를 할 것이다.

여성이 경제적으로 성공한 상대에게 호감을 사고 가족을 꾸리는 일을 가장 중요하게 생각한다면, 여성은 남성에 비해 교육, 직업훈련, 경험에 더 적게 투자하고 지불노동에 할애하는 시간을 제한할 것이다.[98]

서로 다른 이 전략은 다음의 세 가지 이유로 성별분리를 촉진한다. 첫째, 여성은 전통적으로 남성이 하는 일에 대한 자격을 충분히 갖추지 못하게 된다. 둘째, 여성은 재진입이 쉬운 직업을 선호하게 된다. 이런 직업들은 집에서 아이를 양육하는 동안에도 녹슬지 않는 일반적 수준의 기술만을 요구하기 때문이다. 셋째, 여성은 가족을 위해 쓸 에너지를 비축해야 하기 때문에 노력을 최소한으로만 요구하는 직업을 선택하게 된다. 요컨대 성별분리에 대한 인적자본론의 설명은 숱한 여성이 자신에게 기대되는 가족 내 역할에 합리적으로 부응하기 위해 비서, 계산원, 교사, 간호사, 웨이트리스가 되기로 선택했다고 주장한다.✱

가사 노동과 양육에 대한 일차적인 책임을 여성이 진다는 점을 감안했을 때, 여성이 가족 내 역할을 최우선시한다는 생각은 그럴 듯해 보인다. 하지만 제2장에서 확인했듯 오늘날 많은 아이 엄마가 경제활동 적령기에도 쉬지 않고 경제활동에 참여한다. 다만 아이 엄마는 아이가 없는 여성에 비해 시간제 노동에 참여할 가능성이 높다. 그리고 고용주는 시간제 일자리를 주로 여성의 일자리로 고착화시키는 경향이 있는데, 이는 여성과 남성이 서로 다른 직무로 분리되는 데 기여한다.

✱ 미국노동총연맹 산업별회의의 일하는 여성부서 대표인 카렌 누스바움Karen Nussbaum은 이 생각을 성별분리의 '레밍 이론'이라고 부른다. 쥐처럼 생긴 레밍은 주기적으로 바다에 가서 빠져죽는 이해할 수 없는 행동을 하는 스칸디나비아의 동물이다.

하지만 여성의 육아 책임과 시간제 노동 간의 연계를 제외하면, 여성이 특정 직업군에 몰리는 이유에 대한 인적자본론의 설명에는 다양한 의문이 제기된다. 첫째, 여성이 주를 이루는 직업에서 일할 가능성은 기혼 여성이라고 해서 싱글 여성에 비해 더 높지 않다. 둘째, 여성이 주를 이루는 직업이든 남성이 주를 이루는 직업이든 비슷한 양의 준비가 요구되고,[99] 대부분의 노동자들이 업무 현장에서 필요한 직무기술을 습득한다. 그러므로 여성이 남성과 다른 직업에 몰려있는 상황이 여성의 합리적인 결정일 가능성은 높지 않다.

여성과 남성의 서로 다른 인적자본 수준(가령 교육 수준)이 전반적인 성별분리 수준에 기여한다면, 교육 수준을 통제할 경우 성별분리의 수준이 낮아져야 할 것이다. 20세기 말 미국에서 성별분리의 전반적인 수준은 52정도였다. 미국의 저명한 여성학자 제리 A. 제이콥스Jerry A. Jacobs가 1999년에 출간한 저서 《젠더와 업무 지침서Handbook of Gender and Work》에 따르면 같은 교육 수준(고졸 이하, 고졸, 대학 중퇴, 대졸, 대학원) 안에서 성별분리지수를 계산하는 방식으로 교육을 통제했을 때도 항목에 따라 지수가 42부터 약 61까지 벌어지긴 했지만 평균적인 성별분리수준은 여전히 50 초반이었다. 그러므로 교육 수준이 비슷한 남녀를 비교하는 식으로 인적자본을 개략적으로 통제한다고 해도 1990년대 말의 성별분리가 어째서 그 정도로 일어났는지 설명하지 못했다.

물론 일부 여성은 건설 노동처럼 남성이 주를 이루는 일을 하는 데 필요한 기술이 부족하다. 하지만 이는 일부 남성에게도 해당되는 상황이며, 고용주는 이런 직무상의 결함을 해소할 수 있는 조치를 취할 수 있고 실제로 취하기도 한다. 앞서 보았듯 고용주는 여성 노동자보다는 남성 노동자를 상대로 업무와 교육을 병행하는 경우가 더 많은데, 이는 아마 고용주가 남성이 주를 이루는 직업에서 노동자를 훈련시키는 경우가 더 많기 때문일 것이다.[100] 고용주가 노동자를 훈련시킬 때는 훈련을 조직하는 과정에서 여성을 포함할 수도, 배제할 수도 있다. 경험 많은 노동자가 신참을 훈련시키는 구조에서는 여성이 남성이 주를 이루는 일을 배우기 힘들 수 있다. 가령 한 여성 배관공 수습생이 직무현장에 가서 자신을 교육시킬 지위에 있는 남성에게 "당신이 나를 교육시키도록 되어있지 않나요?"라고 물었다. 그러자 이들은 그녀를 바라보았고, 세 남자 중 두 명이 동시에 '우린 당신한테 똥도 안 보여줄거야'라고 말하고는 돌아서서 가버렸다.[101] 어떤 정육회사는 직원 교육을 남자 일색인 숙련노동자들에게 맡겼다. 이들은 여성이 일을 늦게 배운다고 생각했고, 이들을 교육하는 데 시간을 쏟으면 자신들의 생산성이 떨어져 급료마저 줄어든다고 생각해서 마뜩찮아 했다.[102]

부적절한 훈련 역시 남성이 주를 이루는 직장에서 여성의 성공을 방해하고 정체시킬 수 있다. 여성을 과잉보호하는 태도는 여성을 고립시키고 이들이 일을 배워 성공할 능력을 쌓지 못하게 지장을 준다. "기습체포" 전술 시연 중 남학생은 바닥에 메다꽂으면서 여학생은 그렇게 하지 않은 경찰학교 교관의 가부장적인 태도는 여학생이 학습을 받을 기회뿐만 아니라 공격을 방어하는 기술을 보여줄 기회까지 박탈당했음을 보여주었다.[103] 남성이 주를 이루는 직업에서 여성의 기술 수준을 높이고, 이로써 성별분리를 줄이려면 직무훈련이 조직 경영의 일환으로 수행되도록 훈련 프로그램을 짜거나, 동료 노동자들이 질 높은 훈련을 제공할 유인을 느낄 수 있도록 훈련을 조직해야 한다.

그 외에도 인적자본론은 여러 이유에서 성별분리에 대한 충분한 설명을 제공하지 못한다. 무엇보다 여성의 일이라는 꼬리표가 달린 일이라고 해서 여성의 가정 내 역할과 유별나게 양립가능하지는 않다. 평균적으로 남성이 주를 이루는 직업보다 더 쉽지도 더 유연하지도 않다.[104] 게다가 제3장에서 본 것처럼 여성은 직장에서 남성 못지않게 노력하고, 평균적으로 남성만큼 일에 헌신한다.

마지막으로 인적자본론의 관점은 일반적으로 여성의 경제활동참여 현황을 설명하기 위해 적용되긴 하지만 남성의 경제활동을 설명하는 데는 거의 적용되지 않는다. 인적자본론은 남성의 경제활동을 어떤 식으로 설명할까? 인적자본론에 따르면 남성은 경력지향적인 교육과 기술 습득에 투자하고, 다른 목표를 모두 여기에 종속시킨다. 그러므로 만일 인적자본론의 설명이 타당하다면 대부분의 젊은 남자 대학생이 고소득의 직장을 얻는 데 도움이 되는 수업을 들으리라고 예상할 수 있다. 하지만 고소득으로 직결되지 않는 전공을 선택하는 대학생도 많다. 그리고 공부(다시 말해서 인적자본에 대한 투자)보다 사회활동에 더 많은 시간을 쓰는 학생도 많다. 이들보다 더 나이가 많은 남성 중에, 일보다는 가정이나 취미를 더 중시하는 남성 역시 인적자본론의 가정에 들어맞지 않는다. 그러므로 인적자본론의 가정은 사람들의 실제 행동방식과 종종 상충한다. 물론 현실에서 여성과 남성은 대학 전공을, 그리고 유급노동에 들이는 시간을 조금 다른 방식으로 결정하고 이는 성별분리로 이어진다. 하지만 성별분리에 대한 인적자본론의 설명방식은 성별분리에서 나타나는 편차를 설명하는 데는 별 도움이 되지 않는다.

유년시절의 사회화가 성인에게 미치는 영향

제3장에서 확인했듯 여성과 남성의 사회화 방식이 다르다는 점은 두 성별이 서로 다른 직업에 종사하도록 부추김으로써 직종분리에 기여할 수 있다. 사회화는 여성과 남성이 서로 다른 일을, 혹은 동성과 함께 일하는 것을 선호하게 만들거나, 성별 고정관념에 부합하는 직업에 필요한 기술만을 배우게 만들 수 있다. 혹은 시어스로벅 소송의 판사가 넘겨짚었듯 여성과 남성이 서로 다른 노동조건을 선호하게 만들 수 있다. 넓은 의미에서 사회화는 개인으로 하여금 사회적으로 용인 가능한 역할에 끼워 맞추려는, 자신의 성별에 적합하다고 인식되는 놀이를 하고, 옷을 입고, 직업을 갈망하는 욕망을 창출하게 만듦으로써 직장 내 성별분리를 영속할 수 있다.

젠더 역할의 사회화에 기여할 수 있는 사회적 관습의 사례는 도처에 존재한다. 2000년 가을에 장난감 및 게임 제조업체인 마텔Mattel이 출시한 테마 기반의 [여성용] "바비"와 [남성용] "핫휠스" 개인 컴퓨터를 생각해보자. 바비 컴퓨터는 핫휠스 컴퓨터에 딸려 나오는 교육용 소프트웨어의 절반만을 지원했다. 핫휠스 소프트웨어는 인간의 자율성과 3차원 시각화 방법, 그리고 논리를 가르친 반면, 바비 소프트웨어는 이를 가르치지 않았다.[105] 좀 더 일반적으로 살펴보면 미디어는 여성과 남성의 서로 다른 이미지를 사람들에게 쏟아내는데, 이를 통해 여자아이와 남자아이가 선호하는 직업이 어떻게 달라지는지를 상상하기는 쉽다.

하지만 유년기의 사회화가 장기적으로 직업 생활에 어떤 영향을 미치는지는 알려진 바가 없다. 모든 아이가 반드시 인형이나 미디어의 이미지로부터 전통적인 성별 이미지를 흡수하지는 않는다. 예를 들어 팀이름을 "바비 걸즈"라고 지은 미취학 여아 축구선수들은 바비라는 상징을 일각에서 생각하는 여성의 수동성이 아니라 "소녀의 힘을 칭송"하기 위해 사용했다.[106] 게다가 사회는 "분방한 소녀들riot grrrls"이나, 다양한 직업을 가진 여성과 남성이 등장하는 게임을 제공하는 "꼬마와 직업들" 웹사이트 등 대항 이미지를 제시한다. 이런 대항 이미지는 경제적 지위, 지역, 인종, 민족에 따라 접근할 수 있는 정도가 다르긴 하지만 말이다.

젠더 역할의 사회화가 어린이와 청년을 문화적으로 자신의 성별에 적합하다고 인식되는 직업을 희망하게 만들 수 있긴 하지만, 이런 포부는 대단히 불안정하다. 사실 어린 시절의 장래희망은 실제로 성인이 되었을 때 갖는 직업과 관련이 적다.[107] 게다가 성인, 특히 여성은 여성이 주를 이루는 직업에 종사하다가 남성이 주를 이루는 직업에 종사하기도 한다.[108] 어린 시절의 장래희망과 실제 직업의 상관관계가 약하다는 사실은 유년기에 일어나는 젠더 역할의 사회화가 성인 사이에 존재하는 성별분리에 중요한 영향을 미친다는 주장에 의문을 던진다.

성별분리의 원인을 사회화에서 찾는 접근법이 가진 더 큰 문제는, 이 접근법이 모든 여성은 모든 남성과 다른 방식으로 사회화되고, 따라서 모든 남성은 주로 남성이 종사하는 직업을, 모든 여성은 주로 여성이 종사하는 직업을 갖게 되리라고 가정한다는 점이다. 남자아이 사이에서든 여자아이 사이에서든 젠더 역할의 사회화에는 큰 편차가 있음에도 불구하고, 특정 종류의 사회화에 노출되는 것이 직업의 성별 유형에 영향을 미치는지를 살펴본 연구자는 아직 없다. 과거의 연구는 전반적으로 이 이론의 가정을 뒷받침하지 못하고, 성인 여성이 전보다 경제 활동에 참여하는 시간이 늘고 여성의 소득이 가정에서 차지하는 중요도가 점점 높아지면서 사회화를 원인으로 제시하는 접근법은 설득력이 줄어든 것으로 보인다.

여성 노동자에게 주어지는 기회와 제약

성인이 되어서 맞닥뜨리는 기회는 어린 시절에 접한 메시지보다 훨씬 영향력이 크다. 1970년대와 1980년대에 전통적인 남성의 직업으로 옮겨가기 시작한 젊은 여성은 이 점을 잘 보여준다. 이들의 부모는 대체로 전통적인 젠더 역할에 충실했고(아빠는 직장에, 엄마는 집에), 이 여성들이 TV(가령 50~60년대 방영된 시트콤 〈오지와 해리엇의 모험〉, 〈비버에게 맡겨둬〉나, 60년대 애니메이션 〈고인돌가족〉)을 통해 받은 메시지는 이런 전통적인 사회화를 강화했다. 그렇다고 남성이 주를 이루는 고소득의 직업에 진출할 기회가 여성에게 열렸을 때 이들의 발목을 잡을 정도는 아니었다. 직종의 성별 꼬리표 역시 정반대의 방향에서 어린 시절 사회화의 영향을 무색하게 만들 수 있다. 예를 들어 한 여성은 어린 시절 삼촌과 함께 몇 년 동안 건설 노동을 해본 경험이 있음에도 불구하고, 홈디포에 입사지원을 할 때 계산원 자리를 원한다고 적었다. 홈디포에서는 "여성이

가는 곳이 그곳"이라고 생각했기 때문이다.[109] 다시 말해서 그녀는 자신이 손에 넣을 수 있다고 생각하는 자리에 지원했던 것이다.

사람들이 실제로 직장에서 원하는 바와 노동자가 취업하는 과정을 보면 여성이 자발적으로 전통적인 여성의 직업을 선택한다는 주장이 터무니없음을 알 수 있다. 남성은 소득과 여가를, 여성은 협력과 조력을 더 중시한다는 점에서 성별에 따라 노동자들이 중시하는 직무의 특징이 조금 다르긴 하지만, 그 외 여성과 남성이 중시하는 직무의 특징은 대체로 겹친다. 즉 여성과 남성 모두 좋은 보수와 자율성, 명성을 중요하게 여긴다.[110]＊ 사실 거의 모든 노동자가 이런 조건을 원하지만 자신이 구할 수 있는 직업 중에서 최선에 만족한다. 고용주와 사회는 여성을 남성에 비해 더 협소한 선택지에 가두는 경향이 있다.

통상적으로 여성에게 남성의 직업에 접근할 수 있는 기회가 허용되면 여성 지원자가 몰려든다.[111] 19세기 말에는 젠더에 대한 인식이 보수적이었음에도 불구하고 영국체신청British Post Office에서 젠더 전형과 무관하면서도 보수가 좋고 안정적인 일자리에 대한 구인공고가 날 때마다 한 자리 당 여성 12명이 지원했다.[112] 제1차 세계대전 동안에는 아프리카계 미국 여성 가사 노동자가 방독면과 비행기 날개, 타이어와 신발에 이르기까지 온갖 물건을 만드는 제조업에서 일할 기회를 얻었다.

＊ 전통적인 남성의 직업에 종사하는 노동자 중에서 여성은 최소한 남성과 비슷하게 소득을 중시한다. 이는 높은 소득을 중시하는 여성이 남성이 주를 이루는 직업에 끌리기 때문이거나, 성별에 관계 없이 남성과 동등한 취업 기회를 갖게 되면 직업에 대한 가치관을 동일하게 표출하기 때문이다 (Konrad et al. 2000: 607, 610).

군대 역시 일자리가 여성에게 개방되었을 때 성별분리 수준이 어떤 식으로 하락할 수 있는지 보여준다. 군은 1970년대 남성 지원자의 수가 줄어들자 여성에게 관심을 돌려 배타적인 정책을 없앴다.[113] 그 결과 1972년에 4만 5,000명 미만이었던 여성 군인의 수가 2000년에 20만 명을 넘겨 4배 이상 증가했고,[114] 과거에는 여성이 접근할 수 없었던 많은 군대 내 병과로 진출했다. 이와 비슷하게 1970년대에는 미국 로스 쿨 입학 정책에 변화가 일면서 여성 지원자가 늘어났다.[115]

또 1972년 당시에는 미국 최대의 석탄 생산업체였던 켄터키주의 피바디Peabody 석탄회사에 지원하는 여성이 한 명도 없었지만, 1978년 피바디가 여성을 고용한다는 말이 나오자, 1,131명의 여성이 광부직에 지원했다.[116] 1980년대에는 광부직 외에도 수많은 여성이 통상적으로 남자의 직업으로 분류되는 일자리에 진입했다. 여성은 기회만 주어지면 칵테일 웨이트리스보다는 바텐더로, 약국 점원보다는 약사로, 은행 출납계 직원보다는 관리자로, 접수대 담당자보다는 보험 판매원으로 취직했다.[117]

법과 규정(또는 고용주가 기회를 평등하게 주는 사람이라고 밝히는 안내광고의 짧은 문구마저)이 중요한 이유 중 하나는 여성에게 일자리가 열려있다고 알려주기 때문이다. 차별금지법과 차별철폐규정은 여성이 이제까지 접근할 수 없다고 생각했던 일자리에 지원하도록 독려한다. 새로운 정부 정책의 수혜자들은 이런 정책 덕분에 비전통적인 일자리를 얻을 수 있었다고 말했다. 정육 공장에서 보수가 좋은 남성의 직무로 옮기고 싶었던 한 여성의 사례가 여기에 해당한다. 몇 달 동안 상사와 다투던 그녀는 "이봐요, 난 저 일을 하고 싶은데 그게 안 되면 당신을 고소해서 호되게 대가를 치르게 할 거예요"라고 말한 뒤에 그 자리에서 일할 수 있게 되었다. [118]

성별 고정관념에 어긋나는 노동자의 진입에 대한 동료 노동자의 반응 역시 통상적인 남성의 직장에서 여성이 차지하는 비중에 영향을 미친다. 간호사나 교사 같은 전통적인 여성의 직업에 남성이 들어오면 여성 동료들은 일반적으로 반겨준다. [119] 반대로 여성 침입자에 대한 남성의 반응은 다양해서, 도움을 주려하기도 하지만 적대적이기도 하다. 적대적인 동료는 여성을 몰아내 성별분리를 온존하려는 반면, 우호적인 동료는 여성이 버틸 수 있게 도움을 주어 성별분리를 위축시킨다.

일부 남성 노동자는 괴롭힘이나 방해, 혹은 그보다 더 심한 행동으로 전통적인 남성의 직장에 여성이 발붙이지 못하게 한다. 과거에는 남성 중심의 노조와 직업 관련 조직이 여성의 가입을 노골적으로 거부했지만 요즘에는 비공식적인 직장 내 집단이나 소수의 개인을 중심으로 이런 저항이 일어날 가능성이 더 높다.

이런 저항은 아주 미묘하고 심지어 의도적이지 않을 수 있다. [120] 가령 남성이 주를 이루는 노동환경에서 성관계에 대한 이야기는 여성을 불편하게 만들 수 있다. 아무리 그럴 목적이 없었다 해도 말이다. 한 사례에서는 여성 급행전차 차장이 11시간 교대근무 중에 식사시간이 되어 직원 휴게실에 갔더니 안면이 없는 남성 동료 여럿이 영화〈데스위시Death Wish〉의 강간 장면을 시청하고 있었다고 한다.

너무 당황해서 그냥 채널을 돌렸어요. 그랬더니 한명이 채널을 다시 바꿨고, 누군가는 "그게 제일 끝내주는 부분"이라고 말했죠. 저는 다시 TV로 향했고 누군가가 (…) 제가 TV에 다가가지 못하게 몸으로 밀쳤죠. 음식을 남겼어요. 더는 먹을 수가 없었죠. 저는 울기 시작했고 직원 휴게실을 나왔어요.[121]

이런 행동은 생산직 노동 현장에 국한되지 않는다. 한 사회학자가 여성 주식거래인에게 동료들이 그녀를 데버라라고 부르는지, 아니면 데비라고 부르는지 묻자 "주로 그냥 '잡년'이라고 부른다"는 대답이 돌아왔다.[122] 한 여성 변호사는 여성이 자신의 부서에 합류하게 되었다는 사실을 알게 된 판사로부터 "생리하는 인간이 또 하나 들어온다는 소리를 들었다"는 이야기를 들었다.[123]

우리는 이런 부정적인 반응이 얼마나 일상적인지 혹은 이런 반응 때문에 실제로 여성이 성별 고정관념에 맞지 않는 일을 그만두게 되는지 알지 못한다. 동료의 부정적인 처우에도 불구하고 한 여성 정육업체 직원은 자기 자리를 지키기로 결심했다. "그 개자식들은 이 일을 못해요. 그 자식들은 이걸 어떻게 못할 거예요. 내가 일을 그만두게 만들지도 못해요."[124]

여성이 '회전문'[들어가자마자 나가게 되는 문으로, 직원 이동이 잦은 회사나 조직 풍토를 지칭하는 표현]을 이용해서 전통적인 남성의 직업에 들고 난다는 점을 보여주는 연구는, 남성이 주를 이루는 직업에 종사하던 일부 여성이 남성의 저항 때문에 일을 그만둔다는 생각과 통하는 데가 있다.[125] 하지만 남성이 종사하는 직업에서 이런 적대에 직면한 많은 여성은 일이 좋아서 혹은 전통적인 남성의 직업에서 받을 수 있는 높은 보수가 필요하기 때문에 자리를 지킨다.[126]

전통적인 남성의 직업에 종사하는 여성이 남성 노동자의 중립적인 태도나 지지를 경험하는 경우도 많다. 앞에 나온 여성과 같은 정육업체에서 일하는 다른 여성 노동자는 "보호자"를 찾았다고 설명했다.

> 뱃살 상자를 나르는 지게차 기사인 피트가 저를 불렀어요 (…) 내 어깨에 친구처럼 손을 올리더니 필요한 게 있으면 자기한테 부탁하라더라구요 (…) 자기가 도와주겠다고 (…) 그 뒤 다른 지게차 기사들이 따뜻하게 대해줬어요.[127]

이와 비슷하게 앞서 남성 동료들이 〈데스위시〉를 시청하는 모습을 목격했던 급행전차 차장은 동료에게 대처법을 배웠다.[128] 한 여성 배관공 수습생은 실수를 저질러서 물이 넘치는 일이 벌어졌을 때 사수로부터 이런 말을 들었다. "나라고 실수 안 했을 것 같아? (…) 실수는 누구나 해. 다들 큰 실수를 하지. 그러니까 알아 둬, 실수 앞에 기죽을 거 없어. 그냥 잊어버려."[129] 동료들의 적대적인 반응과 마찬가지로 우리는 이런 긍정적인 반응이 여성으로 하여금 성별 고정관념과 동떨어진 일자리에 남아있도록 얼마나 기여하는지 알지 못한다.

요컨대 일부 남성 노동자는 전통적인 남성의 직업에서 여성을 배제하려고 애쓴다. 남성 밖에 없는 환경에서 흔히 하는 방식으로 행동함으로써 불편한 환경을 조성하는 남성도 있다. 하지만 어떤 남성은 무리에 들어온 여성을 환대한다. 그러므로 동료의 반응에는 상당한 편차가 있다. 안타깝게도 이렇게 서로 상이한 반응이 성별분리의 정도에 영향을 미치는지, 그렇다면 얼마나 미치는지를 판별할 수 있는 연구는 미흡하다. 성별분리를 지탱하는 데 있어서 소득 같은 다른 요인에 비해 동료들의 반응이 얼마나 중요한지를 가늠할 수 있는 연구도 아직은 없다.

더 중요한 점은 여성의 사회화와 여성의 자유로운 선택을 강조하는 방식으로 성별분리를 설명하는 접근법이 크게 지지를 받지 못한다는 사실이다. 최고의 특권을 누리는 사람들은 일자리를 마음대로 선택할 수 있고, 여성이 주를 이루기 때문이든, 보수가 낮기 때문이든 전통적인 여성의 직업에 대한 남성의 기피는 성별분리에 크게 기여한다. 하지만 빈민 남성, 이민자, 그 외 불리한 집단에 속한 남성의 취업 현황을 설명할 때도 역시 선택이 중요한 요인이라고 주장하는 사람은 없을 것이다.[*] 고용주가 전통적인 남성의 직업을 여성에게 개방하면, 많은 여성이 관습이나 직업에 붙은 성별 꼬리표에 관계없이 기꺼이 그 일을 얻고자 한다.

✱ 1956년 성별로 구분된 구직란에 게재된 한 광고는 제한된 선택지 중에서 선택할 수밖에 없는 가슴 아픈 사례 중 하나다. "유색인종 여자, 수학 이학사 학위가 있는 대졸, 사무직, 서류 작업, 일용직 희망."

여성의   노동은   왜   차별받는가

제5장

승진을 가로막는
유리천장

여성과 남성의 승진은
어떻게 다를까

30년 전까지만 해도 여성 사무원이나 조립라인 노동자로 구성된 게토 밖에서 여성을 승진 대상자로 간주하는 고용주는 거의 없었다. 미국의 최상위 직업군에서 여성의 비중은 아직 미미하지만 그래도 이제는 여성도 남성만큼 자주 승진을 한다. 그런데 승진을 통해 지위가 높아진 여성 중에도 이 자리에 일반적으로 주어지는 권한을 갖지 못하는 경우가 많다. 이 장에서는 먼저 여성과 남성의 승진이 어떻게 다른지 살펴보고, 성별에 따라 접근이 달라지는 권한을 두 가지 측면에서 조명한다. 첫째 측면은 여성이 '유리천장'에 가로막혀서 권력과 권한이 주어지는 지위에 오르지 못할 가능성이 높다는 점이고, 둘째 측면은 여성은 일반적으로 권한이 주어지는 자리에 올랐을 때도 권한을 행사할 가능성이 낮다는 점이다. 마지막으로 우리가 찾아낸 성차를 설명하는 방법과 치유책을 소개할 것이다.

유리천장보다 끈적이는 바닥이 더 문제다

승진은 중요하다. 노동자와 고용주 모두에게 그렇다. 사람들의 삶에서 일의 중요성을 감안했을 때, 승진은 사람들의 자기평가방식을 결정적으로 좌우한다. 많은 이들이 승진을 자신이 가치 있고 생산성이 있는 사람임을 보여주는 수단으로 여긴다. 고용주는 승진을 이용해서 능력 있는 노동자를 잡아두고, 회사와 친밀한 노동자를 높은 자리에 앉히고, 노동자에게 열심히 일할 유인을 제공한다.

승진에 대한 질문이 담긴 전국 규모의 설문조사인 일반사회조사General Social Survey와 미국청소년장기추적연구National Longitudinal Survey of Youth의 자료를 보면 승진에서 젠더격차는 작거나 보통으로 나타난다. 일반사회조사는 전 연령대에서 임의의 노동자에게 지금의 고용주가 승진을 시켜준 적이 있는지 물었다. 1991년 승진 경험이 있는 남성은 48퍼센트인 반면, 여성은 34퍼센트였다.[1] 반면 1998년 미국청소년장기추적연구는 30대 중반부터 40대 초 노동자에게 지금의 고용주가 최근 2년 이내에 승진을 시켜주었는지 물었다. 이 자료는 남성이 여성보다 아주 근소하게 우위에 있었음을 보여준다(남성은 21.6퍼센트, 여성은 20.6퍼센트였다).[2] 미국청소년장기추적연구 데이터는 경력이 중간 정도인 노동자의 최근 승진에 대해서만 관심을 갖기 때문에, 승진을 가장 많이 경험하는 직장 초년기의 성차를 밝히지는 못한다. 직장 초년기에는 남성의 승진 속도가 여성보다 더 높다가 그 이후에는 성별격차가 사라진다.[3] 그러므로 1980년대 초에 승진 속도에 크게 차이가 났던 것에 비해(남성은 평균 83퍼센트, 여성은 47퍼센트), 승진격차가 상당히 줄어든 것이다.

연방정부의 노동자 중에서는 여성이 남성보다 승진 속도가 더 빨랐다. 1998년 연방정부 직원 중에서 여성이 45퍼센트를 차지했지만, 전체 승진자 중에서는 52퍼센트를 차지했다. 하지만 여성 승진자는 대부분 고위직이 아닌 하위직과 중위직에 몰려 있었다. 고위직 승진자 중 남성은 62퍼센트였고 전체 연방정부 노동자 중에서는 55퍼센트였다.[4]

승진 속도에서 성차의 규모는 노동자의 특성에 따라 달라지기도 한다. 교육을 생각해보자. 고졸 여성과 고졸 학력 이하의 여성은 교육 수준이 비슷한 남성보다 승진 가능성이 훨씬 높다. 반면 대졸자와 그 이상의 학력 소지자의 경우는 이와 반대다. 1996년 대졸 남성의 약 35퍼센트가 승진한 반면, 같은 학력의 여성은 29퍼센트 정도만 승진했다. 이 차이는 대학원 학위 소지자 사이에서 훨씬 두드러진다. 대학원 학위 소지자 중 남성은 34퍼센트가, 여성은 21퍼센트가 승진했다.[5]

기혼 남성은 승진의 기회가 증가하지만 기혼 여성은 반대다. 미취학 자녀의 존재 역시 여성과 남성에게 상반된 영향을 미친다. 미취학 자녀를 둔 아버지는 평균 남성보다 승진 속도가 더 빠르지만, 미취학 자녀를 둔 어머니는 평균 여성보다 승진 속도가 느리다. 그러므로 승진에서 성별격차는 싱글 노동자보다는 기혼 노동자 사이에서, 그리고 다른 집단보다는 미취학 자녀를 둔 부모 사이에서 더 크다.[6]

여성과 남성의 승진 속도는 인종과 민족에 따라 달라지기도 한다. 흑인 여성은 백인 남성에 비해 특히 불리하다. 예를 들어 1998년에 30대 중반부터 40대 초 노동자들 중에서 승진을 경험한 흑인 여성은 17퍼센트 뿐이었지만, 백인 남성은 22퍼센트가 승진을 했다.[7]

승진 기회는 직종에 따라서도 다르다. 미디어가 승진한 사람을 묘사할 때는 로펌에서 소속 변호사가 파트너 변호사가 된다거나 중견관리자가 임원에 오르는 사례처럼 고위직 노동자의 승진을 보여주는 경향이 있다. 하지만 대부분의 노동자는 관리직도, 전문직도 아니다. 대부분의 승진은 하위직이 그보다 약간 높은 직급으로 올라가는 경우다. 게다가 승진 가능성이 전무한 직업에서 일하는 사람들도 많다.[8] 그러므로 많은 노동자에게 문제는 최상위 진입을 가로막는 유리천장(이에 대해서는 뒤에서 다룰 것이다)이 아니라, 이동성이 낮은 직업에 이들을 잡아두고 있는 끈적거리는 바닥이다.[9] 일반적으로 숙련도가 낮은 직종, 가령 직공, 비숙련공, 서비스직에서 일하는 남녀 노동자는 숙련도가 높은 직종에 종사하는 노동자보다 승진 기회가 적다.[10]

1996년 32~39세의 전문직, 서비스 노동자, 기계장치기사 중에서는 남성이 더 유리했다.[11] 전문직 중에서도 변호사 내에서는 남성이 여성보다 파트너 변호사로 승진할 가능성이 2~3배 더 높았다.[12] 당연하게도 여성 변호사는 승진 기회에 대해 남성보다 만족도가 낮은 편이고 회사의 승진 결정이 부당했다고 생각할 가능성이 더 높다.[13]

남성을 고속 승진시키는 유리 에스컬레이터

간호사, 사서, 초등학교 교사, 사회복지사 같은 전통적인 여성의 직업에서조차 남성은 성별 때문에 기회의 장벽에 부딪히지 않는다. 남성 노동자의 표현에 따르면 고용주는 이들을 골라내 "유리 에스컬레이터"에 태워 꼭대기에 빠르게 올려 보낸다.[14] 1980년대부터 미국 전역의 대표적인 표본을 바탕으로 연구한 결과 여성이 더 많은 직업일수록, 남성, 특히 백인 남성이 관리직으로 승진할 가능성이 높아지는 것으로 나타났다.[15] 여성이 주를 이루는 직업에서 12년간 종사한 뒤 관리직으로 승진하는 백인 남성은 44퍼센트에 달하지만 흑인 남성은 17퍼센트, 백인 여성은 15퍼센트, 흑인 여성은 7퍼센트라는 점은 부당하다.

남성은 집단 차원에서는 승진 장벽을 맞닥뜨릴 일이 거의 없지만 그럼에도 불구하고 승진 관련 문제를 겪을 수 있다. 고용주는 집안 문제로 승진 기회를 포기하는 여성에 대해서와 마찬가지로 같은 선택을 한 남성에 대해 직장에 대한 충성도가 낮다고 평가할 수 있다. 주 35시간 일자리에서 더 나은 자리로 옮길 수 있는 기회를 포기한 한 고위 컴퓨터 프로그래머는 이렇게 설명했다.

> 내게는 여섯 살짜리와 두 살짜리 아이가 있어요. 큰애는 매일 학교가 두 시 반에 끝나고, 둘 모두 수요일마다 정오에 일찍 하교를 하죠. 아내가 그렇게 오랜 시간동안 직장을 비우는 데는 한계가 있고 방과 후 프로그램까지 감안하면 무리예요. 승진 때문에 노동시간이 늘어나게 되면 이런 일을 신경 쓸 새가 없게 될 텐데, 상사는 그걸 이해하지 못해요.[16]

이유에 관계없이 승진에 별 의욕이 없는 남성은 직업상 고통을 받을 수도 있다. 남성은 성취욕이 있다는 성별 고정관념과 위배되는 행동이기 때문이다. 텍사스대학교 오스틴의 사회학 교수 윌리엄스Christine L.

Williams가 연구했던 전통적인 여성의 직업 내 일부 남성들은 승진을 받아들이라는 압력을 받았다. 가령 한 어린이 도서관 사서는 "충분히 높은 곳을 지향"하지 않는다는 이유로 부정적인 평가를 받았다. 그는 이렇게 회상했다. "그들이 생각하기에 내가 해야 하는 관리지향적인 일을 내가 하지 않았던 거예요 (…) 그래서 안 좋은 평가를 많이 받았죠."[17] 그러므로 승진 문제는 여성과 남성 모두가 겪지만 문제의 성격은 서로 다를 수 있다.

요컨대 승진 기회상의 성 불평등은 줄어들었다. 전체 여성과 남성을 비교해보면 차이는 크지 않다. 심지어 학력이 고졸 이하인 남성은 여성보다 승진이 더 어렵다. 이런 차이는 어쩌면 성별분리 때문에 나타날 수 있다. 즉 이런 남성이 몰려있는 직업은 여성이 몰려있는 직업에 비해 승진 기회가 더 낮기 때문일 수 있다.

그 외 다른 집단에서는 남성이 여성보다 유리하다. 학력이 대졸 이상인 사람, 기혼자, 미취학 자녀를 둔 부모 중에서는 남성이 더 승진을 잘한다. 요즘에는 여성이 조직적으로 불이익을 당하지 않는다. 남성과 상황이 거의 같은 여성도 있고, 더 나은 여성도 있고, 더 못한 여성도 있다. 특히 흑인 여성은 백인 남성에 비해 승진 가능성이 낮다.

노동시장 내 유리천장의
현실적 모습들

　업무와 관련된 권한을 행사하는 문제에서 여성은 여전히 남성보다 더 불리하다. 권한authority 행사란 사람을 동원하고, 이들의 협력을 얻고, 업무를 위한 자원을 확보할 수 있는 적법한 힘을 갖는 것을 말한다.[18] 일반적으로 관료제에서 권한은 당사자의 개인적인 자질이 아니라 직무 영역에 속한다. 직무상 권한이 있는 사람은 정책을 정하거나, 조직의 목표, 예산, 생산, 하급 직원에 대한 결정, 가령 고용, 급여, 근무 일정에 대한 결정을 내린다.

　직장에서 여성의 권한이 적다는 사실은 두 가지 모습으로 나타난다. 첫째, 여성은 남성에 비해 권한을 행사할 기회가 있는 높은 자리에 앉을 가능성이 낮다. 이런 식으로 영향력 있는 자리에 올라갈 가능성이 막힌 상태를 유리천장이라고 부른다. 둘째, 아무리 여성이 일반적으로 권한이 주어지는 자리에 올랐다 하더라도 관리자든, 전문직이든, 생산직이든 관계없이 남성보다는 힘이 적다.

여성 관리직의 유리천장

조직 내 최고위직을 차지한 엘리트 집단 내에서 남성의 비중은 지나칠 정도로 큰데, 이런 현상을 두고 유리천장이라고 한다. 원칙적으로 관리직에는 권한이 주어지지만 만일 여성이 최고 관리직에 가로막힌다면 중요한 비즈니스나 정책 결정을 할 수가 없다. 관리자라는 직종 범주 안에는 아주 낮은 수준(가령 카페 매장 관리자)에서부터 아주 높은 수준(가령 고위 경영자)에 이르기까지 지위와 권한이 다양한 직업이 있다. 그리고 상황이 호전되긴 했어도 여전히 최고위직에서 여성 관리자가 차지하는 비중은 턱없이 적다.

일반적으로 한 조직에서 권한의 수위가 높을수록 여성의 비중이 적어진다. 〈포춘〉의 500대 기업 중 간부직에 있는 여성은 1995년에는 약 9퍼센트였는데, 2000년에도 13퍼센트에 못 미쳤다.[19] 1999년 연봉이 높은 상위 10개 회사 중에서 임원급 여성의 비중은 0퍼센트인 엑손부터 31퍼센트인 필립모리스까지 다양했다. 이 양극단 사이에는 임원급 여성의 비중이 14퍼센트인 시티그룹, 약 10퍼센트에 머무르는 AT&T, 포드, 제너럴모터스, 월마트, 보잉, 그리고 약 6퍼센트인 제너럴일렉트릭과 IBM이 있었다. 〈포춘〉 500대 기업 중 50개 기업에선 여성이 임원진의 4분의 1 이상을 차지했지만, 다른 90개에선 여성 임원이 한 명도 없었다.

최고위 경영자, 대표, 부대표, 회장, 최고운영책임자, 상무, 전무처럼 가장 많은 권한이 주어지는 요직에서는 여성의 비율이 그보다 훨씬 낮은 6퍼센트였다. 2001년을 기준으로 상위 500개 기업 중에서 직무 서열상 가장 높은 곳에 있는 고위 경영자 중 여성은 5명 뿐이었다.

기업 이사회 역시 진짜 권력을 휘두를 수 있는 또 하나의 통로인데, 여기서도 여성의 비중은 무척 낮아서, 2000년 〈포춘〉 500대 기업 중 여성 이사가 있는 기업의 비율은 12퍼센트 뿐이었다. 이 회사들 중 81곳에는 여성 임원이 한 명도 없었다.[20]

권한을 부여하는 자리에 여성을 앉히는 정도는 산업마다 다르다. 주로 여성을 채용하는 산업에서는 여성이 고위직에 오를 가능성이 더 높다.[21] 가령 1999년 남성이 주류인 컴퓨터 주변기기 산업에서 여성 임원은 3.3퍼센트에 불과했지만 출판인쇄업 분야에서는 여성 임원이 4분의 1이었다. 미국, 캐나다, 노르웨이, 스웨덴에 대한 한 연구에 따르면 권한이 있는 자리에 오른 여성은 공업 부문보다는 서비스 부문에서 훨씬 많았다.[22]✱

관리직 내 성차는 인종과 민족에 따라 다르다. 자료 5.1은 지난 30년간 흑인 여성과 남성의 상황이 향상되었고, 특히 백인 여성이 두드러지게 약진했음을 보여준다. 21세기를 목전에 둔 시기에 관리자가 될 가능성은 백인 여성과 백인 남성이 엇비슷해졌다. 아프리카계 미국인 중에서는 여성이 남성보다 관리자가 될 가능성이 약간 더 높았다. 백인 남성은 흑인 여성(8.1퍼센트)이나 흑인 남성(7퍼센트)에 비해 관리자가 될 가능성이 여전히 2배 가까이 높았다(15.8퍼센트).

✱ 미국과 캐나다의 여성에 비해 노르웨이와 스웨덴 여성은 권한이 주어지는 일자리를 맡을 가능성이 낮았다. 이런 차이가 나타나는 이유는 이들 나라에는 여성 시간제 취업자의 비중이 높기 때문이다.

자료 5.1 성별, 인종별 관리직 고용 현황(1970~2000)

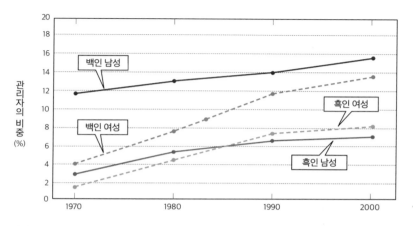

출처: U.S. Census Bureau 1972, table 2; U.S. Census Bureau 1982a; 1998년, 1999년, 2000년 3월 인구현황조사서를 바탕으로 계산(2000년의 수치는 1998년, 1999년, 2000년 인구현황조사서 자료의 평균임).

'임원과 관리자'라는 범주를 사용하는 다른 자료를 보면 인종과 민족에 대한 정보가 더 자세하게 나오지만 이 범주는 '관리직'과는 다르기 때문에 데이터가 자료 5.1에 표시된 것과 약간 다르다. 고용기회평등위원회에서 만든 이 자료는 1999년 데이터를 구할 수 있는 모든 인종과 민족 집단에서 남성이 같은 인종의 여성보다 더 높은 비중을 차지한다는 사실을 보여준다.[23] 성차가 가장 큰 인종은 백인이었다(관리직에 속한 백인 남성은 16.1퍼센트인 반면 여성은 8.8퍼센트였다). 성차가 가장 적은 인종은 히스패닉(남성 5.2퍼센트, 여성 3.7퍼센트)과 흑인(남성 5.5퍼센트, 여성 3.9퍼센트)이었다. 아시아와 태평양 도서 지역(남성은 9.5퍼센트, 여성은 5.4퍼센트), 아메리카 인디언과 알래스카 토착민(남성 8.5퍼센트, 여성은 5.3퍼센트)은 그 사이에 있었다.

정부 공무원 역시 그 차이가 민간부문보다 적긴 하지만 여전히 남성이 여성에 비해 고위직을 차지하는 비중이 높다. 1999년 여성은 주정부 공무원 중에서 약 52퍼센트를 차지했지만 고위직 정책 지도자로 일하는 비중은 30퍼센트에 불과했다.[24] 21세기를 눈앞에 둔 시점에 미국에서 가장 많은 노동자를 거느린 연방정부에서 일하는 여성은 45퍼센트였고 고위직 비중도 과거에 비해 크게 늘었다. 1978년 고위직 여성은 6퍼센트에 불과했지만 1998년에는 22퍼센트를 차지했다.[25] 이처럼 연방정부에서 권한의 차이가 줄어들고 있긴 하지만 여성의 약진에도 불구하고 여전히 남성이 고위직의 4분의 3을 차지하고 있다.

연방 공무원의 이런 성차는 노동자의 인종에 따라 차이가 있다. 소수 인종 여성은 백인 남성이나 같은 인종 혹은 민족 남성에 비해 하위직에 집중되어 있다.[26] 소수 인종 여성은 연방 공무원 중 37퍼센트를 차지했지만 고위 관리직 중에서는 19퍼센트에 불과했고, 소수 인종 남성은 연방 공무원의 23퍼센트였지만 고위관리직 중에서는 12퍼센트에 불과했다.[27] 그리고 최고경영자직의 경우, 소수 인종 여성은 약 2퍼센트, 소수 인종 남성은 약 8퍼센트에 불과했다.[28] 이런 차이가 능력의 차이 때문에 발생하는 것은 아니다. 같은 인종과 민족 내에서 교육 수준과 경험이 동일한 경우에도 여성은 남성보다 낮은 지위에 머물러 있었다.

대부분의 다른 나라에 비해 미국 여성은 상대적으로 여건이 좋다. 전 세계적으로 고위직 여성은 5퍼센트에 못 미친다.[29] 모든 행정직과 관리직에서 여성이 노동자의 수와 동일한 비중으로 고위직을 차지한 나라는 하나도 없다. 독일은 규모가 가장 큰 7만 개의 회사 중에서 임원과 이사직을 맡고 있는 여성의 비중이 3퍼센트 미만이었다. 브라질에서는 임원 중 약 3퍼센트가 여성이었다. 영국에서는 상위 100대 기업 중에서 여성 임원은 4퍼센트, 여성 고위 경영자는 2퍼센트였다. 일본에서는 대기업 고위 관리자 중 여성은 2퍼센트 뿐이었고, 중소기업을 포함하면 13퍼센트 정도였다. UN은 지금의 추세가 지속되면 여성은 향후 500년간 고위직에서 남성과 동등해지지 못할 것으로 예상한다.[30]

전문직, 군, 노조 등에서의 유리천장

우리는 앞서 여성이 남성보다 권한이 적은 이유 중 하나는 관리직으로 진입할 가능성이 적기 때문이라고 언급했다. 물론 관리직 외에도 권한을 행사할 수 있는 자리가 있는데, 여기서는 다른 직업의 유리천장을 살펴볼 것이다. 전문직, 군대, 노조의 고위직에도 여성의 비율이 낮다. 21세기 초, 법 관련 분야에서 여성은 로펌의 파트너 변호사보다 일반 변호사로 일할 가능성이 훨씬 높았는데, 로펌을 꾸려가는 쪽은 파트너 변호사다. 미국에서 로펌에서 일하는 일반 변호사 중에서 여성은 39퍼센트였지만 파트너 변호사 중에서는 15퍼센트에 불과했다.[31] 온타리오시의 변호사 약 700명에 대한 연구 결과 "중요한" 고객을 맡고 수익을 많이 창출한 여성 변호사라도 남성에 비해 파트너 변호사가 될 기회가 낮은 것으로 나타났다.[32] 법과 관련된 직업의 정점에 있고, 가장 높은 수준의 의사결정 권한이 있는 연방법원 판사 중에서는 여성이 6명 중 1명 꼴에도 미치지 못한다.[33]

다른 전문직도 유사한 양상을 보인다. 미국의 의대 교수 중에서 1979년부터 1993년 사이에 의대를 졸업한 여성은 10퍼센트 뿐이었다.[34] 영국 국교회 계열 성직자 1만 5,000여명과 그보다 적은 수의 장로교 성직자를 대상으로 한 전국적인 연구에 따르면, 여성 성직자가 남성보다 종속적이고 지위가 낮은 자리에 지나치게 많이 몰리는 현상인 '스테인드글라스 천장'이 존재한다.[35] 군대 장교직 중에서 여성은 사병 내 비중과 거의 동일했지만[36] 여성과 소수 인종 장교는 하위 행정직과 보급 부문에 집중되었고, 장군과 사령관의 3분의 2가 배출되는 전술 작전 부문에서는 비중이 적었다.[37] 연방수사국(FBI)은 1972년에 국장이었던 에드거 후버가 사망하기 전까지는 여성 요원을 아예 뽑지도 않았다.[38] 이 관행의 여파로 20세기가 끝날 무렵이 되어서도 연방수사국 여성 요원은 남성 요원에 비해 최고위직에 올라갈 가능성이 크게 낮았다. 당시 연방수사국의 최고위 범죄수사원 중에서는 남성이 92퍼센트였다.[39]

노조에서도 고위직 여성의 비중이 늘어나긴 했지만 여전히 개선의 여지가 있다. 21세기를 앞둔 시점에서 여성은 노조원의 40퍼센트 이상을 차지했지만 노동총연맹산업별회의 최고위원회의에서는 13퍼센트밖에 되지 않았다.[40] 2001년 노동총연맹산업별회의의 부대표가 히스패닉 여성이긴 했지만 같은 시기 미국 최대 노조에서 여성이 대표로 선출된 곳은 미국교사연맹, 승무원 노조, 미국텔레비전라디오예술가연맹 단 세 곳뿐이었다.[41]

여성의 노동은 왜 차별받는가

유리천장 아래 여자들

왜 여성의 노동은 저평가될까?
노동 성차별의 원인과 해법을 밝히다

약 20년 전 미국에서는 남성 노동자 대비 여성 노동자의 임금이 약 72퍼센트였다고 합니다. 21세기 초 미국 남성이 100만 원을 벌 때 여성은 72만 원 정도를 벌었다는 의미지요. 그렇다면 현재 2021년을 사는 우리 한국 여성 노동자들은 어떨까요? 20년 전 미국보다는 더 나아졌을까요?

2020년 대한민국 통계청이 발표한 자료에 따르면 여성의 임금은 남성 임금의 평균 69.4퍼센트에 불과하다고 합니다. 남성이 100만 원을 벌 때 여성은 69만 4천 원을 번다는 의미입니다. 실망스러운 결과가 아닐 수 없습니다.

사회 전반에 걸쳐 젠더 불평등은 어디에서나 찾아볼 수 있습니다. 그러나 노동시장의 불평등은 특히 더 중요합니다. 노동의 대가로 받는 임금이 곧 우리의 일상을 영위하는 바탕이 되기 때문입니다. 실제로 우리가 매일 출근하는 직장, 더 나아가 노동시장 전체에 성차별이 만연합니다. 그런데 도대체 얼마나 불평등한 것일까요? 모두가 평등해지기 위해서는 얼마나 더 노력해야 할까요? 이 책에서는 구체적이고 상세한 통계를 통해 우리 노동시장의 현실을 진단하고, 이를 해결할 방안을 모색해봅니다.

"여자 감독이 일하는 날은 앞으로도 없을 거예요."

일반적으로 의사결정권이 따라오는 자리에 오른 여성이 항상 남성과 동등한 수준의 권한을 행사할 수 있는 것은 아니다. 애틀랜타, 보스턴, 로스앤젤레스에서는 인종이나 민족에 관계없이, 여성 노동자가 권한이 있는 지위에 오를 가능성이 남성보다 상당히 낮았다.[42] 백인 남성은 거의 모든 사례에서 확실하게 유리했다. 백인 남성은 권한이 주어지는 자리에 오를 가능성이 흑인 여성과 히스패닉 여성의 4배, 아시아계 여성의 3배, 흑인 남성이나 히스패닉 남성의 2배였고, 아시아계 남성보다는 약간 더 높았다.

여성이 남성에 비해 의사결정권한이 적다는 것은 어떤 의미일까? 다양한 노동자 사이의 의사결정에 대한 한 연구에 따르면 여성 관리자는 정보를 모으고 권고를 함으로써 의사결정에 참여하지만, 남성은 주로 최종결정을 내리는 것으로 나타났다.[43] 남성은 고용, 해고, 승진, 임금 인상 같은 가장 기본적인 문제에 대한 결정을 내릴 권한을 가지는 경우가 더 많았고, 다른 단위에 영향을 미치는 결정에서 발언권이 있을 가능성이 더 높았다. 앞서 언급한 세 도시에 걸친 연구에서도, 힘 있는 자리의 사람들 중에서 남성은 같은 인종의 여성에 비해 높은 수준의 권한이 있는 자리에 있을 가능성이 더 높은 것으로 나타났다.[44] 가령 아시아계 남성은 아시아계 여성에 비해 힘 있는 자리에 오를 가능성이 2.5배 더 높았고, 흑인 남성과 히스패닉 남성은 흑인 여성과 히스패닉 여성에 비해 그런 자리에 오를 가능성이 2배 가까이 더 높았으며, 백인 남성은 백인 여성에 비해 절반 정도 더 가능성이 높았다.

일부 연구자들은 여성 관리자의 권한이 상대적으로 적은 실태를 보고, 여성이 관리직에서 차지하는 비중이 늘어난 것을 진정한 진보라고 볼 수 있는지 아니면 이들은 명색만 관리자일 뿐 여기에 걸맞은 책임과 권한은 주어지지 않는 '보기 좋은 비서'일 뿐인지 질문을 던지기도 했다.[45] 연방수사국은 〈포춘〉 500대 기업에 오른 한 기업의 부대표와 두 부서장의 대화를 은밀히 녹음했는데, 이 대화는 이런 생각을 잘 보여준다. 한 임원이 여성 2명을 부회장급으로, 또 1명의 여성을 부서장으로 승진시키는 문제를 제기하자 또 다른 임원이 이런 반응을 보였다. "네, 그냥 직함이에요, 직함일 뿐이죠. 전혀 의미를 두지 말아요. 최소한 외부에는 그게 상당한 의미겠죠."[46]

동료 역시 여성과 소수 인종이 권한을 행사할 기회를 적극적으로 거부할 수도 있다. 예를 들어 전통적으로 남성이 많은 생산직에서 일하는 여성은 아무리 업무상의 권한이 주어진 경우라 해도 권한 행사에 어려움을 겪는다. 건설감독이 한 주간 자리를 비운 사이에 그 자리를 맡게 된 한 여성은 이렇게 말했다.

> 마치 영화 〈바운티호의 반란〉 같았어요. 그러니까 난 이 사람들하고 몇 개월 동안이나 같이 일했고, 모두와 아무런 문제없이 일을 잘 해왔는데 (…) 하지만 내가 책임자가 되자, 맙소사 (…) 내가 뭘 하라고 하면 최선을 다해서 그 일을 하지 않을 방법을 찾고 있는 거예요.[47]

한 여성 전기기사가 애틀랜틱시 컨벤션센터에서 감독직을 맡게 되었을 때는 현장의 업무관리자가 반대했다. "아직은 그럴 때도, 장소도, 날도 아니고, 여자 감독이 일하는 날은 앞으로도 없을 거예요."[48] 그녀의 휘하에 놓이게 된 남성은 그 밑에서 일하기를 거부했고 그녀가 무거운 상자를 드는 동안 웃으면서 구경만 했다.

일부 노동자는 직접 사장이 되는 우회적인 방식으로 권한의 부재 문제를 해소한다.[49] 여성은 일반적으로 자기 사업을 시작하는 이유로 승진 장벽을 언급한다.[50] 1997년 미국에서 여성이 소유주인 사업체는 비농업 사업체의 약 4분의 1을 차지했는데 이는 5년 만에 16퍼센트가량 증가한 수치였고, 이들의 사업소득은 다른 사업체보다 빠른 증가세를 보였다.[51] 소수 인종 여성, 특히 히스패닉 여성이 소유한 사업체는 다른 사업체보다 훨씬 빠르게 성장했다.[52]✱ 하지만 여성이 소유한 기업은 남성이 소유한 기업에 비해 규모가 작고 수익이 낮은 편이다. 여성 소유 기업 중에서 연소득이 2만 5,000달러 이하인 경우는 3분의 2 이상(전체 기업 중에서는 53퍼센트)이고, 100만 달러 이상은 2퍼센트에 불과했다.[53]

여성이 경영하는 사업체가 남성이 경영하는 사업체보다 수익이 낮은 이유는 규모가 작고 서비스 분야에 있기 때문이다. 많은 여성 기업가가 **독립계약자**independent contractors, 즉 자유계약 방식으로 고용되어 정규직 노동자들이 조직 내에서 할 일을 하는 노동자로 일한다. 대부분이 1인 사업장이고, 유급 노동자가 있는 업체는 16퍼센트뿐이다.✱ 기업에 고용된 여성 노동자의 평균 연소득이 약 2만 9,000달러인데 반해, 전일제 1인 자영 여성 노동자의 연소득은 약 1만 4,000달러에 불과했다.[54] 여성이 경영하는 사업체의 소득이 낮은 또 다른 요인은 벤처자본을 끌어들일 수 있는 업체가 거의 없다는 점이다. 1999년 이용 가능한 벤처자본 120억 달러 중에서 여성 소유의 기업으로 투자된 자금은 5퍼센트에 불과했는데 이는 전년도의 2퍼센트보다는 상승한 수치다.[55]

✖ 성장속도가 빠른 이유는 원래 비중이 워낙 작기 때문이므로, 주의할 필요가 있다.
● 이 얼마 안 되는 기업이 여성 소유 사업체가 벌어들이는 총 소득의 88퍼센트를 차지했다.

승진과 권한의 차별은
왜 발생할까

전반적으로는 더 이상 제도적인 승진격차가 존재하지 않지만 분야 별로 여전한 곳들이 있다. 특히 문제가 많은 곳은 조직 상층이다. 고위 직은 남성이 차지할 가능성이 높기 때문에 위로 올라갈수록 성별격차가 커진다. 이 절에서는 승진과 권한상의 성 불평등에 대한 네 가지 설명과 거기에서 도출된 치유책을 살펴본다.

성별분리가 불러오는 승진격차

성별 직무분리는 여성의 고위직 진출을 가로막는 장애물 역할을 한다. 그러므로 통시적으로 혹은 다양한 노동환경에서 성별분리가 심하면 심할수록 남성이 승진에 더 유리해진다. **내부 노동시장**internal labor market 메커니즘은 성별분리를 승진격차로 바꿔놓는다. 내부 노동시장은 승진경로 또는 하위직과 고위직 간의 이동경로인 **직업사다리**job ladders로 연결된 관련 직업(혹은 직업계job family)으로 이루어진다.

성별분리가 여성을 막다른 직업 혹은 승진사다리가 짧은 직업으로 몰아넣을 경우 그만큼 여성의 승진 기회는 줄어든다. 남성은 여성에 비해 경력사다리에 올라탈 가능성이 높다.[56] 1990년대 중반 한 법원 소송에서 월스트리트 기업 살로몬 스미스 바니Salomon Smith Barney는 (다양한 사유로 기소되었지만 그중에서도) 남성은 조직적으로 중개인 교육 프로그램으로 보내면서 여성은 중개인으로 승진할 희망이 거의 없는 판매보조로 보냈다는 의혹을 해결하기 위해 수천 달러를 지불했다.[57] 학계에도 여러 사례가 있다. 여성 교수는 승진할 가능성이 전혀 없는 비정년 트랙 자리(전임강사나 강사)에서 지나치게 많은 비중을 차지한다.[58] 가령 로스쿨의 법 문서 작성과 연구, 직업상의 기술을 가르치는 전임강사 중에는 여성이 지나칠 정도로 많은데, 전임강사는 정년사다리에 오를 일이 거의 없다.[59] 남성이 경력사다리에 오를 가능성이 더 높다는 점은 승진 가능성을 더 낙관적으로 평가하는 것과 관련이 있다. 1998년 34~41세 남성의 전국 샘플 중 61퍼센트가 지금의 직장에서 2년 내 승진이 가능하다고 생각한 반면, 여성의 경우는 56퍼센트만이 그렇게 생각했다.[60]

성별로 분리된 내부 노동시장이라는 개념은 권한이 있는 자리에 오른 여성이 남성보다 더 적은 이유를 설명하는 데도 도움이 된다. 고용주는 마치 교사처럼 전통적인 여성의 직업을 설계할 때 이직을 유도하고 이를 통해 임금을 낮게 유지하기 위해 직업사다리를 포함시키지 않는다(직업사다리는 노동자가 일을 그만두지 않게 함으로써 이직률을 낮추기 때문이다).

승진사다리가 있는 직무의 경우, 남성이 많은 사다리는 길이가 더 길어서 권한이 집중된 조직에 더 편하게 닿을 수 있다. 반대로 여성이 집중된 사다리는 길이가 짧아서 진입단계 위로 한두 칸 밖에 없다. 가령 하급 사무직의 경우 두 칸짜리 사다리에 속해있는 경우가 많다. 작은 회사의 전형적인 문서작업 부서는 다수의 문서작업 노동자와 1명의 감독으로 이루어져있다. 여행사는 예약 담당자 다수와 감독 1명을 고용한다.[61]

한 식료품 체인점의 사례를 보면 내부 노동시장이 고위직 접근에 어떻게 영향을 미치는지 알 수 있다. 이 식료품점의 여성 직원은 매장관리자로 승진한 사람 중에 여성이나 소수 인종이 거의 없다는 이유로 회사를 차별혐의로 고소했다. 이 체인점의 내부 노동시장을 나타낸 도표(자료 5.2)는 고위직에서 여성의 비중이 지나치게 낮은 현상이 주로 하위직의 성별구분에서 기인했음을 보여준다. 남성이 주를 이루는 농산물 부서의 직업 사다리는 고위관리직으로 이어졌다. 반면 여성이 대부분인 제빵/델리부서와 잡화부서는 사다리가 짧아서 고위관리직으로 이어지는 사다리와 직접 연결되지 않았다.

사업장 수준의 성별분리는 고위직에서 여성 비중이 지나치게 낮은 경우가 많은 이유를 설명해준다. 큰 조직은 내부 노동시장을 만들어낼 자원을 보유할 가능성이 높다.[62] 게다가 순전히 그 크기 덕분에 능력 있는 노동자를 위한 기회를 더 많이 만들 수 있다.[63] 여성이든 남성이든 대부분의 노동자는 대기업이 아닌 소규모 고용주를 위해 일하지만, 여성은 남성에 비해 기업가 중심으로 돌아가는 작은 회사에 더 많이 몰려있기 때문에 상대적으로 승진 가능성이 낮다.[64]

여성이 관리직에서 차지하는 비중은 다른 여성이 승진하고 권한을 가질 기회에도 영향을 준다. 고위직에 여성의 비중이 낮은 직업은 모든

자료 5.2 식료품 체인점 내부 노동시장

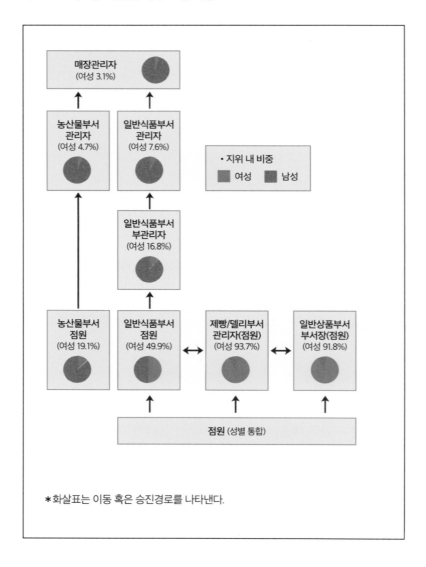

＊화살표는 이동 혹은 승진경로를 나타낸다.

수준의 관리직에서 여성의 비중이 낮은 경향을 보인다.[65] 이와 반대로 가령 여성 파트너 변호사의 비중이 높은 로펌에서는 여성 주니어 변호사의 고용경험이 더 나았다. 고위직 여성이 거의 없는 회사에 비해 이들은 노동자의 성차를 더 적게 감지했고 여성이 성공할 가능성을 더 높게 평가했다.[66]

비관리직에서 여성이 차지하는 비중 역시 중요하다. 외부 모집보다는 내부 승진 형식으로 관리직을 고용하는 회사에서 비관리직에 여성이 많이 포진되어 있으면 관리직에 여성 노동자의 비중이 증가했다.[67] 남성이 주를 이루는 산업의 경우가 특히 그랬다. 이런 산업은 회사 바깥의 인력풀 역시 주로 남성이다(물론 내부 인력풀에 여성이 거의 없고 외부 인력풀에 많을 경우 회사가 외부에서 인력을 모집하면 여성이 관리자가 될 가능성이 더 커진다).

나아가 성별분리는 여성의 성공을 방해함으로써 관리직의 상층부와 전문직에서 여성의 비중이 적어지는 데 기여한다. 여성은 인사나 홍보처럼 능력을 드러낼 기회가 적은 '참모staff' 자리를 지키는 경향이 있다. 가령 회사 간부 중 남성은 수익과 손실에 대한 책임을 지는, 중요도가 높은 '라인' 자리의 93퍼센트를 차지하는 반면, 같은 자리에 있는 여성은 7퍼센트 뿐이다.[68] 참모 자리는 위험부담이 적고, 따라서 노동자가 고위 관리자에게 자신의 재능을 드러낼 기회가 거의 없다. 최고경영자가 고위 관리자로 승진시킬 사람을 물색할 때 인사과나 홍보부 부대표를 선발하는 경우는 거의 없다. 이들은 농산물 관리나 판매부서 부대표를 선발하는데, 주로 남성이다. 성별분리는 여성에게 중요한 의사결정을 내릴 수 있는 자리를 내주지 않음으로써 권한격차를 양산한다.

앞서 지적했듯 여성이 주를 이루는 산업은 남성이 주를 이루는 산업에 비해 여성이 권한이 주어지는 자리에 접근할 기회가 더 많은 편이다. 아마 회사 입장에서는 여성 노동자와 많은 경험을 쌓다보면 여성을 고정관념에 가두는 경향이 줄어들고 능력 있는 개인을 알아보는 눈이 생기기 때문일 것이다. 게다가 여성 집약적인 산업의 일자리는 월급이 적기 때문에 남성에게는 별로 매력적이지 않다. 남성 경쟁자가 많지 않다 보니 여성은 남성지배적인 산업에 비해 권한을 행사할 기회가 많아진다. 어떤 경우든 성별분리는 여성을 일부 산업에 몰아넣음으로써 이런 결과를 빚어낸다.

'비 뿌리는 사람'을 찾아라

일반적으로 사업장 내 성별분리를 완화하면 승진과 권한에 대한 성별 접근이 평등해지는 데 큰 도움이 될 것이다. 제4장에서는 조직이 성별분리를 감소시킬 수 있는 방법을 다뤘다. 하지만 성별분리가 없어지기 전까지는 참모자리로 좌천된 노동자의 기여를 인정하고 보상을 해주기 위한 조치를 취할 수 있다.

한 가지 예로, 수익성 있는 고객이나 자원을 회사로 끌고 온 노동자를 보통 '비를 뿌리는 사람rainmaker'라고 한다. '비 뿌리기 등량 지수'가 포함된 평가는 수익창출과 무관한 부서에서 일하는 노동자의 성과를 보정하여 수익 창출과 관련된 부서에서 일하는 노동자의 성과와 비교할 수 있게 하기 때문에, 참모 노동자도 고위직으로 승진할 가능성이 생긴다.[69]

여성이 이동잠재력이 낮은 직업사다리에 몰려있는 현상과 관련된 문제는 회사가 노동자들이 불이익을 당하지 않고 직업사다리를 건너뛸 수 있는, 가령 점원의 사다리에서 관리직 사다리로 이동할 수 있는 교량 프로그램을 만드는 방법으로 해결할 수 있다. 한 가지 예로 홈디포는 합의를 인정하는 법원의 결정이 내려지자 승진 시스템을 부분적으로 자동화했다. 근무 중인 노동자들이 컴퓨터에 자신의 직무능력을 입력하면, 해당 노동자가 원래 어느 부서에서 일했는지와 관계없이 이들의 선호와 능력에 맞는 모든 직무의 지원자 풀로 자동적으로 통합되는 방식이다.[70]

여성 노동자가 '경험'이 부족한 이유

제3장에서 설명했다시피, 인적자본론은 헌신도, 교육, 경험의 성차 때문에 여성이 남성보다 생산성이 낮다고 추론한다.[71] 생산성이 낮으면 승진 속도가 느리고 권한을 행사할 기회도 적어질 수밖에 없다는 것이다. 하지만 제3장에서 확인했다시피 경력에 대한 여성의 헌신도는 남성과 다르지 않고, 여성의 학업은 빠른 속도로 남성과 비슷해지고 있다. 하지만 여성은 경험이 적기 때문에 직업 위계 상층부에 적을 수밖에 없다는 주장은 좀 더 자세히 살펴볼 여지가 있다.

이 설명에 따르면 집단으로서의 여성에게는 권한이 주어지는 자리로 승진하는 데 필요한 경험이 부족하다. 사회학자들은 조직의 상급자 구성이라는 측면에서 직장 내 두 집단 간의 서로 다른 경험 수준을 개념화한다. 조직의 성비는 많은 인구학적 요인의 영향을 받고, 이런 요인의 변화 속도는 남녀 노동자가 높은 지위에서 이직하는 속도, 젊은 노동자 집단의 성비, 직무의 성장(혹은 감소)세, 그리고 상위권 직무의 수에 좌우된다.[72]

이런 인구학적 측면에서 조직의 형태는 다양하다. 이직률이 높고 근속연수가 짧은 환경에서는 고용주가 채용결정에서 성별을 무시하면 성별구성이 동등해지는 데 상대적으로 오래 걸리지 않는다. 반면 이직률이 낮고 근속연수가 긴 환경에서는 상대적으로 시간이 더 걸린다. 그러므로 미국 대법원의 성비는 임원을 2~3년 만에 교체하는 조직의 고위직 성비에 비해 천천히 바뀔 것이다(판사는 종신지명직이기 때문이다). 제너럴일렉트릭에서 일하는 아프리카계 미국 여성 엔지니어는 자기 회사 고위직의 자릿수가 적다는 점을 언급하면서 이렇게 말했다. "관리직 자리만 아주 많아요. 그래서 옆으로만 움직이지 수직으로는 움직이지 않는 거죠."[73] 관리직의 이직율이 높거나 자리의 수가 더 많은 사업장은 기회를 더 많이 제공한다. 그러므로 오늘날 아무리 차별이 완전히 없다고 해도, 이직률이 낮을 때 여성이 고위직에서 남성과 동등해지려면 수십 년이 걸릴 수 있다.

이 논리가, 그리고 집단으로서의 여성이 한 사업장이나 전체 경제활동인구 내에서 훈련과 경험의 정도가 낮다는 인적자본론의 주장이 완전히 쓸모없는 것은 아니다. 승진과 권한상의 성별 격차가 사라지려면 이 차이를 똑같이 만들 필요가 있다. 하지만 한편으로는 노동자뿐만 아니라 고용주 역시 노동자가 어떤 종류의 경험을 얼마만큼 습득하느냐에 영향을 미친다는 점을 인식할 필요가 있다.

많은 현장에서 고용주는 여성이 승진에 필요한 경험을 습득하지 못하도록 방해한다. 가령 군에서 간부로 승진하려면 보통 지상전투 경험이 필요하지만, 의회와 군대는 여성의 전투 참여를 금지하고 있다.[74] 금융계에서는 고위직에 오르고 싶은 관리자는 대출업무에서 폭넓은 경험을 쌓아야 한다. 하지만 여성 은행 관리자에게 대출업무에서 일할 기회가 주어진 것은 아주 최근의 일이기 때문에, 중간급 관리자 이상으로 승진하는 데 필요한 전문 경력을 습득할 수 있는 여성은 거의 없었다. 마찬가지로 생산직 업무 내에서도 성별분리 때문에 여성은 제조업 분야의 공장에서 관리직으로 승진하는 데 필요한 경험을 쌓지 못한다.

게다가 직무훈련을 책임지는 사람들의 선입견이 기회를 가로막을 수도 있다. 한 흑인 여성 전기기사는 자신의 '훈련'을 이렇게 회상했다.

> 나는 고된 일을 도맡아 했어요. 도랑을 파고, 쓰레기를 나르고, 며칠 동안 드나들면서 견인 트레일러를 부리고. 도구를 그렇게 많이 쓰지도 않았죠. 난 그 사람들이 쓰는 화장실을 청소하고 바닥 걸레질을 (…) 해야 했어요 (…) 전기기사들은 내게 '너는 이런 식으로 해야 승진할 수 있다'고 말하곤 했어요.[75]

경제가 점점 세계화되어 가고 있다 보니 많은 회사에서 국제 경험이 승진에 중요하다. 〈포춘〉 500대 기업 중 75개를 상대로 한 연구에 따르면 인사과 임원의 80퍼센트가 향후 5년간 세계적인 안목을 개발하는 것이 가장 중요하다고 말했다.[76] 하지만 여성은 남성에 비해 국제 업무를 맡게 될 가능성이 훨씬 낮다. 여성은 전체 관리자와 전문직의 49퍼센트이지만 해외로 파견되는 미국인 관리자 중 여성은 13퍼센트에 불과하다.[77] 많은 기업이 여성에게 해외업무를 맡기기 전에 심사숙고하는데, 그 이유 중 하나는 해외의 성차별적인 태도 때문에 노동자가 업무를 수행하기 힘들지도 모른다는 걱정이다. 일례로 업무평가가 우수하고 고객과의 관계가 뛰어난 한 여성은 경영자가 아프리카계 여성을 해외에 자기 회사의 대표로 파견하고 싶지 않아 해서 경력이 제자리걸음이라고 말했다.[78]

파이프라인에 여성을 채용하라

인적자본론의 설명을 바탕으로 한 치유책 중에서 어떤 것이 효과가 있을까? 여성은 고위직에 오르는 데 필요한 경험의 연차라는 측면에서 여전히 남성보다 뒤처진다. 훈련이나 경험 같은 자질이 진정으로 고위직 업무를 수행하는 데 없어서는 안 된다면, 그런 자질을 갖추지 못한 여성은 승진하지 못할 것이다. 그러므로 발전을 위해서는 경험을 얻고 미래에 높은 자리로 이어지는 파이프라인으로 진입할 수 있는 하위직에 여성을 앉힐 필요가 있다.

하지만 그것만으로는 충분하지 않다. 여성이 직무훈련과 경험에 접근하지 못하게 방해하는 장벽 역시 제거할 필요가 있다. 가령 직무 특정적인 경험을 쌓는 것이 승진에 중요하다며 여성을 남성과 다른 직무에 몰아넣는 고용주는 이 여성의 직무 관련 경험을 축소시키고, 이로써 이들의 승진 기회를 감소시킨다. 해외 경험의 경우 법원은 고객의 선호가 여성과 남성 노동자에 대한 다른 처우를 정당화하지 않는다고 판결했다. 고용주가 차별반대법을 준수하고 기회가 균등한 환경을 창출하기 위해 진지하게 노력한다면 그만큼 고객이나 해외기업의 만족도에 대한 우려가 장애물로 부상할 수 있다. 이 때문에 법을 통한 강제 역시 중요하다. 가령 규제기관이 여성의 해외 업무 할당 기회를 더 면밀하게 감시할 경우 여성이 이런 장벽에 부딪히는 일이 적어질 것이다. 요컨대 여성과 남성이 승진하고 책임을 맡을 기회가 균등해지는 것은 조직의 인사정책과 관행, 그리고 법 집행기구의 활동에 따라 달라진다.

유능한 여성 노동자를
확보하는 방법

　제3장과 제4장에서 보았듯 구두 모집처럼 사회적 네트워크를 통해 일자리가 채워지면 기존 노동력의 특성이 재생산되는 경향이 있다. 사람들의 네트워크에는 자신과 비슷한 사람이 포함되는 경향이 있기 때문이다.[79] 이 장에서 확인했다시피, 대부분의 조직에서 가장 높은 자리는 남성이 주를 이룬다. 그러므로 [채용이나 승진에서] 고려 대상자의 풀이 의사결정권자의 사회적 네트워크에 속한 사람으로 구성되면 일반적으로 여성이 불이익을 당할 것이다. 한 여성 관리인은 상층 경영진으로 진입하는 "겨드랑이 트랙"에 대한 설명을 통해 남성이 네트워크 안에서 누리는 혜택을 에둘러 표현했다. "그들은 [남성을] 자기 겨드랑이에 넣고 자기와 함께 임원실로 날아오르자고 말해요."[80]

　제3장에서 설명한 전국 사업체 대상의 한 설문조사에 따르면 대부분의 고용주는 비공식 네트워크를 통해 관리직을 채운다. 소개나 직접적인 지원 권유를 통해 관리자를 빈번하게 모집하는 경우가 절반이었고, 이런 방법을 쓰지 않는 곳은 7퍼센트 뿐이었다. 비공식적인 모집 방

법을 사용하는 사업장은 "공개적인" 모집 방법을 사용하는 조직에 비해 관리직에 여성이 있을 가능성이 낮았다.[81]

여성을 위한 사회적 네트워크 제공의 필요성

일부 조직은 노동자를 광범위한 네트워크에 노출시키는 방법을 적극적으로 모색함으로써 사회적 네트워크에 의한 배제를 치유하고자 한다. 조직 안팎에서 여성과 소수 인종 노동자들이 네트워크를 형성하도록 독려하는 것도 한 방법이다.[82] 가령 제록스사의 여러 간부급 모임은 여성의 승진을 활성화하는 데 도움이 되었다.[83]

멘토링 프로그램은 조직 내에서 영향력 있는 사람과의 연줄을 마련하여 이들로 하여금 멘토 대상자를 지원하고 요령을 가르치며 "반사된 권력"(힘 있는 사람과 알고 지내는 데서 오는 지위)[84]을 제공함으로써 사회적 네트워크로 인한 배제를 해결하는 데 도움을 줄 수 있다. 힘 있는 사람에게 공개적으로 지원을 받는 여성은 노골적이거나 미묘한 차별에서 보호받을 수 있다. 게다가 멘토링은 일부 외부인이 힘 있는 사람들의 네트워크에 진입할 수 있는 기회를 마련함으로써, 구직 및 기업 내 정치에 대한 정보를 제공한다. 멘토가 있는 노동자는 그렇지 않은 노동자에 비해 확실한 이익을 경험한다. 이들은 더 높은 자리로 승진하고, 소득이 더 많으며, 직무만족도와 헌신도가 높고, 업무에서 더 많은 권한을 갖는다.[85]

폐쇄적인 인사 관행으로 인한 성차별

의사결정권자가 자신의 고정관념과 선호도에 따라 행동할 수 있는 힘을 관행을 통해 최소화하는 조직에서는 여성이 승진을 하거나 고위직에 오를 가능성이 높다. 제3장과 제4장에서 우리는 모든 의사결정권자가 타인을 평가할 때 어떻게 자동적으로 심리적 도식에 따라 움직이는지 살펴보았다. 보통 남성이 주를 이루는 의사결정권자가 어떤 유형의 사람에 대한 고정관념이나 선호에 따라 행동할 재량이 있을 경우 여성의 승진 가능성이 축소된다. 의사결정권자는 보통 자신과 유사한 사람을 선호하기 때문이다.

여성에게는 고위직 업무에 필요한 자질이 부족하다는 관리자의 고정관념(이는 일상적이다)은 여성의 승진 기회에 피해를 입힐 수 있다. 한 대규모 연구는 여성이 남성에 비해 냉철한 결정을 내리는 능력이 부족하고 지도자 지위에 필요한 자질이 결여되었다는 식의 고정관념이 어떻게 여성의 승진을 가로막는지 기록한다.[86] 승진을 가로막는 고정관념에 대한 여성들의 보고는 이 증거와 일맥상통한다. 가령 여성 광부는 자신의 업무능력에 대한 관리자의 부정적인 고정관념이 더 많은 기술을 요하는 채굴일을 얻는 데 영향을 미쳤다고 말했다.[87] 한 여성은 현장감독이 "우리가 더 약한 성별이라는 생각을 품고 있다"고 말했다. 광산의 관리자는 그녀에게 "남자가 그런 일을 좀 더 기계공학적인 방식으로 접근"하고, 여성이 더 많은 숙련을 요하는 채굴작업보다는 시시한 일에 매여있는 이유는 그게 "당연하기" 때문이라고 말했다. 의사결정권자가 고정관념에 따라 행동하는 한 대규모 회계 기업에서는 여성이 승진에 필요한 경험을 얻을 수 있는 업무에서 번번이 밀려났다. 이 문제를 연구한 태스크포스의 한 구성원은 이렇게 보고했다.

> 만연한 문제는 회사 지도부에 있는 사람들이 "이 여자에게 저런 고객을 맡기고 싶지 않아. 여긴 더러운 제조환경이고, 그건 여자에게 어울리지 않는 곳이니까" 내지는 "고객이 정말 형편없는 부류니까"라는 식으로 여성에 대해 되는 대로 넘겨짚는 남성들로만 채워져 있다는 점이었다. 혹은 고객의 입장에서 "음, 고객은 이 여자하고는 별로 편하게 지내지 못할 거야"라는 식의 가정을 하거나. 이렇게 행동하고 있는 사람들에게 실제로 당신이 그러느냐고 물어보면 아니라고 대답할 것이다. 이런 상황은 대단히 무의식적이지만 무척 자주 일어난다. [88]

고용주가 임신과 출산이 여성을 "약하게 만든다"는 고정관념을 가진 환경에서는 엄마라는 지위 역시 여성이 권한이 있는 지위에 오르는 데 불리하게 작용할 수 있다. [89] 한 변호사는 출산휴가를 마치고 돌아왔더니 상급자가 자신에게 원래 하던 수준 높은 업무를 주지 않으려 했다고 불만을 토로했다. "이렇게 말하고 싶어요. '보세요, 애를 낳은 거지 뇌엽절리술을 받은 게 아니라고요.'" [90]

세계적인 대형 회계법인 딜로이트의 자체 연구는 일부 관리자가 가정사 때문에 일을 그만둘지 모른다는 걱정에서 여성에게 중요한 업무를 할당하지 않았음을 밝혔다. [91] 한 여성은 이 문제를 이렇게 요약했다.

"제대로 보자구요, 고용주가 여자는 모성본능이 중요한 업무보다 더 앞선다고 생각한다면 어떻게 여자가 관리자감이라고 생각하겠어요?"[92] 이런 식의 고정관념이 업무 할당에 영향을 미치도록 내버려둔다면 여성의 승진 기회 뿐만 아니라 직무상 권한도 심각하게 침해할 것이다.

이런 고정관념을 근거로 행동하는 경향은 상황에 따라 그 정도가 다르다.[93] 가령 이미 여성이 높은 지위에 상당수 포진한 경우, 결정권자는 좀 더 젠더 중립적인 방식으로 승진 기회를 제공하고, 이로써 남성에 우호적인 편향이 줄어든다.[94] 그러므로 앞서 주목했다시피 이미 여성 관리자가 어느 정도 포진해 있는 직무에서는 여성 관리자가 승진할 가능성이 더 높은데,[95] 그 이유 중 하나는 앞서 관리자 지위에 오른 여성들이 여자도 그 일을 할 수 있다는 사실을 보여주었기 때문이다.

업무의 성격이 불확실하거나 모호한 참모자리에서는 남성에게 우호적인 환경이 형성되기 좋다. 의사결정권자가 자신과 사회적 특성이 유사한 사람들을 승진시키는 방식으로 불확실성을 없애려고 하기 때문이다.[96] 하버드대학교 경영학 교수인 로자베스 칸터Rosabeth Kanter는 이 관행을 **동성사회적 재생산**homosocial reproduction이라고 불렀다. 아마 고용주는 비슷한 사람은 동일한 결정을 내릴 가능성이 높다고 믿는 듯하다. 이러한 믿음과 제3장에서 다뤘던 내집단 선호 때문에 고용주는 성별, 인종, 민족, 사회계급, 종교가 같은 사람, 같은 클럽 소속이거나 성적 취향이 같거나, 같은 대학을 나왔거나 같은 여가활동을 즐기는 사람을 승진시키려고 한다.

동성사회적 재생산은 새로운 TV 시리즈물을 개시하는 일처럼 모험적인 업무에서 특히 많이 일어난다. 캘리포니아대학교 샌타바버라의 사회학 교수 데니즈 비엘비Denise Bielby와 일리노이대학교 시카고의 사회학 교수인 윌리엄 비엘비William Bielby는 스튜디오와 TV 네트워크 임원은 대부분 남성이므로, 자격조건이 동일하다면 여성보다는 남성 작가와 프로듀서가 '더 안전하다'고 생각하고 복수의 시리즈물과 관련된 장기적인 거래와 투자를 남성과 할 가능성이 더 높다고 주장했다. 임원이 여성 혹은 히스패닉처럼 자신과 달라 보이는 사람에 대한 고정관념을 근거로 행동할 경우 이는 비슷한 외모와 생각을 가진 고위 경영자단이 꾸려지는 결과로 이어진다.

인사 관행을 투명하게

조직은 비공식적인 인사 관행을, 편견을 근거로 행동할 기회를 제한하는 공식적인 인사 관행으로 대체함으로써 승진과 권한 격차를 줄일 수 있다. 규정과 절차, 고용과 해고절차, 직무설명서, 실적기록, 평가서를 모두 문서화해놓은 기업은 그렇지 않은 기업에 비해 여성을 관리자로 고용한 실적이 더 좋다. 이런 관료적인 관행은 정실인사를 위축시키기 때문이다.[97]✱

공식적인 기준을 이용하면 고정관념에 의해 왜곡되기 마련인 표면

✱ 사람들이 "우리"와 "그들"이라는 범주를 만들어내는 경향을 이용해서 정실인사의 부정적인 영향을 해결할 수도 있다(Reskin 2002). 조직은 노동자들이 성별과 인종이 통합된 작업 집단과 자신을 동일시하도록 독려할 수 있고, 이로써 "우리"라는 범주가 "이 프로젝트에서 함께 일하는 우리"가 될 수 있다(Brewer 1997).

적인 인상이나 소문이 아니라 각 지원자에 대한 관련 정보만을 가지고 판단을 내리는 데도 도움이 된다.[98] 앞서 언급했던 세계적인 회계 기업 프라이스워터하우스에서 파트너십을 거부당한 앤 홉킨스의 사례가 이런 경우에 해당한다. 홉킨스는 다른 어떤 경쟁자보다 회사로 많은 돈을 끌어왔지만 파트너로 승진하지 못했다. 1990년 그녀에게 우호적인 판결을 내린 대법원에 따르면, 시니어 파트너들은 그녀의 성격과 외모를 바탕으로 평가를 내렸고 그녀의 성과를 무시했다. 홉킨스는 "걸음걸이와 말투를 더 여성적으로 고치고 화장을 하고 머리 모양을 유행에 맞게 바꾸고 보석을 착용하면" 승진 가능성이 높아질 거라는 조언을 들었다.[99] 정해진 기준을 따르는 공식적인 평가절차가 있었다면 그녀의 성과가 가장 주목받았을 것이다.

이와 유사하게 식료품 체인점인 럭키스토어의 경우도 공식적인 인사 관행이 부재하다보니 승진 기회에 대한 공고를 공식적으로 발표하지 않았다. 남성 매장관리자는 어느 노동자가 승진에 관심이 있는지 자신이 안다고 생각했기 때문이다. 그 결과 여성 노동자는 거의 승진하지 못했고, 승진에서 제외된 여성들은 회사를 상대로 소송을 진행하여 승리했다.[100]

이와 반대로 공식화된 절차가 평등을 강화할 수 있음을 보여주는 사례도 있다. 홈디포는 소송 이후 관리자가 모든 자리에 대해 최소한 3명의 지원자와 면접을 진행하는 것을 의무화하여 일자리가 일부 지원자에게 내정될 가능성을 최소화하는 프로그램을 제도화했다.

고용주에게는 여성과 소수 인종의 직업적 성취를 가로막는 조직 문화를 개선해야할 동기가 많다.[101] 법과 정부규제를 따라야 하는 것이 첫 번째 이유다. 점점 다양해지는 고객의 필요를 충족시키는 것은 두 번째 이유다. 최고의 노동자를 선발하여 데리고 있고자 하는 욕구는 이런 노동자들을 낙담하게 만드는 시스템을 혁신해야 하는 세 번째 강력한 욕구다. 예컨대 비누와 샴푸 등을 제조하는 기업인 프록터앤갬블The Procter & Gamble Company, P&G이 사내에서 높이 평가받았지만 그만둔 직원을 추적조사해 보았더니 3분의 2가 여성이고 이중 많은 이가 승진이 좌절되어 그만두었음을 알게 되었다. 프록터앤갬블은 유능한 직원들이 퇴사하는 걸 원치 않았기 때문에 승진 시스템을 개선했고 그러자 여성의 퇴사율이 남성 수준으로 하락했으며 여성 직원의 만족도가 상당히 향상되었다.

이와 유사하게 딜로이트는 퇴사한 여성들이 퇴사 이유로 멘토의 부재, 알짜업무에서 배제됨, 일과 가정의 균형 문제, 비공식 네트워크와 고객과의 사교모임에서 배제되는 문제를 꼽았다는 사실을 파악하고, 유리천정을 제거하고 근무를 더 유연하게 만드는 정책을 만들었다. 그 결과 여성의 이직률이 26퍼센트에서 15퍼센트로 하락했다.[102]

하지만 조직 내에서 승진을 하고 권한을 갖게 될 기회의 성차를 유지하고자 하는 일부 세력은 변화에 저항하기 때문에 공식적인 정책을 만든다고 만사가 해결되는 것은 아니다. 일부 회사, 특히 작은 회사에서 이런 정책은 상징적인 의미만 가질 뿐이고, 의사결정권자는 여전히 사회적 네트워크를 통해 관리자를 선발한다.[103]

정부가 차별에 대한 대가를 상승시키자, 일부 회사는 이 장에서 설명한 몇 가지 장애물을 제거하기도 했다. 잠재적으로 생산성이 높은 사람들을 성별과 피부색을 트집 잡아 영향력이 있는 자리에서 배제했을 때 낭비가 발생하는데도 불구하고, 많은 고용주는 그냥 그렇게 한다. 조직의 목표는 다양하기 때문에 이중에서 가장 우선순위가 높은 목표에 따라 움직이게 되어 있다. 일반적으로 순이익을 내는 것이 가장 중요하기 때문에 벌금을 비롯한 금전적인 규제를 마련하면 고용주는 기회의 평등을 중요하게 생각하지 않을 수 없다.

고소는 이런 비용을 증가시킨다. 원고가 패소하거나, 사건이 평결이 아닌 합의로 귀결되기 때문에 개별 소송이 승소로 이어지는 경우가 드물지만 집단소송에서 물게 될 수 있는 거액의 보상금은 고용주가 자신의 고용 관행을 재고하도록 자극할 수 있다. 일례로 호텔 체인을 운영하는 메리어트사는 1991년의 한 소송 때문에 승진을 거부당한 여성 관리자들에게 300만 달러를 지불해야 했다. 이 회사의 비공식적인 승진 정책과 "여성을 몰아내는" 업무 문화가 문제였다.[104] 1990년대에 식료품 체인점을 상대로 한 소송들 역시 거액의 합의금으로 결론났다. 퍼블릭스Publix 슈퍼마켓은 1997년 여성을 장래성이 없는 업무에 묶어두었다며 제기된 소송을 무마하기 위해 8,100만 달러 이상을 지불하기로 합의했고, 앨버트슨즈Albertson's는 1996년 2,900만 달러를, 세이프웨이Safeway는 1994년 750만 달러를 지불했다.

입법이 이루어져 법 집행에 들어가면 권한 격차가 감소할 수 있다. 의회는 1991년 노동부 내에 유리천장부서를 만들고 여성과 소수 인종이 고위직으로 승진하는 것을 가로막는 장애물을 제거하는 일을 맡겼다. 이 부서가 연방정부와 계약을 체결한 일부 기업을 대상으로 작성한 '유리천장 검토서'와 모범기업에게 수여되는 지원금은 이 법의 자발적인 이행을 활성화할 것으로 기대된다.[105]

여성의 　노동은 　왜 　차별받는가

제6장

남성은 왜
더 높은 임금을 받을까

여성이라는 이유만으로
치러야 하는 비용

14세기로 거슬러 올라가는 지불노동에 대한 최초의 기록을 보면 고용주는 여성보다 남성에게 더 많은 돈을 지불해왔다. 이런 임금격차 외에도 부가수당, 연금, 사회보장연금 지급액 역시 성별로 차이가 있다.* 소득의 성차는 정도만 다를 뿐 모든 직종과 모든 나라에서 발생한다. 이 장에서는 소득 차의 추이와 원인, 이런 성차를 줄일 방법을 살핀다.

남녀의 소득 차는 보통 남성의 소득 대비 여성의 소득으로 계산한다. 이 **소득비**earnings ratio는 여성의 평균 혹은 중위소득을 남성의 평균 혹은 중위소득으로 나눠서 계산하는데, 이는 남성이 1달러 버는 동안 여성이 얼마나 버는지 나타낸다. 남성이 버는 돈과 여성이 버는 돈의 차이를 **임금격차**pay gap라고 한다.

일찍부터 이런 격차가 있었던 증거로는 1313년 파리의 납세 기록이 있다. 파리의 납세자 4,495명 중에서 여성의 재산은 남성의 3분의 2였는데,[1] 이 비율은 미국에서 20세기 많은 기간 동안 지속된 임금격차 수준과 상당히 유사하다.* 오늘날에도 그렇지만 이 격차의 크기는 노동의 종류에 따라 달랐다. 가장 격차가 큰 경우는 금 세공인과 여관 주인처럼 수익성이 가장 좋은 직종에 종사하는 노동자였는데, 이 경우 남성이 여성보다 3배 더 부유했다. 반대편 극단에 있는 세탁업과 의류제조업에서는 여성의 재산이 남성의 90퍼센트였다. 이런 직종에서 격차가 크지 않은 이유는 남성의 재산이 거의 없다시피 하기 때문이다.

산업화가 확산되어도 임금격차는 사라지지 않았다. 1883년 섬유노동자에 대한 통계자료에 따르면 16세 이하 노동자 중에서는 여성이 남성보다 약간 많은 돈을 받았다. 11세 이하 여성은 같은 연령대의 남성보다 주당 반 펜스를 더 벌었고, 11세부터 16세 사이의 여성은 같은 나이의 남성보다 주당 2펜스를 더 받았다. 하지만 16세 이후부터는 남성이 확실히 우위에 섰다. 고용주는 16세부터 20세 여성에게 같은 연령대의 남성이 받는 급료의 70퍼센트를 지급했다. 16세가 된 남성은 6개월 미만이면 어릴 때 적게 받았던 급료를 모두 벌충할 수 있었다. 성인 노동자 중에서는 여성 노동자의 급료가 남성 노동자의 급료의 절반 이하였고 고작 3분의 1에서 4분의 1일 때도 있었다.[2]

성별에 따른 임금의 차이

산업화 초기 미국에서 여성 노동자는 임금 측면에서 심한 불이익을 당했다. 가령 19세기 초반 농업과 제조업에서 전일제로 일하는 여성은

✖ 21세기 초 고령 여성에 대한 사회보장연금 지급액은 월평균 697달러인 반면, 남성은 904달러였다(Hinden 2001).

● 14세기 파리 시민들의 납세 기준이 되는 재산은 노동을 통해 벌어들인 것이 대부분이었다.

남성이 1달러를 버는 동안 29~37센트를 벌었다.[3] 남성의 임금 역시 낮았으므로, 여성은 남성의 월급에 미치지 못하는 임금으로는 생존이 거의 불가능했다. 1860년대에 어떤 여성은 어쩔 수 없이 극단적인 조치를 취해야만 했다.

> 내겐 돈이 한 푼도 없었고 여자의 임금은 생존을 유지할 정도로 충분하지 않았다. 주위를 둘러보니 남자들이 더 많은 돈을 받고 있었고, 더 많이 일했으며, 같은 종류의 일을 해도 돈을 더 받았다. 난 남자가 되기로 결심했다. 간단했다. 그냥 남자 옷을 입고 남자들이 하는 일에 지원했다. 그 시절 나는 돈을 많이 벌었고, 그래서 계속 그 방법을 이어갔다.[4]

이 임금격차는 19세기 중반에 좁혀지는데, 그 이유 중 하나는 기계 사용이 증가하면서 근력의 중요도가 낮아졌기 때문이다. 1885년, 제조업체는 여성에게 남성이 받는 임금의 약 절반을 지급했다.[5] 이 격차는 20세기 초 30년간 더 좁혀졌다.[*] 임금 불평등 감소에 기여한 요인 중 하나는 여성의 교육 수준이 남성에 비해 향상되었다는 점이다. 교육 수준 향상 덕에 여성은 소득이 더 높은 업무를 수행할 수 있게 되었다. 고용주가 여성 노동자를 원하는 사무직 일자리의 증가 역시 또 다른 기여

---

[*] 하지만 제조업에서의 임금격차는 그 이후로 거의 변동이 없었다. 20세기 말 제조업의 여성 노동자는 남성 노동자가 받는 임금의 62.7퍼센트를 받았다(U.S. Census Bureau 1998, 1999, 2000a).

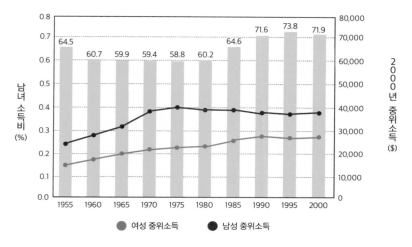

출처: Nelson and Bridges 1999, figure 3.1; 1998년, 1999년, 2000년 3월의 인구현황조사서 자료를 바탕으로 계산(전일제, 연중근무 노동자의 데이터. 1955년의 값은 근로소득 이외의 소득이 포함된 수입이고, 나머지 모든 값은 근로소득이다. 2000년의 수치는 1998년, 1999년, 2000년 인구현황조사서 자료의 평균임).

요인이다.[6]

자료 6.1에는 1955년부터 2000년까지 여성과 남성의 상대 소득이 요약되어 있다. 여성 대 남성의 소득비를 나타내는 막대는 1955년부터 1980년까지 격차가 59퍼센트부터 64퍼센트까지 출렁였음을 보여준다. 소득비가 1955년의 64.5퍼센트를 넘어선 것은 1985년 이후였다. 두 성별의 추이선을 보면 임금격차가 좁혀진 이유를 이해하는 데 도움이 된다. 남성의 소득선을 보면 1955년부터 1970년까지는 남성의 소득이 늘어나다가 정체와 소폭 하락을 겪는다. 여성의 소득선을 보면 여성의 소득은 1970년대까지 천천히 증가하다가 1970년대에 잠시 주춤한 뒤 다시 그 다음에 점차 늘어난다. 1980년대에 소득격차가 상당히 좁혀진 이유 중 하나는 남성은 실질임금이 하락했지만 여성은 증가했기 때문이었다. 이에 대해서는 이 장 뒷부분에서 더 자세히 논할 것이다.

그러나 성별 임금격차가 계속해서 좁혀지리라고 추정하기는 힘들다. 사실 미국 회계감사원이 연구한 10개 산업 중 7개에서 1995년부터 2000년 사이에 전일제로 고용된 관리자의 임금격차가 증가했다.[7] 통신 산업의 경우 1995년에는 여성의 임금이 남성의 86퍼센트였지만 2000년에는 73퍼센트로 감소했다.

2000년 전일제, 연중근무 노동자의 소득비가 71.9퍼센트로 좁혀졌다. 그러므로 2000년에 고용주가 남성에게 평균 1만 달러를 지불할 때, 여성에게는 겨우 7,222달러를 지불한 것이다.[*]

인종 혹은 민족에 따른 임금의 차이

사람들의 소득은 성별뿐만 아니라 피부색에 따라서 달라지기도 한다. 19세기에 고용주가 아프리카계 미국인에게 노동에 대한 대가를 지불하기 시작했을 때 백인에게 주는 것보다 훨씬 적은 돈을 지불했다. 이 관행은 20세기에도 지속되었다.[8] 노동자의 인종과 성별을 근거로 서로 다른 직무로 분리하는 일이 허다했고, 가장 임금이 낮은 일은 아프리카계 미국 여성과 남성에게 거의 전적으로 주어졌다.[9] 19세기에는 노동시장의 인종, 민족 위계질서 속으로 새로운 노동자 집단이 유입

---

[*] 다르게 표현하면 여성이 평균 1만 달러를 받을 때 남성이 1만 3,850달러를 받았다.

자료 6.2 성별, 인종, 히스패닉 혈통 여부에 따른 전일제, 연중근무 노동자의 중위 연소득비(2000)

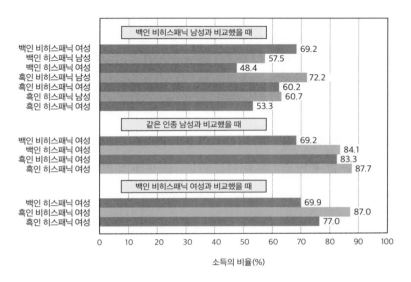

백인 비히스패닉 남성과 비교했을 때

집단	비율
백인 비히스패닉 여성	69.2
백인 히스패닉 남성	57.5
백인 히스패닉 여성	48.4
흑인 비히스패닉 남성	72.2
흑인 비히스패닉 여성	60.2
흑인 히스패닉 남성	60.7
흑인 히스패닉 여성	53.3

같은 인종 남성과 비교했을 때

집단	비율
백인 비히스패닉 여성	69.2
백인 히스패닉 여성	84.1
흑인 비히스패닉 여성	83.3
흑인 히스패닉 여성	87.7

백인 비히스패닉 여성과 비교했을 때

집단	비율
백인 히스패닉 여성	69.9
흑인 비히스패닉 여성	87.0
흑인 히스패닉 여성	77.0

소득의 비율(%)

출처: 1998년, 1999년, 2000년 3월의 인구현황조사서를 바탕으로 계산(수치는 1998년, 1999년, 2000년 인구현황조사서 자료의 평균임).

되었고,[10] 멕시코, 필리핀, 푸에르토리코, 아시아계 여성과 남성을 값싼 노동력으로 생각한 고용주는 이들 역시 저임금 일자리에 묶어두었다.[11]

자료 6.2에서 볼 수 있듯 비히스패닉 백인 남성과 여성은 다른 집단의 동성 노동자보다 꾸준히 월급이 높다. 모든 여성의 소득은 인종과 민족이 동일한 남성보다 소득이 낮고, 비히스패닉 백인 남성은 다른 모든 집단보다 소득이 높다. 흑인과 백인 히스패닉 여성은 비히스패닉 백인 남성과 비교했을 때 가장 소득이 적은데, 그 이유는 이들의 인종 혹은 민족과 성별 두 가지 모두가 작용했기 때문이다. 아시아계 미국인과 다른 인종, 민족 집단은 데이터가 적어서 소득추정치를 신뢰할 수 없기 때문에 비교하지 않았다. 일반적으로 아시아계 미국인 남성의 소득은 비히스패닉 백인 남성과 가장 가까운 편이고, 아시아계 미국인 여성의 임금은 비히스패닉 백인 여성보다 약간 높은 경향이 있다.[12]

자료 6.3은 성별, 인종별, 히스패닉 여부에 따른 소득비의 추이를 보여준다. 일반적으로 전일제, 연중근무 노동자 중에서 비히스패닉계 백인 남성과 그 외 다른 집단 대부분의 격차는 서서히 줄어들고 있다. 하지만 20세기 말까지 어떤 집단의 소득도 비히스패닉 백인 남성의 4분의 3 이상을 넘지 못했다. 가장 진전이 큰 집단은 흑인 여성이었

자료 6.3 성별, 인종, 히스패닉 여부에 따른 비히스패닉 백인 남성 대비 전일제, 연중근무 노동자의 중위소득 비율

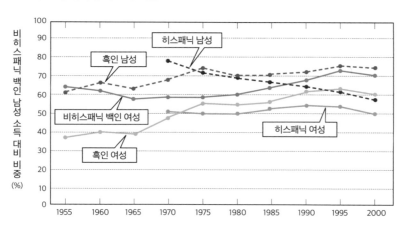

출처: Farley 1984, figure 3.2; U.S. Census Bureau 1981b, table 6; U.S. Census Bureau 1983, tables 37 and 39; U.S. Census Bureau 1988, table 27 and 29; U.S. Census Bureau 1991, table 24; U.S. Census Bureau 1996, table 7; Harrison and Bennett 1995, table 4A.1; 1998년, 1999년, 2000년 3월 인구현황조사서를 바탕으로 계산(2000년의 수치는 1998년, 1999년, 2000년 인구현황조사서 자료의 평균임).

다. 1955년에는 소득이 비히스패닉 백인 남성의 40퍼센트에도 미치지 못하다가 20세기 말이 되자 60퍼센트가 되었다. 하지만 이런 진전도 1980년 이후 정체된 상태였다.[13] 지금은 평균적으로 비히스패닉 백인 남성보다 연간 16,000달러 정도 적게 번다. 히스패닉 여성과 비히스패닉 백인 남성의 격차 역시 1975년부터 1990년까지 좁아지긴 했지만 그 이후로 정체되어 연간 약 2만 달러의 차이가 있다. 비히스패닉 백인 여성 역시 1995년 이후로 격차를 좁히다가 이 시점부터 다시 격차가 벌어져서 지금은 비히스패닉 백인 남성에 비해 연간 1만 2,000달러를 적게 번다.

여성은 젊을수록, 남성은 나이가 많을수록 소득이 높다

앞서 1833년 영국 섬유 노동자에 대해 설명했던 패턴이 지금도 여전하다. 여성 노동자의 소득은 연령이 낮을수록 남성 노동자와 가깝다. 20세기 말, 전일제로 연중 근무하는 16~24세 여성의 중위주급은 같은 연령대 남성 노동자의 89퍼센트였다.[14] 고용주는 전일제로 일하는 평균적인 25~34세 여성에게 같은 연령대 남성 임금의 약 82퍼센트를 지급했다. 72퍼센트라는 전반적인 임금격차와 비교했을 때 82퍼센트는 크게 나쁘지 않아 보일 수 있다. 하지만 달러로 환산했을 때 전일제로 연중근무하는 18~34세 젊은 여성 노동자는 자신의 성별 때문에 연간 5,558달러를 손해 봤다. 이보다 더 나이가 많은 노동자의 경우는 임금격차가 더 벌어져서 35~44세 여성 노동자의 평균 임금은 같은 연령대 남성 노동자의 70퍼센트였고, 55~64세 여성 노동자의 평균 임금은 같은 연령대 남성 노동자의 64퍼센트였다.

남성 대비 70퍼센트의 보너스로 만족해야 하는 여성들

남성은 모든 직종에서 여성보다 임금이 높지만, 직종에 따라 성별 임금격차는 크게 다르다. 자료 6.4에서 볼 수 있듯, 가령 증권과 재무 서비스 판매부문에서 전일제로 일하는 여성의 주급은 같은 일을 하는 남성의 64퍼센트에 불과했고(여성은 597달러, 남성은 937달러), 평균적으로 여성 재무관리인의 주급은 남성 재무관리인의 65퍼센트에 불과했다(여성 700달러, 남성 1,070달러). 여성이 주를 이루는 업종에서는 소득격차가 줄어들었다. 가령 4분의 3 이상이 여성 노동자인 계산원의 경우 여성의 소득은 평균적으로 남성의 90퍼센트였다. 여성의 주급이 남성에 가까운 직종의 경우는 남성과 여성 모두의 임금이 낮은 편이다.

미국의 최상위 소득자 중에서도 여성은 자신의 성별 때문에 연간 수십만 달러를 손해 본다. 〈포춘〉 500대 기업에서 가장 보수가 많은 5개 고위직 중 여성의 월급은 조건이 같은 남성의 73퍼센트에 불과했고, 보너스는 남성의 70퍼센트에 못 미쳤다.[15] 1999년 네 개의 주요 '그랜드 슬램' 테니스 행사에서는 [경기를 성별로 분리해서 진행하는데도] 남자 선수가 여자 선수보다 더 많은 상금을 받는 경우가 대부분이었다. 오스트레일리아의 여성 우승자가 받은 상금은 남성 우승자의 94퍼센트, 프랑스 여성 우승자의 상금은 남성 우승자의 90퍼센트, 잉글랜드 윔블던에서는 83퍼센트였고, 여성 우승자와 남성 우승자에게 같은 금액을 지불한 경우는 미국 테니스 오픈뿐이었다.[16]

자료 6.4 일부 직종에서 전일제 연중근무 남성 노동자의 소득 대비 여성 노동자의 중위주급

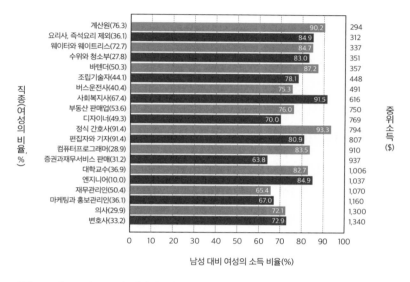

출처: 1998년, 1999년, 2000년 3월의 인구현황조사서를 바탕으로 계산(수치는 1998년, 1999년, 2000년 인구현황조사서 데이터의 평균임).

세계적으로 줄어드는 남녀 임금격차

차이의 폭은 크게 다르긴 하지만 전 세계적으로 남성이 여성보다 소득이 높다. 미국의 통계를 살펴보면, 2000년 하와이주에서 남성이 1달러를 벌 때 여성은 평균 84센트를, 메릴랜드주에서는 80센트를 벌었다. 반면 유타주와 루이지애나주에서는 겨우 65센트를 벌었다.[17]

남성은 주당 노동시간과 연간 노동주가 더 긴 경향이 있기 때문에 임금격차의 크기는 고려하는 시간 단위에 따라 달라진다. 그러므

로 전 세계 여성의 월급은 남성의 60~70퍼센트, 일당과 주급은 남성의 70~75퍼센트, 시급은 75~80퍼센트였다.[18] UN의 1997년 통계에 따르면 산업과 서비스 부문에서 여성의 임금은 남성의 53~97퍼센트였고, 중위값은 78퍼센트였다(이 수치는 시급, 주급, 혹은 일당을 근거로 삼았다).[19] 이 성별 중위소득비는 미국과 유사한데, 미국에서 1998년 여성의 중위주급은 남성의 약 4분의 3이었다.[20]

소득비가 가장 낮은 곳은 북아프리카와 중동 국가인 리비아, 이라크, 사우디아라비아, 바레인, 아랍에미리트연합, 오만, 카타르로, 취업 여성의 소득이 남성의 20퍼센트 이하다.[21] 이들 국가는 여성의 경제활동참여율 역시 낮은 경향을 보이는데, 이는 일반적으로 여성의 노동시장 참여가 타당한지에 대해 사회적으로 양가적인 인식이 있음을 보여준다.[22] 반대편 극단에서 소득비가 가장 좋은 나라는 여성의 소득이 남성의 80~90퍼센트인 스웨덴, 캄보디아, 탄자니아였다. 스웨덴과 기타 스칸디나비아 국가의 소득격차가 적은 이유는 정부심의위원회가 산업이나 직종의 임금을 설정하는 중앙화된 임금결정방식[23]과, 여성이 오랫동안 근무할 수 있도록 해방시켜준 공공육아시스템에 대한 투자 때문이다.[24] 반면 캄보디아와 탄자니아의 성별 임금격차가 적은 이유는 1313년 파리의 세탁업자와 의류제작업자 내에서 재산의 격차가 적었던 것과 마찬가지로 남성의 소득이 적기 때문이다.

미국도 그렇지만 전 세계적으로 임금격차가 줄어들고 있다. 대부분의 국가에 대한 최근 자료를 구하기는 어렵지만 자료를 구할 수 있는 29개국 중 22개국에서 1980년부터 1997년까지 제조업과 서비스업에

서 여성의 임금 증가 속도가 남성의 임금 증가 속도를 넘어섰다.[25]

요컨대 미국과 전 세계에서 임금격차는 시간과 장소에 따라 다양하다. 미국 내에서 임금격차의 크기는 노동자의 인종 혹은 민족, 나이, 직종, 거주지와 노동 장소에 따라 다르다. 비히스패닉 백인 남성의 소득은 다른 모든 노동자보다 높고, 특히 흑인과 히스패닉 여성과 차이가 크다. 여성 내에서는 연령이 높을수록 임금 불이익이 커진다. 젊은 여성의 경우도 같은 연령대의 남성에 비하면 상당히 적은 돈을 받긴 하지만 말이다. 남성은 미국 인구조사국이 데이터를 수집한 503개 직종 모두에서 여성보다 소득이 높지만, 여성이 주를 이루는 직종에서는 그 차이가 적은 편이다. 20세기 후반부의 수년간 격차의 크기가 더 이상 좁혀지지 않고 있긴 하지만 전반적으로는 점차 상황이 개선되었다.

남성 수위가 여성 사무직보다
더 많이 버는 이유

앞서 보았듯, 인종이나 민족, 결혼상태, 나이, 교육 수준, 직종에 관계없이 남성은 평균적으로 여성보다 소득이 높다. 이 절에서는 그 원인을 탐구할 것이다.

성별 소득 차의 원인을 제시하기는 수월하다.[*] 예컨대 〈너는 먼 길을 왔는지 몰라You've Come a Long Way, Maybe〉라는 다큐멘터리 비디오에서 한 남자가 길에서 인터뷰어에게 남성이 여성보다 돈을 많이 버는 이유는 "남성이 더 똑똑하고 지적이기 때문"이라고 한 다음 잠시 말을 멈추었다가 [순서를 바꿔서] "더 지적이고 똑똑해서"라고 말하는 부분에서 학생들은 웃음을 터뜨린다. 사회 현상의 원인을 설명하는 것이 직업인 사

---

[*] 1996년 종합사회조사General Social Survey에서 조사한 사람 중 여성이 남성보다 적게 버는 이유가 무엇인지에 대한 일련의 질문에 답하지 않은 비율은 5퍼센트 미만이었다(Davis, Smith, and Marsden 2000: 508). 성별에 따라 선호하는 원인은 크게 다르지 않았지만 여성은 고용주가 여성보다 남성에게 고소득 일자리를 주려는 경향이 있다는 사실이 중요하다는 데 동의하는 경향이 컸고, 남성은 남성이 여성에 비해 직장에서 더 열심히 일하고 여성은 가족에 대한 책임 때문에 남성만큼 일에 많은 시간과 노력을 쏟아붓지 못한다는 믿음을 중요하게 생각하는 경향을 보였다(종합사회조사 데이터는 http://www.icpsn.umich.edu/GSSI에 있다).

회과학자들 역시 남성이 전반적으로 소득이 더 높은 이유를 여럿 내놓았다. 이런 이유를 뒷받침하는 증거를 찾는 일은 다른 차원의 문제다. 연구자는 자신의 설명을 뒷받침하기 위해, 가설로서 제시한 설명인자가 여성과 남성의 소득에 영향을 미친다는 점과, 이 요인이 노동자의 성별과 관련이 있다는 점 모두를 보여줘야 한다. 만일 둘 중 하나라도 틀렸다면 그 요인은 성별 임금격차에서 별 역할이 없는 것이다.

원인을 요약하기 전에, 우리가 소득비의 크기가 다양한 이유를 설명하려고 노력하긴 했지만, 그 크기는 여성이 얼마나 버는지(비율의 분자)와 남성이 얼마나 버는지(분모) 두 가지 모두에 좌우된다는 점을 먼저 지적해둘 필요가 있다. 이는 여성의 소득 혹은 남성의 소득에 영향을 미치는 요인 때문에 소득비가 장소에 따라 혹은 시간에 따라 달라질 수 있음을 의미한다. 미국에서 소득격차가 좁혀지고 있는 현상이 이 사례에 속한다. 1980년대에 줄어든 임금격차는 대부분 고소득의 제조업 일자리가 사라지면서 남성의 임금이 하락했기 때문에 나타난 일이었다. 그보다 더 최근에 임금격차가 줄어든 것은 남성의 평균소득이 하락하기도 했지만 동시에 여성의 소득이 증가했기 때문이다.

우리는 성별에 따른 임금격차를 이론적으로 설명하기 위해 애크미 첩사라는 가상의 직장을 사례로 이용한다. 이 회사의 남성 노동자는 평균 주급이 646달러, 여성 노동자는 491달러(어쩌다 보니 2000년 남성과 여성의 중위주급과 같은 금액이다)이고, 전체 노동자의 임금 범위는 219달러부터 720달러까지다. 그러므로 평균적으로 남성이 여성보다 소득이 높긴 하지만, 소득 분포의 양끝에는 남성도 있고 여성도 있다.

왜 여성의 노동시간과 노동일수는 더 적을까

먼저 노동자의 능력과 선호에 초점을 맞추는 설명을 살펴보겠다. 전통적인 신고전주의 경제이론에 따라 고용주가 임금을 정하는 방법을 생각해보자. 고용주는 이윤을 극대화하려는 욕구 때문에 임금을 최대한 낮게 설정한다. 이 이론에 따라 애크미칩사는 노동자가 남성인지 여성인지(또는 고등학교 중퇴자인지, 칩 제조학 박사학위를 가지고 있는지)는 신경 쓰지 않는다. 이 이론이 옳다면 남성은 집단으로서의 남성이 더 열심히 일을 하거나 칩을 제조하는 데 더 숙련되어 있는 경우에만 같은 작업을 하는 여성보다 소득이 더 많을 것이다. 다시 말해 이 가상의 회사에서 일부 남성보다 생산성이 더 높은 여성도 있긴 하지만, 남성의 소득이 더 높다면 이는 남성 노동자가 전반적으로 생산성이 높고 여성 노동자가 생산성이 낮다는 의미다.

그렇다면 남성은 어째서 여성보다 칩 제작자로서 생산성이 높을까? 사회과학자들은 몇 가지 가능성 높은 이유를 제시한다. 첫째, 남성 집단이 여성보다 칩을 제작에 더 많은 시간을 투여하기 때문이라는 것이다. 실제로 모든 인종 혹은 민족 집단에서 남성의 주당 지불노동시간과 연간 지불노동주는 여성보다 더 길다.[26] 게다가 노동시간은 소득에 상당한 영향을 미친다. 그러므로 남성의 긴 노동시간은 소득격차의 원인을 제공한다고 볼 수 있다. 여러 집단의 임금격차 정도를 비교해보면 이 점이 분명하게 드러난다. 1999년 전일제로 연중근무한 여성 노동자의 연소득은 남성 노동자의 72.2퍼센트였지만 주급의 비율(76.5퍼센트)과 시급의 비율(83.8퍼센트)은 상당히 근접해 있었다.[27]

여성이 남성에 비해 일일 노동시간과 연중 노동일수가 더 적은 이유는 크게 두 가지가 있다. 첫째, 제7장에서 보겠지만 여성은 육아와 그 외 부불가사 노동을 주로 책임진다. 다시 말해서 여성은 가정에서 어린이를 돌보고, 가족의 식사를 만들고, 회사 유니폼을 세탁하는 등의 부불노동을 하느라 남성보다 더 많은 시간을 쓴다. 빨래보다 칩 제조장 근무에 더 많은 시간을 보내는 노동자는 칩 생산에 더 능숙해질 것이고, 그래서 노동시간의 평균적인 성차는 성별 생산성격차를 벌일 수 있다는 점 역시 감안해야 한다.

다른 사람에게 부불가사 노동에 대한 책임을 더 많이 맡기면 여성은 지불노동에 더 많은 시간을 쓸 수 있다. 구매 능력이 있는 여성에게는 관례적으로 여성이 가족을 위해서 하는 가사 노동의 상업적인 대체물이 점점 많아지고 있다. 그리고 여성은 과거보다 지불노동을 더 많이, 부불노동을 더 적게 하고 있다. 가령 1990년에는 전일제로 일하는 여성이 45퍼센트였지만 1997년에는 55퍼센트였는데,[28] 이 변화는 성별 임금격차를 좁히는 데 도움이 되었다. 남성의 근무시간을 줄이도록 고무하는 정책 역시 소득격차를 좁힐 수 있다. 대부분의 미국인은 노동시간 단축을 선호할 것이다.[29] 그러므로 여성과 남성이 노동일수를 줄이도록 독려하는 정책 이니셔티브는 대중의 지지를 받고 소득격차를 줄일 수 있을 것이다.

여성이 남성에 비해 지불노동에 시간을 적게 쓰는 두 번째 이유는 성별구분이다. 성별구분이 임금격차에 미치는 영향에 대해서는 이 장 뒷부분에서 다룰 것이다. 전문직, 고위 관리인, 노조에 가입된 공예 노동자처럼 장시간 일할 가능성이 특별히 높은 모든 노동자 집단에서는 남성 노동자의 비중이 높다.[30] 이런 직종에서 여성의 취업이 증가하면 여성이 일에 더 많은 시간을 투여할 수 있는 유인책이 될 수 있다.

남녀 노동자의 작업 기술과 노력에 대한 고정관념

남성이 여성보다 생산성이 높을지 모르는 또 다른 이유는 이들이 칩 생산자로서 더 우수하다는 것이다. 남성은 어째서 여성보다 우수한 칩 생산자일까? 칩을 제조하려면 상체근력이 필요한데 평균적인 남성이 평균적인 여성에 비해 상체근력이 좋기 때문이라고 생각해볼 수 있다. 아니면 칩 제조는 비디오게임처럼 어린 시절 남성이 여성보다 재미삼아서 하는 경우가 더 많은 활동과 연관이 있는 기술을 사용할지도 모른다. 어쩌면 칩 산업에서 일생동안 종사할 거라고 기대하고 높은 보수를 희망하는 남성은 평균적으로 여성에 비해 학교에서 칩 제조학을 공부한 시간이 더 길 수도 있다. 아니면 남성 칩 제조자는 여성보다는 다른 남성에게 일의 요령을 더 기꺼이 전수하려 할 수도 있다. 아니면 고용주가 남성에게 여성보다 더 좋은 도구를 주는 것일지도 모른다.

노동자의 기술에 대한 가설을 시험하기 위해 연구자들은 직업의 복잡성을 포착하고자 하는 〈직함 사전Dictionary of Occupational Titles〉에 나오는 일단의 변수를 종종 사용한다. 여러 연구 집단에 대한 연구를 살펴보면, 어느 성별도 이 변수상에서 꾸준히 점수가 높지 않다.[31]* 게다가 높은 수준의 기술이 반드시 높은 임금으로 연결되는 것은 아니다.[32] 대부분의 노동에서 기술이 직업 현장에서 습득되고, 따라서 부분적으로는 성별 직무분리의 결과라는 관점에서, 기술의 성차는 성별 소득격차의 중요한 원인이 아니라는 결론이 안전한 듯하다.

여성은 어째서 칩 제조를 위해 남성보다 적게 노력하는 걸까? 한 가지 가능성은 여성이 평균적으로 돈을 버는 데 관심이 적어서 남성 노동자가 가난한 운동선수처럼 꾸준히 일하는 동안 휴식을 취하거나 동료 노동자와 한담을 나누느라 거리낌 없이 일을 중단하는 경우가 많기 때문일 수 있다. 그렇다면 이는 또 다른 의문으로 이어진다. 어째서 집단으로서의 남성은 여성에 비해 높은 소득에 더 집착할 수밖에 없는 걸까? 일부 사회과학자들은 사회(친구, 친지, 이웃)가 여성보다는 남성을 소득수준으로 평가하는 경향이 더 강하고, 따라서 남성이 소득을 극대화하려는 사회적 압력을 경험한다고 대답할 것이다. 하지만 남성 노동자가 여성 노동자보다 더 열심히 일한다는 증거는 전혀 없고,[33] 일부 연구는 오히려 현실은 이와 정반대임을 시사한다. 연구실 실험에서 여성 피실험자는 사전에 정해진 양의 돈을 놓고 남성 피실험자보다 더 많은 일을 더 정확하고 효과적으로 해냈다.[34] 전국 노동자를 대상으로 실시한 표본 조사에서, 여성은 남성에 비해 일에 더 많은 노력을 쏟는다고 밝혔다.[35] 그러므로 남성이 더 열심히 일하기 때문에 여성보다 소득이 높은 것이라는 가설을 증명하기 위한 여러 연구는 이 설명을 뒷받침하지 못한다. 게다가 노력이 소득을 증가시킨다는 확실한 근거도 전무하다.

✱ 하지만 기술이라는 개념은 사회적으로 구성된다는 점과, 여성의 노동은 눈에 보이지 않고 저평가 되다 보니 여성의 기술수준을 낮잡아 평가하는 경향이 있음을 기억해둘 필요가 있다(Steinberg 1990).

생산성을 측정하기란 어렵기 때문에 신고전주의의 설명을 바탕으로 한 대부분의 연구는 교육 수준이 높고 경험 많은 노동자가 생산성이 높다고 추정한다. 만일 이 추정이 타당하다면* 우리는 교육과 경험이 소득과 비례하는지, 그리고 남성 노동자가 평균적으로 여성 노동자보다 교육 수준이 더 높고 경험이 많은지를 검토함으로써 생산성의 성차가 임금격차에 미치는 영향을 간접적으로 파악할 수 있다.

교육 수준이 생산성에 미치는 영향

교육 수준이 높은 노동자는 교육 수준이 낮은 노동자보다 소득이 높지만, 사회과학자들은 그 원인이 교육이 노동자의 기술을 향상시키기 때문인지, 아니면 고용주가 다른 이유에서 교육 수준이 높은 노동자를 선호하기 때문인지에 대해 일치된 의견을 제시하지 못한다.[36] 게다가 여성과 남성의 평균적인 교육 수준에는 차이가 거의 없다. 전반적으로 남성의 학교 교육기간은 12.9년, 여성은 12.7년이다.

경제학자 오닐June O'Neill과 폴라첵Solomon Polachek에 따르면 1976년부터 1989년 사이에 여성의 교육 수준이 향상되었고 이는 소득비가 향상되는 데 약 12분의 1에서 6분의 1 수준까지 기여했다.[37] 그러므로 여성과 남성의 학교 교육기간과 대학전공이 유사해짐에 따라 학교 교육기간의 성차가 갖는 중요성은 줄어들었다.[38] 가령 법학과 의학 교육에

✖ 교육과 경험이 생산성의 척도라 하더라도 노동자가 이용할 수 있는 노동 기술 같은 다른 요인 역시 생산성에 영향을 미친다. 여성과 남성은 서로 다른 노동 장소와 직무로 분리되기 때문에 이들이 접근할 수 있는 노동 도구의 생산성은 분명하게 차이가 난다.

서는 여성이 남성을 따라잡았다.[39] 여성을 공학과 과학으로 영입하기 위한 특수 프로그램은 성과를 올리고 있다.[40] 정보기술 같은 일부 분야를 여성에게 개방하기 위한 추가적인 노력이 필요하다. 기술직의 소득 불평등을 줄이려면 기술직 직무훈련에 대한 여성의 접근성을 높일 필요가 있다. 대부분의 노동자는 근무현장에서 훈련을 받기 때문에 훈련 접근성을 평등하게 만드는 작업은 통상적으로 남성이 주를 이루는 직무 훈련을 통제하는 노조와 고용주의 조치에 크게 좌우된다.

경제학자들 역시 노동자의 경험을 생산성의 대용물로 여긴다. 경험은 소득과 어느 정도 긍정적으로 관계가 있고, 남성은 평균적으로 여성보다 직무경험이 더 많다. 그 차이가 점점 좁혀지고 있긴 하지만 말이다.[41] 1980년대 말, 남성은 여성보다 전일제 노동 경험이 4.5년 더 많았고, 이 차이는 성별 임금격차의 30퍼센트를 설명해줄 수 있었다.[42]

성별 임금격차에 대한 인적자본론의 접근법 역시 남성은 꾸준히 경제활동에 참여하는 반면, 여성은 육아 때문에 경제활동이 중단된다고 가정한다. 이 설명은 여성의 기술이 경제활동을 벗어난 시간 동안 녹이 슬고, 그래서 이들이 유급일자리로 돌아왔을 때 생산성과 소득이 낮아진다고 가정한다. 실제로 경력단절은 여성의 임금을 감소시킨다.[43] 하지만 육아 때문에 직장을 그만두는 여성이 줄어들면서 경력단절이 전체 성별 임금격차에서 갖는 중요성이 하락하고 있다.[44]✱

✱ 미국에서 경력단절이 줄어든 이유는 부분적으로 1994년 가족의료휴직법 덕분이다(제7장 참조). 이 법은 노동자가 가족이나 의료상의 이유로 휴가를 냈다가 직장에 돌아올 권리를 보장한다(Waldfogel 1999a, 1999b).

여성과 남성의 경험이 유사한 젊은 노동자 집단이, 남성이 여성보다 더 많은 경험을 축적한 나이든 노동자 집단을 대체하고 있기 때문에, 경험의 격차는 꾸준히 줄어들 것이다. 만일 고용주가 노동자가 직장과 가정을 동시에 챙기기 편하도록 근무 일정을 조정해줄 경우 속도는 더 빨라질 것이다(제7장 참조).

요컨대 교육과 경제활동경험의 성차는 남성에게 유리하게 작용해서 이들이 더 많은 소득을 받을 수 있게 해준다. 하지만 여성과 남성의 교육과 경제활동경험이 전보다 훨씬 유사해졌고, 덕분에 임금격차가 줄어들게 되었다.

남성이 임금협상에서 더 과감할 수 있는 이유

애크미칩사의 임금 관행으로 돌아가보자. 애크미칩사는 생산된 칩 개수 당 고정된 가격을 매기는 대신, 노동자 각각과 임금률을 협상할 수 있다. 남성이 여성에 비해 더 높은 임금을 주장하거나, 고액 임금협상에 더 성공적일 경우 생산성이 동등한 여성보다 더 많은 임금을 받게 될 것이다.

남성이 칩당 임금률을 더 높게 달라고 주장하거나, 여성이 낮은 임금을 받아들일 만한 이유는 몇 가지가 있다. 첫째, 여성은 여성이 특히 중요하게 생각하는 다른 직무상의 특성과 맞바꾼다는 생각에 낮은 임금을 받아들일 수 있다. 만일 애크미칩사가 육아를 지원하고, 여성이 남성보다 이런 지원을 더 중요하게 생각한다면, 여성은 낮은 임금에 만족할 가능성이 높을 것이다. 이 설명은 애덤 스미스의 **보상적 격차**

compensating differentials 이론의 일부에 해당한다. 이 이론에 따르면 고용주는 해당 업무가 불쾌한지 유쾌한지를 부분적인 근거로 삼아 임금을 정한다. 노동조건이 불쾌하거나 위험한 일자리에 채용할 노동자를 구하는 데는 관심을 많이 기울이고, 노동조건이 좋다면 그보다는 관심을 적게 기울인다는 것이다. 보상적 격차라는 개념이 합리적이긴 하지만, 연구자들은 이 이론으로는 임금격차를 설명할 수 없음을 보여주었다.[45] 사실 한 연구는 노동조건이 불쾌한 일자리는 여성의 임금을 낮춘다는 결과를 보여주었다.[46]

둘째, 만일 다른 고용주들이 여성의 고용을 거부할 경우, 애크미칩사의 남성 지원자는 여성에 비해 협상력이 더 커질 것이다. 이와 동일한 상황에 놓였던 노던아이오와대학교에서는 이 때문에 남성 수위가 여성 사무직 노동자에 비해 더 높은 임금을 받았다.[47]

셋째, 노동자는 받아들일 수 있는 임금이 얼마인지를 결정할 때 부분적으로 준거집단(이들이 자신과 비교하는 사람들)에 속한 사람들의 소득을 판단 근거로 삼는다. 준거집단에 속한 사람들은 동성일 가능성이 높고, 따라서 다른 고용주가 여성보다 남성에게 더 많은 임금을 주는 산업이나 공동체라면 공정한 임금률에 대한 남성의 기준이 여성의 기대보다 높을 것이다. 여성과 남성 대학생 모두 전형적인 남성의 업무는 전형적인 여성의 업무보다 보수가 더 높아야 한다고 생각한다는 사실을 보여준 앞선 실험을 떠올려보라.[48] 여성은 어째서 여성의 노동을 저평가할까? 사람들은 자신의 임금이 공정한지 판단할 때 동성의 타인을 근거로 삼는데, 그 이유 중 하나는 동료 대부분이 동성이기 때문이다.[49] 전형적인 여성의 일자리와 전형적인 남성의 일자리가 다른 회사에, 그리고 같은 회사 내에서도 다른 부서에 집중되면 노동자는 자신이 맡은 일의 복잡성과 노력, 그리고 자신의 임금을 이성 노동자와 비교하기 힘들다. 남성과 비교할 수 있는 상황이라면 여성은 자신의 낮은 임금이 정당하다고 생각하지 않을 것이다.[50]

남성 노동자의 평균 급여가 여성보다 더 높은 현상에 대한 앞선 설명들은 개별 노동자의 기술과 선호, 그리고 자신의 시간과 에너지를 투자하는 방법에 대한 결정에 주로 초점을 맞춘다. 경제학자들은 노동자를 '노동 공급'으로 분류하고, 따라서 이런 설명에는 **공급측 설명**supply-side explanations이라는 꼬리표가 붙는다.

하지만 모든 노동자가 고용주와 개별적으로 교섭하지는 않는다. 일부는 노조의 구성원으로서 단체로 교섭한다. 노조 가입은 전반적으로 노동자의 임금을 상승시키지만, 그 영향은 노동자의 성별, 인종, 민족에 따라 다르다.[51] 노조에 가입한 비히스패닉 백인 여성은 노조에 가입하지 않은 여성보다 임금이 26퍼센트 높고, 유사한 속성의 남성은 노조에 가입하지 않은 남성보다 임금이 15퍼센트 높다. 노조에 가입한 흑인 여성은 노조에 가입하지 않은 흑인 여성보다 임금이 29퍼센트 높고, 노조에 가입한 흑인 남성은 노조에 가입하지 않은 흑인 남성보다 임금이 22퍼센트 높다. 히스패닉 미국인 중에서는 남성이 여성에 비해 노조 가입의 혜택을 더 많이 누린다. 노조 가입 혜택이 가장 큰 집단은 히스패닉 남성으로 이들은 노조에 가입하지 않은 남성보다 임금이 55퍼센트 높고, 노조에 가입한 히스패닉 여성보다 3분의 1이 많다.

과거에는 노조 조합원 중에 여성보다 남성이 더 많았고, 따라서 남성이 노조 조합원으로서 혜택을 누릴 가능성이 더 높았다. 그러나 최근 수십 년간 남성이 지배적인 생산직 제조 산업이 쇠락하면서 노조는 점차 여성이 지배적인 점원, 교육 종사자, 간호직에서 조합원을 모집하기 위해 애쓰게 되었다. 일부 노조는 참여적이고 민주적인 조직화 방식과 대의 방식을 이용해서, 그리고 동일임금과 출산휴가처럼 여성에게 중요한 사안을 전면에 내세움으로써[52] 여성 조합원을 모았다. 이런 노력은 성과가 있었다. 노동조합들은 20세기 중반부터 이어져온 '여성 노동자는 조직불가능하다'는 고정관념을 무너뜨리고 주로 여성으로 구성된 단위 사업장에서 치러진 선거의 약 60퍼센트에서 승리했다. 반면 여성이 노동자의 절반 이하인 단위 사업장에서는 3분의 1 밖에 승리하지 못했다.[53] 20세기의 마지막 20년간 신규 조합원의 과반수가 여성이었고,[54] 지금은 노조로 조직된 노동자의 40퍼센트 이상이 여성이다.[55]

우리는 개별 혹은 단체 임금교섭에서 성차가 소득격차에 얼마나 중요한지는 알지 못한다. 개인은 임금 교섭을 하기 전에 같은 업무를 하는 다른 사람들이 얼마나 버는지 확인하여 자신의 불이익을 줄일 수 있다. 좀 더 폭넓게는 자격증이나 다른 객관적으로 측정 가능한 속성을 임금의 근거로 사용하고, 회사 내에서 임금을 공개하는 방법도 있을 수 있다. 단체교섭은 혜택을 누리는 노동자의 수를 늘리고 임금결정과정을 공적으로 드러내기 때문에 필연적으로 더 폭넓은 효과가 있다.

고용주가 여성과 남성의
임금 차이를 만든다

앞서의 애크미칩사 사례를 계속해서 살펴보자. 이에 따르면 가상의 회사인 애크미칩사는 임금을 결정할 때 노동자의 성별에는 관심이 없다고 가정한다. 이 회사는 노동자가 얼마나 생산적인지 또는 이들을 고용하려면 비용이 얼마나 소요되는지에만 관심을 가진다. 그러나 대부분의 사회과학자들은 고용주가 생산성만을 기준으로 임금을 정한다는 가정에 의문을 제기하고, 실제 증거가 가리키는 바 역시 그렇다.＊ 그러므로 우리가 원래 가정했던 사례를 바꿔서 어떻게 일부 고용주가 성별을 이유로 여성과 남성을 다르게 대우하는지 확인해보자. 임금격차를 고용주의 결정에 초점을 맞춰 설명하는 방식을 **수요측 설명**demand-side explanations이라고 한다. 고용주가 생산성이 동일한 여성과 남성을 다르게 대우할 경우 이는 **임금차별**pay discrimination에 해당할 것이다.

✖ 대부분의 직장에서 고용주는 노동자의 생산성을 쉽게 측정하지 못한다.

성별 집단에 대한 일반화의 문제

애크미칩사가 정률급(생산된 칩의 수를 근거로 책정하는 임금)으로 일하려고 하는 양질의 노동자를 충분히 모집하지 못하는 상황이라고 가정해보자. 이 회사는 노동자를 유혹하기 위해 월급을 제안해야 한다. 애크미칩사는 노동자의 생산성을 근거로 임금을 정하고 싶지만, 신입사원의 생산성을 손쉽게 예측할 수 있는 방법을 알지 못한다. 그래서 이 회사의 대표인 애크미씨는 회사가 노동자에게 정률급으로 임금을 지불했을 때 노동자들이 얼마나 벌었는지를 살펴본다. 남성이 여성보다 임금이 많았다면 애크미씨는 모든 여성 신입사원의 임금을 기존 여성 노동자의 평균으로, 모든 남성 신입사원의 임금을 기존 남성 노동자의 평균으로 정할 것이다. 이 전략은 집단으로서의 여성과 남성에 대한 일반화를 근거로 모든 여성에게 모든 남성보다 적은 임금을 지불한다는 점에서 통계상의 차별에 해당한다. 이 전략을 따를 경우 각 성별에는 평균이하의 임금을 받는 노동자도 있고 평균 이상의 임금을 받는 노동자도 있지만, 대체로 여성의 임금이 남성보다 낮을 것이다. 고용주는 개인에대한 정보를 얻는 데 들어가는 비용을 회피하기 위해 통계적인 차별을한다. 이러한 통계적인 차별을 촉발하는 일반화의 이면에는 종종 고정관념이 자리한다.

정량적인 연구와 고용주 인터뷰 모두 많은 고용주가 여성을 통계적으로 차별하고 있음을 확인시켜준다.[56] 1964년 민권법 제7장에 따르면통계적인 차별은 불법이다(제3장 참조). 그리고 통계적인 차별의 영향을줄일 수 있는 기본적인 방법은 이 법을 더 잘 집행하는 것이다.

젠더 이데올로기와 고정관념

이 세상 많은 지역에서 젠더 이데올로기는 남성이 가족을 부양하기 때문에 여성보다 더 많은 임금이 필요하다고 주장한다. 이 이데올로기는 미국에서 가족임금운동의 배경이 되었다. 미국에서는 젠더 이데올로기에 대한 지지가 약해졌지만,[57] 지난 임금 관행의 여파가 남아서 여성 노동자를 괴롭히고 있다. 제3장과 제5장에서 지적했듯, 조직이 과거의 관행을 바꾸려면 시간이 오래 걸리고, 관행이 바뀌더라도 뿌리 깊은 고정관념은 사라지지 않는 경우가 많다. 그러므로 애크미칩사가 50년 전에 여성은 용돈을 벌기 위해 일한다는 고정관념에 따른 가정을 근거로 여성의 임금을 남성보다 낮게 정했다면, 그리고 이 임금 관행에 선입견이 들어있지 않은지 한번도 검토해보지 않았다면, 남성은 여전히 여성보다 많은 임금을 받을 것이다.

때로 우리는 과거의 사회적 가치가 오늘날에도 건재하며 영향력을 행사하고 있음을 확인한다. 가령 1980년대 캘리포니아의 임금률은 여성의 경제적 필요가 남성만큼 높지 않다는 1930년대의 신념을 반영했다.[58] 미국 노동부의 연방계약준수국이 항공사 US에어웨이를 상대로 벌인 1998년의 조사 결과 역시 과거의 관행이 영향을 미치고 있음을 보여준다. US에어웨이는 여성 관리자 30명에게 체불임금과 급여조정금 39만 달러를 지불하기로 합의한 뒤, 그동안 여성에게 낮은 임금을 지불했던 이유는 "1980년대 초 이 회사가 재정적인 어려움을 겪으면서 초창기의 변칙이 악화된 결과"라고 밝혔다.[59]

여성이 남성과는 다른 자질과 능력을 보유한다고 여기는 성별 고정관념은, 만일 고용주가 이 고정관념을 근거로 고용, 배치, 승진 결정을 내릴 경우 임금격차에 영향을 미칠 수 있다. 가령 여성은 이런 일에, 남성은 저런 일에 더 유능하다는 식의 고정관념은 고용주가 여성을 관례적인 여성의 일자리에, 남성을 관례적인 남성의 일자리에 고용하게 만들 수 있다. 관례적인 남성의 일자리는 임금이 더 높기 때문에 이는 여성의 임금이 남성보다 낮아지는 결과를 초래한다. 서류화된 직무기술서처럼 공식화된 인사 관행을 도입하고 결정을 내린 사람들에게 결정의 책임을 묻는 노동기구는 결정을 내린 사람들이 고정관념을 근거로 행동할 자유를 축소시킴으로써 여성이 보수가 더 높은 관례적인 남성의 일자리에 고용될 가능성을 높인다.[60]

고용주의 임금 관행과 여성 노동자 혐오

일부 고용주는 자격증과 수행능력, 혹은 작업량이 동일한데도 남성에게 더 많은 보수를 지급하여 임금격차를 만들어낸다. 법원에 임금 차별로 고소당한 한 은행과 공립대학, 주 정부, 그리고 유통체인업체에 대한 사례 연구에 따르면 남성의 임금이 더 높은 원인은 시장 압력의 결과물이 아니었다.[61] 가령 이 공립대학은 남성 일색인 체육시설 노동자 집단에게 여성 일색인 비서 집단보다 더 많은 임금을 지불하면서, 그 이유가 지역 노동시장에서 생산직 노동자의 임금을 상승하라는 압력이 있기 때문이었다고 했지만, 사실 이 대학은 같은 지역 내 다른 거대 고용주가 자신의 회사에서 일하는 사무직 노동자를 고용하지 않도록 설득했고, 이로써 지역 노동시장이 여성의 임금을 상승시키지 못하게 막았다. 이 사례연구를 실시한 연구자들은 성별 임금격차가 조직의 정치와 정책에서 비롯된다는 확신을 가지게 되었다.

이제는 고용주인 애크미씨가 여성을 싫어하고 이 때문에 남성 노동자를 더 선호할 가능성에 대해 생각해보자. 경제학자 게리 베커Gary Becker에 따르면 애크미씨는 모든 여성 노동자에게 공급과 수요에 의해 정해진 '시장 임금'을 지불할 것이다. 애크미씨는 여성을 고용해야 하는 상황을 피하기 위해 남성에게 시장보다 높은 임금을 지불하여 남성 노동자를 끌어들인다. 그 결과 같은 일을 하더라도 여성보다 남성의 평균 임금이 더 높아진다. 애크미씨가 여성 노동자에 대한 혐오(또는 베커의 표현대로 하자면 남성 노동자를 선호하는 '취향') 때문에 특정 직무에 남성만 고용한다면 고용 혹은 직무 할당에서 차별행위를 하는 것이 된다. 여성혐오 혹은 남성에 대한 선호 때문에 여성보다 남성에게 더 많은 임금을 지급한다면 임금에서 차별행위를 하는 것이다.

공공정책이 임금차별에 미치는 영향

우리가 이제까지 다뤘던 설명들은 임금이 공급과 수요의 법칙에 따라 자유시장에서 정해진다고, 또는 고용주의 태도가 임금격차를 양산한다고 가정한다. 그러나 이 중에는 임금격차 문제에 공공정책이 결정적으로 중요하다는 사실을 인식하는 설명은 없다. 아무리 '자유시장' 경제라 해도 정부 정책은 노동자의 임금 수준에 영향을 미친다. 정부는 최저임금을 결정하고, 때로 특정 직무에 대한 임금을 규정하며, 여성과 남성의 임금 간의 관계를 조절한다. 미국의 연방정부가 1864년 여성을 고용하기 시작했을 때, 의회는 남성에 비해 여성의 임금을 낮게 책정하도록 사실상 법제화했고,[62] 이로써 미국은 임금차별을 공식적인 법으로 보호하는 경로에 들어섰다. 여성을 공식적으로 차별한 나라는 미국만이 아니었다. 1909년에 통과된 영국 최초의 최저임금법은 여성의 최저임금을 남성보다 낮게 책정했다.[63]

미시건주와 몬태나주가 일찍이 1919년 동일임금법을 통과시키긴 했지만 성별을 근거로 임금을 차별하는 행위는 표준적인 고용 관행이었다. 의회가 1864년 불평등한 임금을 법으로 규정한 이후 약 100년이 지난 1963년에야 연방의회는 성별에 의한 불평등한 임금을 공식적으로 금지했다. 1963년 동일임금법Equal Pay Act은 동일한 기술, 노력, 책임을 요구하고 유사한 노동환경에서 수행되는 일에 대해 성별을 이유로 노동자에게 서로 다른 임금을 지불하는 행위를 불법으로 규정했다.✴

동일임금법은 임금차별을 공식적으로 금지하고 있다는 점에서 상징적으로 중요했다. 하지만 실생활에서는 직무 분리와 직장 분리가 워낙 만연해서 이 법이 보호할 수 있는 노동자의 수가 한정되어 있기 때문에 동일임금법의 영향은 제한적이었다. 또한 시행의 부담이 대체로 임금차별의 피해자에게 지워지고, 문제를 제기한 사람은 고용주의 보복을 감수해야 한다.[64] 실제로 수년간 여성이 승소한 사건보다 패소한 사건이 더 많았다.[65]

✴ 이 법은 차별적인 임금의 근거가 연공서열제, 실적제, 정률급제나, 성별이 아닌 그 외 다른 요인인 상황은 예외로 보았다.

2000년 고용기회평등위원회나 주의 공정고용실천위원회Commissions on Fair Employment Practices에 접수된 1만여 건의 임금차별 불만사건 중에서 신고자에게 유리하게 해결된 건은 22퍼센트에 불과했다. 그럼에도 불구하고 동일임금법은 일부 고용주로 하여금 여성에게 낮은 임금을 주지 못하게 막는 효과가 있는 것으로 보이고, 임금차별의 일부 희생자들에게 보상을 제공한다. 1990년 베들레헴 철강Bethlehem Steel이 여성 사무직 노동자에게 체불임금을 지급한 사례가 여기에 해당한다. 베들레헴 철강은 여성 사무직 노동자에게 동일한 노동을 한 남성보다 월 200달러씩 적게 지불했다.[66]

1997년 이후로 연방계약준수국은 동일임금법 합의금으로 텍사코, US에어웨이, 펩시콜라, 게이트웨이 같은 기업으로부터 1,000만 달러를 걷어들였다.[67] 같은 일을 하는 남성보다 임금을 적게 받았다고 신고한 6명의 여성 운전 관리자에게 약 50만 달러의 체불임금을 지불하는 데 합의한 스위프트트랜스포테이션Swift Transportation[68]과, 여성에게 초과근무를 허용하지 않는 방식으로 남성보다 적은 임금을 지불해서, 결국 몇몇 여성 상담사에게 28만 달러의 체불임금을 지급하게 된 피츠버그의 한 청소년재활시설의 사례도 여기에 속한다.[69] 정부 규제기관들이 선제적으로 이 법을 집행할 때는 임금차별을 보다 효과적으로 해결했던 것이다.

요컨대 고용주에 의한 차별은 임금격차에서 큰 역할을 한다. 이런 일은 때로 고용주의 노골적인 성별에 대한 편견 때문에 일어난다. 하지만 무의식적인 편견과, 여성의 노동에 대한 저평가, 불평등한 처우가 관례적이고 합법적이던 지난 시절 관행들의 유산이 결합되어 이런 일이 나타나는 경우가 더 많을 것이다. 어쩌면 고용주는 여성과 남성을 서로 다른 직무로 분리 배치하는 행위를 통해 임금격차에 가장 많은 영향을 행사할 것이다. 다음으로는 성별분리가 소득격차에 미치는 영향을 살펴볼 것이다.

고용주는 왜
성별분리를 시도하는가

지금까지 우리는 가상의 회사인 애크미칩사가 여성과 남성에게 칩 생산이라는 동일한 업무를 할당한다고 가정했다. 하지만 제4장에서 보 았듯 직무 수준의 성별통합은 흔치 않다. 그러므로 애크미칩사를 평균 적인 미국 고용주로 간주하고 여성과 남성에게 다른 직무를 할당한다 고 가정해보자.

성별분리는 여성의 임금이 남성보다 낮아지는 결과를 초래한다. 한 나라, 직종, 산업, 회사가 성별로 분리되면 될수록 여성과 남성이 서로 다른 직무로 집중되는 정도가 심해진다. 그리고 여성이 많은 직무일수 록 여성 노동자와 남성 노동자 모두 소득이 적다.[70]

연구자들은 성별분리가 소득에 미치는 영향을 평가할 때 한 직종, 직무, 산업 혹은 사업체에서 여성의 비중이 여성과 남성의 소득에 미치 는 영향을 검토해왔다. 연구자들이 고려하는 연구와 데이터, 통계 방 법, 그 외 다른 변수에 따라 직종의 성별분리가 임금격차에 부분적인 영향을 미치기도 하고 절대적인 영향을 미치기도 한다.[71] 산업의 성별분리는 임금격차의 12~17퍼센트를 차지하고,[72] 직무분리(이는 직종 수준의 분리와 사업장 수준의 분리 모두를 포함한다)는 소득격차의 89퍼센트를 차지한다.[73] 요컨대 여성 노동자가 지배적인 업무는 남성 노동자가 지배적인 업무보다 임금이 적다.

다른 연구에서도 직무분리가 미치는 영향에 대한 근거를 얻을 수 있다. 남성이 여성에 비해 교육에 대해 더 높은 보상을 받는다는 사실을 떠올려보자(자료 6.5 참조). 학력이 동일하더라도 남성은 대체로 여성보다 소득이 높다. 대졸자와 박사학위 소지자 중에서 이런 성차의 일부는 여성과 남성이 서로 다른 전공에 집중되는 현상에서 비롯된다.[74]

그렇다면 교육 수준이 낮은 노동자의 경우는 어떨까? 고등학교를 중퇴한 비히스패닉 백인 남성은 대학에서 1~3년 공부한 여성만큼 벌었고, 고등학교를 졸업한 비히스패닉 백인 여성은 고등학교를 졸업하지 않은 비히스패닉 백인 남성보다 약 4,000달러를 적게 벌었다. 히스패닉계와 아프리카계 미국인 사이에서는 성차가 이보다 더 작지만, 두 집단 모두에서 남성 고졸자는 1~3년의 대학 교육을 받은 여성보다 소득이 높았다. 이런 성차는 동일한 고용주가 남성 고졸자와 1~3년의 대학 교육을 받은 여성에게 같은 일을 시키면서 비슷한 수준의 임금을 지불하기 때문에 발생하는 것이 아니다. 그보다 남성 고졸자는 약간의 대학 교육을 받은 여성과 다른, 그리고 일반적으로 더 소득이 높은 일을 하고 이들의 고용주는 서로 다를 때가 많다고 보는 편이 낫다.

전일제로 연중 고용된 남성은 1년치 경력을 평균 535달러의 연소득으로 인정받는 반면, 여성은 318달러라는 사실[75] 역시 남성의 자격증은

자료 6.5 교육 수준별, 성별, 인종별 연중근무 전일제 노동자 중위연소득(1999)

여성				(단위: 달러)
교육 수준	모든 인종	백인	흑인	히스패닉
전체	27,137	27,600	25,082	20,242
고졸 이하	15,704	15,661	13,544	13,879
고졸	21,970	22,247	20,609	19,923
이수학점은 있으나 학위가 없음(SC)	26,456	26,850	25,209	24,236
준학사학위	30,129	30,302	27,198	24,744
학사학위	36,340	36,672	34,692	31,996
석사학위	45,345	45,772	41,780	43,718
전문학위	56,726	59,223	*	*
박사학위	56,345	58,577	*	*
남성				(단위: 달러)
교육 수준	모든 인종	백인	흑인	히스패닉
전체	38,427	40,138	30,926	25,242
고졸 이하	22,576	22,981	21,619	18,960
고졸	32,098	33,147	27,408	25,291
이수학점은 있으나 학위가 없음(SC)	37,245	38,463	31,961	31,446
준학사학위	40,474	40,928	31,206	36,212
학사학위	51,005	51,606	40,805	41,467
석사학위	61,776	61,691	52,308	50,410
전문학위	96,275	96,863	*	*
박사학위	76,858	80,359	*	*

출처: U.S. Census Bureau 2000b; table 10. 백인과 흑인이라는 범주에는 히스패닉계와 비히스패닉계가 모두 포함된다. 히스패닉계라는 범주에는 모든 인종의 히스패닉계가 포함된다(* 표시한 범주는 표본 크기가 작아서 데이터를 구할 수 없었다. 모든 인종 안에는 아시아계와 그 외 비흑인, 비히스패닉 집단이 포함된다).

여성보다 더 높은 금액으로 보상받는다는 점을 보여준다.[76] 다만 여성과 남성이 교육 수준과 경험에 대해 받는 차별적인 보상이 점점 줄어들고 있고 이는 임금격차가 감소하는 데 기여하고 있다는 점은 기억해둘 만하다.[77] 여기서 역시 경험에 대한 서로 다른 보상은 대부분 여성이 남성보다 낮은 수준으로 경험에 대해 보상받는 일자리에 집중되어 있는 상황 때문에 발생한다.

요컨대 임금격차의 상당부분이 성별분리 때문에 발생한다. 어째서 그런지는 논쟁의 대상이다. 그럼 이제 가능한 이유를 살펴보고 가능성 높은 근거를 요약할 것이다.

여성이 한정된 직업으로 몰리는 문제

전통적인 경제이론은 성별분리가 여성 또는 남성 노동자를 각각 상대적으로 적은 수의 직종에 몰아넣음으로써 전통적인 여성 혹은 남성의 직업에서 임금을 낮출 수 있다고 주장한다. 신고전주의 경제학자들의 가정처럼 만일 노동자의 임금이 공급과 수요에 의해 결정된다면, 한 직종에 노동자가 과잉 공급될 경우 고용주는 이들에게 낮은 임금을 지불할 수 있다.[78] 남성의 직종에서 배제된 여성은 남성에게 열린 것보다 적은 수의 직종으로 몰리게 되고, 그러면 여성이 몰린 직종에서는 남성의 임금에 비해 임금이 낮아진다.

한 흥미로운 실험은 성별 직종분리가 여성의 임금을 낮추는 이유를 설명하는 데 몰아넣기가 영향을 미치는지 확인하기 위해 261개 미국 도시를 대상으로 성별 직종분리와 임금을 확인했다.[79] 연구자들은 도시 간 소득비 차이를 바탕으로 성별 직종분리가 소득격차의 대부분을 해명한다는 결론에 도달하게 되었다. 노동시장이 심하게 분리되어 여성을 적은 수의 직종으로 몰아넣는 도시에서는 모든 직종에서 여성의 소득이 낮았다. 그 결과 이 책에서는 모든 여성이 노동시장의 직종분리가 상대적으로 약한 도시에 사는 것이 더 유리하다는 결론을 내렸다.

성별을 근거로 임금이 더 높거나 낮은 업무를 할당하기

애크미칩사가 남성에게 임금이 더 높은 업무(예를 들어 칩 디자이너, 칩 감독관, 부회장)를 배당하고 여성에게는 임금이 낮은 업무(칩 광택 담당자, 칩 테스트 담당자, 칩 청소 담당자)를 맡길 경우 남성의 소득이 여성보다 높을 것이다. 우리는 남성에게 임금이 높은 업무를 배당하는 고용주가 얼마나 많은지, 왜 그렇게 하는지는 알지 못한다. 다만 임금을 상대적으로 많이 지급하는 고용주는 특정 계열의 일에 남성을 고용하는 경향이 있는 반면, 임금을 적게 지급하는 고용주는 같은 일에 여성을 고용한다는 사실은 분명하다.

요식업 분야의 서버들을 살펴보면 이를 일상적으로 확인할 수 있다. 남성 서버인 웨이터는 여성 서버인 웨이트리스보다 소득이 높은데, 대체로 고급 레스토랑은 남성 서버를 고용하여 더 높은 급료를 지불하는 반면, 저가 레스토랑은 여성 서버를 고용하여 그보다 적은 급료를 지불하기 때문이다. 실제로 뉴욕의 고급 레스토랑에 대한 한 연구에 따르면 2인분 저녁식사 가격은 여성 서버의 고용과 부정적인 상관관계가 있었다. 그리고 그 차이는 상당했다. 고급 레스토랑의 서버는 평균 급여가

4만 5,000달러였던 반면, 저가 레스토랑 서버의 평균 급여는 2만 달러 이하였던 것이다.[80]

미국의 고용주는 직책job title에 맞춰서 임금을 결정하는 경우가 많기 때문에, 여성과 남성을 다른 직책으로 구분하면 임금이 불평등해질 수 있다. 고용주가 왜 이렇게 하는지 밝혀낸 연구자는 아직 없지만 결과는 예측 가능하다. 25년간 러셀 상원의원 사무실 건물을 청소한 한 여성의 경험을 예로 들어보자. 이 여성은 2000년 한 해 동안 2만 2,000달러를 벌었지만, 본질적으로 같은 일을 한 남성들은 3만 달러를 벌었다. 이 여성은 남성의 일은 '인부laborer'로 분류되기 때문에 다섯 단계로 승진할 수 있지만 여성들은 '잡역부custodial workers'로 분류되기 때문에 승진은 두 단계만 가능하다고 설명했다. 그럼에도 불구하고 "그들은 물걸레와 양동이를 가지고 바닥을 닦는다. 우리도 물걸레와 양동이를 가지고 바닥을 닦는다. 그들은 진공청소기로 청소한다. 우리도 진공청소기로 청소한다. 그들은 쓰레기차를 밀고 다닌다. 우리도 쓰레기차를 밀고 다닌다. 우리는 하지 않지만 그들은 하는 유일한 일은 문지르는 기계를 돌리는 일이다. 하지만 그건 별로 어렵지 않기 때문에 우리도 할 수 있다"고 그녀는 말했다.[81]

20세기 초 잡지 공장의 한 감독관은 남성은 기계작업을 하고 여성은 손으로 페이지를 접는다고 설명했다. 그는 이렇게 말했다.

나는 여자애한테 절삭기계를 돌리는 일을 맡길 수 있어요. 주급 18달러[남성의 임금]를 지불하기만 하면 말이죠 (…) 여자한테 커다란 접지기를 맡길 수도 있어요. 노동조합이 정해놓은 남성의 임금과 동일하게 주기만 하면 말이죠. 왜 그렇게 하지 않는지 모르겠어요. 그래야하는 충분한 이유가 없다는 점 말고는요.[82]

원칙적으로 연방의 법과 규정은 고용주가 모든 노동자에게 수행할 수 있는 모든 업무에 접근할 기회를 제공할 충분한 이유를 제공한다. 미국에서 제정된 법 가운데 최초의 법안은 1964년 민권법 제7장이다. 이 법은 전일제 직원이 최소 15명인 회사가 인종, 피부색, 종교, 출신국, 성별을 바탕으로 고용, 해고, 보상과 [그 외] 조건, 환경 혹은 고용의 특전상 차별을 하는 행위를 불법으로 규정했다.✱ 제4장에서 설명했듯 이 법은 이런 특성들을 가지고 노동자를 차별하는 행위를 금지한다.

성별분리를 줄이고 이로써 임금격차를 완화할 잠재력이 있는 또 다른 규제수단으로는 연방의 용역계약자들이 차별행위를 하지 않도록 보장하는 차별철폐 조치를 실시하도록 요구하는 대통령 행정명령이 있다. 제4장에서 지적했다시피 차별을 금지하고 차별철폐 조치를 의무화하는 민권법 제7장과 행정명령들은 고르게 집행되지 않는다. 집행이 강력하고 일관되게 이루어지면 성별분리가 감소되어 임금격차를 좁히는 데 큰 도움이 될 것이다.

✱ 전일제 직원이 15명 미만인 사업장에서 일하는 수많은 여성은 성차별에 대해 법적인 보호를 받지 못한다.

여성 노동을 저평가하는 문제

일부 학자들은 남성이 주를 이루는 일자리가 여성이 주를 이루는 일자리에 비해 임금이 높은 이유는 임금결정자들이 여성이 지배적인 일자리가 남성이 지배적인 일자리에 비해 가치가 낮다고 믿기 때문이라고 주장한다. 제1장에서 확인했다시피 사회는 단지 여성이 그 일을 한다는 이유만으로, 그 일을 하려면 어떤 희생이 뒤따르는지에 관계없이 관례적인 여성의 업무를 포함한 여성의 활동을 저평가한다. 우리 문화가 돌봄 혹은 양육노동을 저평가하는 경향이 있는 이유는 최소한 어느 정도는 그것이 여성이 하는 일이기 때문이다.[83] 이런 경향은 돌봄 노동자들이 임금위계에서 낮은 지위를 점하는 이유이기도 하다. 애크미칩 사가 여성의 노동을 저평가하는 문화적 경향을 적극적으로 경계하지 않고 여성 노동자와 남성 노동자를 서로 다른 직무로 분리하면, 아무리 기술과 노력, 책임이 같다고 해도 여성이 맡은 업무를 남성이 맡은 업무에 비해 가치가 낮다고 볼 가능성이 높다.[84]

연구자들은 여성 노동에 대한 저평가가 임금격차에 미치는 영향을 확인하기 위해 한 직종에서 여성이 차지하는 비중이 임금에 미치는 영향을 살펴보았다. 직종의 복잡성을 계산(한 직종이 요구하는 기술을 측정)해보니 여성 노동자의 비중이 흑인의 성별 임금격차에서는 약 20퍼센트를, 백인의 성별 임금격차에서는 7퍼센트를 차지하는 것으로 나타났다.[85] 기술 수준이 동일할 때 여성의 비중 때문에 발생하는 임금격차를 **비교가능가치 차별**comparable worth discrimination이라고 한다. 동일한 기술을 요구하는 업무를 하는 사람들(고용주에게 비교가능한 가치를 가진 것으로 볼 수 있는 사람들) 사이에서 여성이 더 많은 직무나 직종에 있는 노동자의 임금이 낮은 이유는 주로 여성이 고용된 일이기 때문이다.

우리는 고용주가 여성이 주를 이루는 직종을 저평가한다는 사실을 알고 있다. 1963년 미국의 동일임금법은 고용주가 동일한 일자리에서 여성에게 남성보다 적은 임금을 지불하는 행위를 불법으로 규정했지만 법원은 아무리 같은 기술과 노력, 책임이 수반되더라도 여성과 남성에게 서로 다른 업무를 할당한 경우에는 동일임금법이 적용되지 않는다고 판결했다. 그러므로 여성이 주를 이루는 직종에 종사하는 노동자에게, 기술과 노력, 책임이 동일하지만 남성이 주를 이루는 일에 종사하는 노동자보다 적은 임금을 지불하는 행위는 현재로서는 합법이다.

1980년대에는 공정임금을 지지하는 사람들이 **임금평등제**pay equity 를 주장하기 시작했다. 이는 노동자의 성별이나 인종이 아니라 업무의 가치를 근거로 노동자에게 임금을 지급하는 보수체계를 말한다.＊ 1980년대와 1990년대에 일부 주는 공공부문 고용주에게 임금평등제를 의무화하는 법을 시행했다. 하지만 민간 고용주가 여성이 주를 이루는 일자리를 저평가하는 행위를 막는 법은 전무했고, 법원은 민간기업의 임금 차이는 '시장'의 결과물이자 임금이 낮은 직업을 선택한 행위의 결과라고 주장하면서 동일임금법을 적용하지 않았다.[86] 성별분리가 존재하는 한 민간부문에서 여성이 주를 이루는 일자리의 낮은 임금을 해결할 법적인 치유책은 없다.

＊ 처음 이 임금 정책은 비교가능가치comparable worth라고 불렀다.

미국보다는 더 성공적으로 비교가능가치 차별을 없앤 나라도 있다. 오스트레일리아의 경우, 정부의 심사위원회가 직종에 대해 최저임금률을 결정한다. 1969년 이전에는 임금심사위원회가 공개적으로 여성을 차별하여 여성의 임금을 남성의 75퍼센트 수준으로 책정했다. 1969년 오스트레일리아는 미국의 동일임금법과 유사하게 동일노동에 대해 동일임금을 지급하는 정책을 시행했지만 대부분의 여성은 여성이 다수인 저임금 직종에 종사하고 있었기 때문에 별 변화가 없었다. 하지만 3년 뒤 임금심사위원회가 동일노동 동일임금 정책을 동일가치 노동 동일임금 정책으로 바꾸고 나자 소득비가 65퍼센트에서 84퍼센트로 증가했다.[87] 임금격차가 이렇게 극적으로 줄어든 오스트레일리아의 사례는 정부가 임금평등을 실현하는 데 상당한 도움을 줄 수 있음을 보여준다.

현장직무교육 기회의 부족

현장직무교육 역시 임금격차를 설명하는 데 빠질 수 없는 요소다. 직무분리는 여성 노동자가 높은 임금을 받을 수 있는 업무에 참여하거나 기술을 습득할 수 있는 기회를 감소시킴으로써 임금격차를 유발한다. 남성은 현장직무교육에 접근할 기회가 더 많고(백인 남성은 직무교육을 흑인 또는 백인 여성이나 흑인 남성에 비해 2배 더 많이 받는다) 이는 남성이 더 많은 임금을 받는 데 기여할 수 있다. 한 연구에 따르면 직무교육격차는 백인의 성별 임금격차의 11퍼센트를, 그리고 백인 남성과 흑인 여성의 임금격차의 8퍼센트를 차지했다. 정부지원 교육 프로그램은 피교육자의 성별에 관계없이 직무교육을 제공할 각별한 책임이 있다.

임금 평등은 달성 가능한 목표인가

20세기 미국 여성의 임금은 남성의 60퍼센트 수준이었다. 동일임금법이 실시된 1964년, 전일제로 연중고용된 여성의 임금은 남성의 59.1퍼센트 수준이었다. 이후 25년이 지나면서 임금격차는 72.2퍼센트로 좁혀졌다. 이 장에서는 이러한 임금의 성차가 공급측과 수요측 요인 모두에서 비롯된다는 사실을 살펴보았다. 공급측에서 보면, 남성이 지불노동에 더 많은 시간을 쏟기 때문에 임금격차가 발생한다. 임금격차에 대한 공급측 접근법에 따르면, 여성이 남성만큼 돈을 벌고자 할 경우 남성과 더 비슷하게 행동해야 한다.[*] 현실에서 이는 여성이 수면시간이나 여가시간을 줄이고 돈을 써서 가사노동과 육아를 다른 사람에게 맡기거나, 남성이 가사노동을 더 많이 해야 한다는 뜻이다.

수요측에서 보면, 여성과 남성이 서로 다른 노동 장소와 직무로 분리되고 여성의 노동이 저평가되는 상황이 임금격차의 중요한 이유다. 수요측 설명은 고용주가 행동을 바꿔서 성별에 관계없이 직무를 통합하고, 여성이 주를 이루는 업무의 임금불이익을 없애고, 임금차별을 없애야 함을 시사한다. 이런 설명이 시사하는 치유책을 고려할 때는 여성 노동자와 고용주는 서로 영향을 주고받는 관계임을 염두에 둘 필요가 있다. 가령 고용주가 여성 노동자에게 더 많은 보상이 있는 업무를 할당할 경우, 여성 노동자들은 기꺼이 장시간 노동을 하려 할 것이고, 여

---

[*] 남성이 더 여성과 비슷하게 행동할 때도 이 차이는 좁혀진다. 통상적으로 남성이 많은 제조업 분야의 일자리가 사라지면서 남성이 서비스 부문에 유입되었을 때 이런 일이 일어났다.

성 노동자의 노동시간이 남성노동자와 차이가 없을 경우, 고용주가 통계적인 차별을 하는 상황이 줄어들 것이다.

연방의회가 임금의 성차별을 금지한 1964년 이후로 미국 여성의 임금은 1년에 0.5센트가 조금 안 되는 속도로 상승하여 남성의 소득을 따라잡았다. 만일 이 속도가 지속된다면 임금 평등은 2055년에나 이루어질 것이다. 이 속도가 유지되려면 성별 직종분리가 꾸준히 감소해야 하고(하지만 제4장에서 이 감소세가 둔화되고 있음을 확인했다) 여성이 전통적인 남성의 노동 영역으로 꾸준히 유입되어야 하며, 여성의 노동 경험이 지속적으로 늘어나고, 남성의 소득이 조금씩 계속 허물어져야 한다. 동일임금이 더 빨리 실현되려면 1960년대 이후 일어났던 정치경제적 변화가 필요할 것이다.

여성의 노동은 왜 차별받는가

제7장

직장과 가정이
부딪힐 때

직장과 가정,
어디에 충실할 것인가

　　역사상 노동과 가정생활이 긴밀하게 연결되었던 시절이 있었다. 한때는 노동의 물리적인 공간이 곧 가정생활의 장소이기도 했다. 많은 개발도상국에서 이는 여전히 사실이며, 이런 사회에서는 지금도 가정과 농가가 경제활동의 현장이다. 반면 근대산업국에서는 두 영역이 종종 서로 갈등을 빚는다.

　　이 장에서는 20세기 후반에 일어난 여성과 남성의 경제활동참여 패턴의 변화를 설명한 이후 일과 가정의 갈등 문제를 다룰 것이다. 이 개념에는 두 가지 서로 다른 의미가 있다. 첫째는 노동의 요구와 가정의 요구가 서로 경쟁관계에 있을 때 노동자가 겪는 갈등이다. 우리가 다루는 일과 가정의 갈등은 시간부족, 일정관리의 부담, 일과 가족의 전이라는 세 가지 요소로 구성된다. 둘째는 직장 여성과 남성이 가사 노동을 공정하게 분배하려고 하는 과정에서 직면하는 갈등이다. 마지막 절에서는 노동자가 이런 갈등을 해결할 수 있게 도와주는 고용주와 정부의 노력에 대해 다룬다.

20세기 후반 전업주부가 감소하다

20세기 초입에는 16~65세 기혼 여성 중 경제활동에 참여하는 비율이 4퍼센트 미만이었다. 그러다가 20세기 말에 이르러 이 수치는 59.5퍼센트가 되었다.[1] 자녀가 있는 여성의 경제활동참여율 증가 추세는 훨씬 극적이다. 오늘날에는 1970년대에 비해 여성이 아이 때문에 경제활동을 중단할 가능성이 훨씬 줄어들었다. 자료 7.1이 보여주듯 1950년 이후로 여성과 남성의 경제활동참여는 수렴하고 있다. 1950년 여성의 경제활동참여는 생애주기 중에서 양육 절정기 동안 급격하게 하락했다. 반면 오늘날에는 자녀 때문에 경제활동을 그만두는 여성이 거의 없

자료 7.1 연령별, 성별 경제활동참여율(1950, 2000)

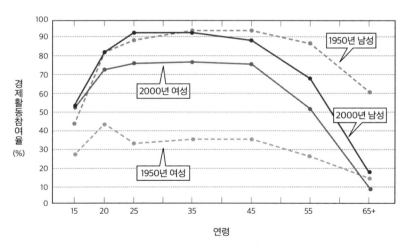

출처: Bloom and Brender 1993, figure 2; 1998년, 1999년, 2000년 3월 인구현황조사서를 바탕으로 계산 (2000년의 수치는 1998년, 1999년, 2000년 인구현황조사서 자료의 평균임).

자료 7.2 가정의 취업 패턴(1940~2000)

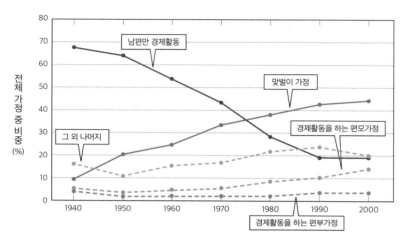

출처: Hayghe 1990, 1993; 1998년, 1999년, 2000년 3월 인구현황조사서를 바탕으로 저자가 계산(2000년
의 수치는 1998년, 1999년, 2000년 인구현황조사서 자료의 평균임).

다. 1976년 1세 미만의 자녀가 있는 여성 중 경제활동에 참여하는 비율
은 31퍼센트였지만, 1998년에는 이 비율이 59퍼센트가 되었다(대학학위
가 있는 여성 중에서는 66.5퍼센트, 대학원학위나 전문학위가 있는 여성의 경우는 73.6퍼
센트).[2]

자료 7.2에서 볼 수 있듯 가정의 취업 패턴 역시 지난 60년간 크게
변했다. 1975년에는 자녀가 있는 가정 중 맞벌이의 비중이 35퍼센트
였지만 20세기가 끝날 무렵에는 44퍼센트로 증가했다.[3] 직장에 다니는
남편과 전업주부로 구성된 가정의 비중은 1940년 67퍼센트였지만 20
세기가 끝날 무렵에는 겨우 19퍼센트로 훨씬 극적인 변화를 보였다. 게

다가 1970년 이후로 이혼율이 높아지고 비혼모가 늘면서 직장 여성 혼자서만 부양하는 가정의 수가 늘었다. 반면 아버지로만 구성된 가정의 비중은 3퍼센트 정도로 안정세를 유지했다. '그 외 나머지'에는 아내만 경제활동을 하는 가정(약 5퍼센트)과 경제활동을 하는 구성원이 전혀 없는 가정(약 15퍼센트)이 해당된다. 1940년 이후로 일하는 사람이 전혀 없는 가정이 늘어난 것은 주로 은퇴인구가 증가한 사실과 관련이 있다.

직장과 가정 사이에서 균형 잡기

일과 가정 모두 막대한 시간과 에너지를 요구한다. 그리고 가장 많은 에너지가 소모되는 시기 즉, 한창 가정을 꾸리는 시기와 경력을 쌓는 시기는 겹치는 편이다. 평균적인 전일제 노동자의 경우 통근이나 근무 준비에 들어가는 시간을 제외하고 지불노동에 들어가는 시간은 한 주의 약 4분의 1 정도다.[4] 게다가 많은 노동자가 자녀, 연로한 부모나 인척, 배우자 같은 타인을 돌보는 책임을 진다. 특히 육아의 경우 많은 관심을 규칙적으로 쏟아야 하는데, 부모가 지불노동을 하는 동안에도 이런 관심이 필요할 때가 많고, 자녀는 노동시간과 무관하게 병치레를 한다.

사람들은 직장과 가정에서 요구받는 이중의 의무를 얼마나 충실하게 이행하고 있을까? 가정친화적인 정책으로 유명한 어느 대기업 노동자를 상대로 설문조사를 실시한 결과 직장에서 성공하면서 동시에 가족을 위해 충분한 시간을 내는 것이 가능하다고 말한 노동자는 남녀 모두 3분의 1뿐이었다.[5] 전국적인 조사에서는 직장에 다니는 남녀의 약

15퍼센트가 직장과 가정의 균형을 잡기가 힘들다고 밝혔고, 3분의 1 이상이 아주 잘 해내고 있다고 느끼는 것으로 나타났다. 절반 정도인 대부분은 그 중간 정도의 입장에서, 균형을 잡는 데 어느 정도 성공하고 있다고 밝혔다.[6]

하지만 균형을 잡는 데 성공하기 위해서는 인생의 단계와 가족 내 지위가 중요한 역할을 한다. 맞벌이 부부 중에서는 취학 전 자녀를 둔 부부가 일과 가정을 성공적으로 꾸리고 있다고 말할 가능성이 가장 낮았다. 이들 중에서 두 역할을 성공적으로 수행하고 있다고 느끼는 사람은 10명 중 1명꼴이었다(취학 전 자녀가 있더라도 약간 나이가 든 부부는 다소 만족도가 높았다).[7] 장시간 근무보다는 규칙적인 노동시간, 그리고 배려심 있는 상관, 직업의 안정성 역시 일과 가정의 균형을 성공적으로 잡는 데 기여한다.[8] 요컨대 많은 사람에게 일과 가정의 긴장을 조율하는 일은 만만찮은 과제다. 성공적으로 균형을 유지한다고 밝힌 사람들마저도 일과 가정의 갈등을 경험하고 여가시간을 포기할 수 있다.

일과 가정의 갈등은 시간의 요구, 일정관리의 딜레마, 일이 가정생활에 영향을 미치거나 가정의 요구가 직장생활에 영향을 미칠 때 발생하는 문제 같은 세 가지 양상으로 나타나는데, 다음에서 이 세 가지에서 비롯된 갈등을 설명할 것이다.

"시간에 쫓기는 기분이에요"

미국의 많은 노동자가 일과 가정의 요구를 수용하려고 할 때 시간의 압박을 느낀다.[9] 하지만 이들이 느끼는 시간의 압박은 돈을 벌기 위해 일을 얼마나 많이 하는지, 집에서 얼마나 많은 요구에 직면하는지에 좌우된다. '시간 기근time famine'이라는 감각[10]은 부부가 전일제로 일하는 맞벌이 가정에서 특히 많이 볼 수 있는 특징이다. 맞벌이 부부의 43퍼센트가 항상 쫓기는 기분이라고 말했다.[11] 부부 중 한 명 또는 둘 모두가 노동 영역의 요구를 제한하는 부부의 경우는 이 문제가 상대적으로 덜하다. 이는 일반적인 전략이다. 2000년 노동적령기인 25~54세 기혼 여성 중에서 6세 이하의 자녀가 있으면서 전일제로 연중근무하는 경우는 35퍼센트에 불과하다.[12]

노동자는 전적으로 헌신적인 직원을 원하는 고용주의 바람 때문에 시간의 압박을 받는다. 고용주의 입장에서 보면 이상적인 노동자는 일을 가장 우선시해야 한다.[13] 조직의 다양한 관행은 직장의 시간 요구가 다른 모든 의무보다 먼저여야 한다는 생각을 강요한다.[14] 위기대처 위주의 노동 패턴과 무질서한 노동 관행은 노동자가 계속 근무 상태에 있기를 요구하기 때문에 일에서 벗어나는 것을 어렵게 만든다.

완수한 업무량이 아닌 '대면 시간'으로 생산성과 충성도를 측정하는 행태 역시 마찬가지다. 가정에서의 의무를 기꺼이 일보다 하위에 두는 노동자를 '헌신적'이라고 규정하는 공개적인 조치와 선언 역시 이런 관행에 해당한다. 극단적인 사례로는 중요한 회의에 참석하기 위해 제왕절개 분만 일정을 조정한 여성을 칭찬한 고용주를 들 수 있다.[15] 배우자, 연로한 부모, 자녀의 요구를 상대할 필요가 없는, 또는 이런 요구를 해결할 수 있는 누군가가 집에 있는 노동자는 헌신적인 노동자라는 이상에 부합할 가능성이 더 높다. * 〈포춘〉에 따르면, "적시just-in-time 방식으로 구축된 세상에서 이상적인 노동자는 자꾸 마모되는 사람이 아니라 항시 대기 중인 사람이다 (…) 회사의 영웅은 유모를 퇴근시키기 위해 집에 가야 하는 못난 얼뜨기가 아니라, 당장이라도 싱가포르로 출장을 갈 수 있는 사람이다."[16]

대부분의 노동자에게 전업으로 살림을 하는 아내가 있던 시절에는 고용주가 1950년대식의 노동 조직 방식을 재고할 필요가 없었다. 관리자들은 때로 가정생활을 위해 더 많은 시간을 내려는 노동자의 시도에 저항하곤 하는데, 직원들이 일과 가정의 균형을 개선하고자 한다는 말을 듣고 관리자가 보인 아래의 반응이 이런 사례에 해당한다.

> 다시는 "균형"이라는 말을 입 밖에 내지도 말라고! 그런 소리는 듣고 싶지 않아! 잔말 말고! 이 회사에선 전부가 열심히 일해야 해 (…) 여자 몇 명이 균형에 관심 있다고 해서 우리가 규칙을 바꿔야 하는 건 아니라고. 이 직업을 택했으면 다른 사람들처럼 근무시간으로 대가를 치러야 할 거야.[17]

그러므로 일에 대한 전적인 헌신이라는 기대는 노동자에게 직간접적인 압력을 행사하여 가정의 의무에 힘쓰기 힘든 장애물로 기능한다.

하지만 일이 항상 이런 식이어야 하는 것은 아니다. 서유럽 국가는

✖ 남성이 전통적으로 여성에 비해 "이상적인 노동자" 역할에 충실할 수 있었던 것은 여성이 가정과 가족의 요구를 충족할 책임을 졌기 때문이다(Williams 2000).

대체로 미국보다 노동시간이 훨씬 짧다. 1999년 기준으로 미국에서는 전일제 노동자가 주당 평균 43.5시간을 일했다. 반면 독일에서 단체협약의 보장을 받는 노동자는 주당 37.4시간을 일했다(일부 노조는 주 35시간 노동을 성사시켰다[18]). 1997년 프랑스는 주당 노동시간을 35시간으로 줄이는 법을 통과시켰고 이탈리아 역시 주당 35시간 노동으로 다가가고 있다.[19] 반면 노동시간과 관련된 미국의 법은 고용주가 주당 40시간 이상 일하는 비전문직 노동자에게 초과수당을 지급해야 한다고만 규정한다. 휴가의 길이는 미국과 유럽의 평균 노동시간 차이를 일정정도 설명한다. 유럽 전역에서는 휴가 기간 동안 월급을 지급하는 것이 일반적인 관행이지만 미국에서는 고용주에게 이를 요구하는 법이 전무하다. 네덜란드와 노르웨이 노동자는 주당 노동시간이 짧고 휴가가 길기 때문에 미국 노동자에 비해 평균 노동시간이 30퍼센트 짧다.[20]

사람들은 근무 중이 아닐 때도 여전히 시간의 부담을 느낀다. 일상생활과 개인적인 관계를 유지하는 데도 시간과 에너지가 들기 때문이다. 끼니 챙겨 먹기, 청소, 장보기, 세탁, 그리고 경우에 따라 정원 가꾸기와 차량 관리 등 기초생활유지를 피할 수 있는 사람은 없다. 자녀나 아픈 가족이 있는 노동자는 추가적인 시간을 쏟아야 한다.

시간이 지나면서 가정의 요구 중 일부는 축소되었다. 미국 여성은 1965년 이후로 가사 노동시간을 거의 절반으로 줄였다.[21] 전보다 요리와 청소, 설거지를 적게 하고, 많아진 먼지 덩어리를 참아낸다.[22] 게다가 가족, 특히 여성이 공짜로 제공하던 서비스의 일부를 이제는 구매할 수 있게 되었다. 어린이집, 양로원, 청소 서비스, 식료품 배달 서비스,

포장 음식의 사용이 크게 늘어났다.[23]

하지만 이런 시장 대체물은 시간부족을 만회하지 못하고 그 자체로 문제를 야기할 수도 있다. 시장 대체물은 저렴하지 않기 때문에 일부 노동자는 이를 위해 더 장시간 노동을 하기도 한다.[24] 또한 모든 서비스를 돈에 맡길 수도 없고, 모든 노동자가 다른 사람이 대신 일을 해주기를 원하는 것도 아니다. 아이들과 시간을 보내는 일은 많은 부모들이 고수하기를 원하는 활동이다.[25] 일부 연구자들은 오늘날 부모가 아이들의 TV 시청을 감시하고 학교에서 자원봉사를 하며 아이들의 놀이를 감독하고 아이의 친구들과 알고 지내면서 감정적인 문제의 징후를 알아채야 한다는 기대 때문에 육아의 부담이 더 커졌다고 생각하기도 한다.[26] 이런 일은 부모이기도 한 노동자에게 큰 시간부담을 지운다. 게다가 그 외에도 우체국에서 줄서기, 집을 지키고 있다가 수리기사 맞이하기, 빨래를 하고 접기 등 여전히 시간을 잡아먹는 일이 많다. **

요컨대 직장과 가정 모두 시간을 요구하고 그 결과 많은 노동자가 압박을 느낀다. 가정생활에 스트레스가 너무 많아서 일로 도망치는 사람도 있을 수 있지만[27] 대개는 그렇지 않다.[28] 여성과 남성 모두 약 3분의 2가 노동시간을 주당 11시간 정도 줄이고 싶어 한다. 직장과 가정 모두 많은 시간을 요구할 때는 '균형잡기'나 '곡예'로는 충분하지 않다.[29]

✲ 지난 50년간 시장 영역의 일을 가정으로 떠넘기는 작업이 진행되었다. 예를 들면 한때는 병원에서 회복기를 갖던 환자가 이제는 전보다 빨리 퇴원을 당해서 가족의 보살핌을 받고 있다. 제2차 세계 대전 이전에는 사람들이 동네 식료품점에 전화를 걸어 주문을 하면 식료품을 배달해주었지만, 요즘에는 대부분의 소비자가 직접 이런 노동을 수행한다.

직장과 가정에 "동시에" 있기를 요구받는 노동자

가정과 직장이 요구하는 순수한 시간이 유일한 문제는 아니다. 노동자가 동시에 두 장소에 있어야 한다는 기대에 직면할 때 또 다른 문제가 발생한다. 학부모의 교사 면담, 병원 예약, 배관공을 기다리며 집을 지키는 일은 일반적인 노동시간 중에 일어난다. 실제로 종종 그렇듯 직장의 요구가 가정의 요구와 같은 시간에 일어날 때, 가령 직장상사가 어린이집이 문 닫을 시간에 야근을 요구할 때 지불노동은 가정의 의무와 갈등을 빚는다.

근무 일정을 통제할 수 없는 상황은 직장에 다니는 부모, 특히 엄마에게 큰 스트레스를 유발한다.[30] 이런 이유로 노동자는 유연한 노동시간을 선호한다.[31] 고용주가 가정과 일의 갈등을 해결할 수 있는 유연성을 거의 또는 전혀 허용하지 않는 경우 노동자는 일에 대한 만족도가 낮고 고용주에 대한 헌신도 적다.[32]

의무적으로 초과근무를 해야 하는 노동자에게는 직장생활과 가정생활의 일정을 조정하는 일이 무척 어렵다.[33] 미국의 고용주는 노동조합 규약의 보장을 받지 못하는 노동자에게 법적으로 초과근무를 시키거나 실직의 위험을 감수하게 만들 수 있다. 많은 노동자가 초과근무수당을 중요하게 생각하지만, 일부는 의무적인 초과근무에 맞서기 시작했다. 통신회사 버라이즌Verizon의 노동조합원은 2000년 파업을 통해 최소한 2.5시간 전에 초과근무 사전고지를 받을 권리와 주당 초과근무시간을 직종과 특정한 지역 노동조합에 따라 7.5~15시간으로 제한하는 권리를 쟁취했다.[34] 이와 유사하게 유나이티드 항공United Airlines은 의무적인 초과근무시간을 제한하라는 기장과 정비공의 강력한 압력에 직면했다. 일부 노동조합원은 불규칙한 초과근무가 가정생활을 황폐하게 만들 수 있다는 이유로 강력한 입장을 취하고 있다. 육아 지원이 필요한 노동자의 경우 초과근무수당이 고스란히 베이비시터에게 들어갈 수 있다. 노동자들은 다른 행사에 참여할 수도 없다. 1996년에 실시된 한 전국적인 조사에 따르면 응답자의 절반(남성의 59퍼센트, 여성의 42퍼센트)이 일 때문에 가족행사에 참석하지 못한 경험이 있었다.[35]

또는 육아일정을 유연하게 조정하기 힘들기 때문에 곤란이 빚어지기도 한다. 직장을 다니는 부모에게는 적당한 어린이집을 구하는 일이 큰 스트레스다. 여성이 경제활동에 참여하면서 도움을 줄 수 있는 친척의 수가 줄어들었고,[36] 그 결과 부모들은 점점 어린이집에 의존하고 있다(어머니가 일하는 동안 제도화된 돌봄기관에 맡겨지는 미취학 아동은 약 4분의 1이다).

하지만 제도화된 돌봄기관은 종종 일하는 부모의 필요를 충족하지 못한다. 첫째, 대부분의 어린이집은 표준적인 업무시간에만 운영되고 아픈 어린이는 돌봐주지 않는다. 저녁에 아이를 맡아주는 어린이집은 3퍼센트뿐이다.[37] 둘째, 친척이 아닌 사람이나 기관에 맡기는 돌봄은 저렴하지 않다. 이는 노동 관련 지출 중에서 가장 큰 비중을 차지하는 항목으로, 특히 편부모나 빈곤 가정에는 큰 부담이 된다. 1995년 미국에서 미취학 자녀를 둔 빈곤 여성이 돌봄에 지출한 가계소득은 29퍼센트인 반면, 고소득 여성은 가계소득의 6퍼센트를 지출했다.[38] 셋째, 적당한 가격의 시설이 수요를 충족시킬 정도로 많지 않다. 한 추정치에 따르면 만일 돌봄비용이 완전히 지원되면 자녀가 있는 여성의 취업률

은 10퍼센트 증가할 것이다.[39]

　탁아가 원활하지 않다보니 부모들은 직장일이나 가정사에 충분히 신경 쓰기 힘들어진다.[40] 탁아가 비싸고 구하기도 쉽지 않다보니 아이를 혼자 집에 놔둘 수밖에 없는 부모도 있다. 어머니가 직장에 다니는 6~9세의 아동 10명 중 1명은 아무런 탁아도 받지 못한 채 자주 집에 남겨진다.[41] 또 다른 10명 중 1명은 어머니가 직장에 데려가서 돌본다. 어떤 부모는 아이를 돌보기 위해 한 명은 밤 근무를 하고 다른 한 명은 낮 근무를 하는 식으로 서로 근무시간을 달리한다. 하지만 이런 식의 조정은 결혼생활에 큰 지장을 초래한다. 서로 얼굴을 보는 일이 적은 부부는 평균보다 이혼율이 높다.[42]

　직장에 다니는 미국인들은 유급 노동이 요구하는 시간과 갈등을 빚을 수 있는 또 다른 가족사의 요구에 갈수록 많이 직면한다. 바로 연로한 친척을 돌보는 일이다. 노령인구는 대부분 혼자 생활이 가능하지만, 가족구성원은 보호시설에 보낼 정도는 아니지만 신체능력이 떨어진 노인을 장기적으로 돌봐야 하는 책임을 맡는다.✱ 자녀와 연로한 부모를 동시에 돌보는 사람들을 돌봄이 필요한 두 세대 사이에 끼었다고 해서 '샌드위치 세대'라고 한다. 노인을 돌보는 사람은 쇼핑과 식사 준비 같은 일상적인 활동을 도와주면서 외부 서비스를 받을 수 있도록 주선하고 위기상황에 대처한다. 수명을 연장하는 의료기술이 발달하고 베이비붐

✱ 노인을 돌보는 책임은 대부분 아내와 딸에게 맡겨진다. 백인과 흑인 중에서는 무보수 돌봄 노동자의 약 4분의 3이, 히스패닉 중에서는 3분의 2가, 아시아계 중에서는 절반이 여성이다. 이 중 많은 이들(41퍼센트)에게는 돌봄이 필요한 자녀도 있다(U.S. Bureau of Labor Statistics 1998).

세대가 나이가 들면 앞으로 장기적인 돌봄이 더 필요해질 것이다.[43]

연로한 친척을 돌봐야 하는 부담은 노동자의 직장생활을 어렵게 만들 수 있다. 하지만 1997년 연로한 친척을 돌볼 때 어떤 식으로든 고용주의 도움을 받는 주급 및 월급 노동자는 4분의 1에 불과했다.[44] 그나마 월급 노동자가 사정이 더 나았다. 실제로 포춘 1,000대 기업 중 약 절반이 월급 노동자 중 일부를 지원한다.[45] 노인을 돌보는 사람들이 가장 바라는 것은 "자유시간, 나 자신을 위한 시간"[46]이지만, 고용주가 제공하는 가장 일반적인 지원은 재원과 의뢰 서비스다.[47] 일부 노동자는 특전을 활용하려다가 상사의 반대에 부딪히기도 한다.[48] 연로한 친척을 돌보는 노동자에 대한 지원이 불충분하다보니 수면과 여가시간 부족, 경우에 따라 전일제 일자리의 상실 같은 결과가 초래되기도 한다. 일주일에 단 10시간이라도 장애가 있는 부모 한 명을 돌보면 여성의 유급 노동시간이 상당히 축소되고, 장애가 있는 부모 한 명과 함께 살 경우에는 유급 노동을 할 수 있는 가능성 자체가 55퍼센트 줄어든다.[49]

요컨대 한 사람이 동시에 두 장소에 있기를 요구할 때 가정생활과 직장생활은 양립불가능하다. 가정생활, 특히 육아 일정은 노동 일정과 상충될 때가 많다. 집에 자신에게 의지하는 다른 사람이 있는 노동자에게 일정관리는 대단히 심각한 문제이지만 부양해야 하는 사람이 없는 노동자라 해도 근무시간이 유연한 쪽을 더 선호할 것이다. 다음에서는 유연한 근무 일정을 바라는 노동자의 선호에 대한 고용주의 대응을 살필 것이다.

직장과 가정이 서로 섞일 때

직장과 가족 영역 모두 만족과 보상뿐만 아니라 골치, 걱정, 부담을 유발할 수 있다. 성별분업 때문에 여성이 가정을, 남성은 돈벌이를 책임지던 시절에는 각 영역의 문제가 그곳에 머물러 있는 경향이 있었다. 하지만 돈을 벌어오는 가장과 살림하는 주부라는 성별분업이 무너져 내리면서 여성과 남성이 양쪽 책임을 동시에 짊어지는 경우가 빈번해졌다. 게다가 직장과 가정 간의 경계가 점점 흐릿해지고 있다. 지불노동이 하루 노동시간의 경계 밖으로, 그리고 가정생활이 직장으로 흘러넘치는 경향이 생기고 있다.

가정생활이 부모의 유급 노동에 지장을 초래하는 상황은 자주 일어난다. 자녀와 교사에게 걸려오는 전화를 처리하거나, 응급상황 때문에 동물병원이나 소아과병원을 찾느라 직장에 지각하고, 폭설 등으로 인한 휴교나 자녀의 학교 행사 때문에 결근하거나, 집에 신경 쓰이는 문제가 있어서 집중력이 떨어지는 식이다. 가정생활이 근무시간을 침범하는 상황은 노동자의 효율을 떨어뜨리고 지각과 결근, 스트레스 수준을 증가시킨다.[50]

반대로 직장생활이 가정생활 시간에 침투하기도 한다. 최근 정보기술이 발달하면서 일부 노동자의 **재택근무** 능력이 향상되었는데, 이는 양날의 검과 같다.[51] 한편으로 재택근무는 자녀가 있는 노동자에게 학교일정과 육아일정을 조정할 수 있는 유연성을 제공한다. 많은 전문직 부모가 이런 방식이 유리하다고 생각한다. 한 변호사의 사례는 기술이 그녀와 아이의 관계를 어떤 식으로 촉진하고 있는지 보여준다.

저는 세 살짜리 딸이 있어요. 그래서 같이 놀거나 여러 가지를 하면서 아이와 더 많은 시간을 보내려고 노력해요. 저는 이동전화와 차량용 전화와 팩스를 장만했어요. 이렇게 하면 사실상 모든 업무를 볼 수 있죠 (…) 팩스기와 전화기가 있으면 어디든 갈 수 있어요.[52]

하지만 이는 일에서 벗어나기가 얼마나 힘든지도 보여준다. 24시간 서비스를 제공하는 방식으로 경쟁하는 회사에서는 기술의 발전으로 인해 전문직 노동자들이 사무실 밖에서도 일하기를 강요당한다.[53] 팩스기, 인터넷, 이메일, 휴대폰은 일과 가정의 전통적인 경계를 뛰어넘는 기술이 존재함을 뜻한다. 한 변호사는 고객들이 이메일로 연락을 취할 수 있으면 좋겠다고 고집을 부리는 상황을 두고 이렇게 말했다. "그럼 5분마다 이메일을 확인해야 한다고요! (…) 사무실에선 괜찮을지 몰라도 내 인생에는 영향을 줘요."[54] 또 다른 변호사는 전화기가 자신을 전혀 자유롭게 해주지 않는다고 말했다. 그보다는 구속의 사슬을 더 길게 연장시킬 뿐이라는 것이다.[55]

비전문직 노동자들 역시 컴퓨터로 보험 청구사항을 입력하거나, 기계로 스웨터를 뜨거나, 모조 장신구를 만드는 등 다양한 사무와 생산노동을 집에서 한다. 이 경우도 시간의 유연한 사용처럼 위와 동일한 장점이 몇 가지 적용되지만 이런 노동자의 경우는 노동의 양과 일정이 불규칙하고, 보수가 낮고, 임금 외 다른 수당이 전혀 또는 거의 없기 때문에 전문직에 비해 단점이 훨씬 많다.[56]

그 외에도 전문직과 비전문직에 해당하는 재택근무의 단점이 있다. 재택근무를 하는 부모들은 조직에서 눈에 잘 띄지 않기 때문에 승진 기회가 줄어들 수 있다. 자녀들은 잠들었을 때를 제외하면 일반적으로 계속 신경을 써야 하기 때문에 아이들을 보살피면서 유급 노동을 하는 데 어려움을 느낄 수도 있다. 마지막으로 재택근무는 가사 노동의 전통적인 분업을 명백하게 강화한다. 여성 재택근무자는 직장에서 일하는 비슷한 상황의 여성에 비해 집안일에 더 많은 시간을 쓰는 경향이 있는 반면, 남성 재택근무자는 그렇지 않다.[57]

가사 노동 분담은
평등해졌을까

　20세기 들어 가족구조와 여성의 경제활동참여가 크게 바뀌었음에도 가사 노동의 성별분업은 여기에 미치지 못하고 있다. 오늘날 기혼 여성의 약 60퍼센트가 가장의 책임을 나눠 맡고 있지만 남성이 가사 노동의 책임을 분담하는 속도는 여기에 미치지 못한다. 여성이 가사 노동을 책임지는 상황은 남녀관계의 초기에 확인된다. 결혼관계나 동거를 시작하게 되면 여성은 원래 하던 가사 노동시간에 평균적으로 주당 4.2시간이 추가되는 반면, 남성은 가사 노동시간이 주당 3.6시간 줄어든다.[58] 1995년 직장 여성은 유급 노동, 가사 노동, 육아, 통근에 총 63시간을 쓴 반면, 직장 남성은 61시간을 썼다. 전체 생산활동이 두 시간이나 차이 나는 것이다.[59] 여성과 남성 모두 유급 노동이 제공하는 만족감과, 거기서 파생되는 지위와 권력의 혜택을 누리지만 여성은 이중부담에 대처하면서 남성보다 더 스트레스를 많이 받는 경향이 있다.[60]

　직장 여성은 자신의 직장 일정과 집안 일정을 조절해서 다른 사람의 요구를 수용하려는 경향이 남성보다 더 강한 편이다.[61] 남성 역시 이중

부담의 스트레스를 겪지만 여성만큼은 아니다. 어떤 남성에겐 집안일이 여전히 선택사항이다.[62] 가사 노동을 많이 분담하는 커플의 경우에도, 여전히 필요한 일이 완전히 처리되었는지 확인하는 최종적인 책임은 여성에게 있는 경우가 많다.

직장 남녀가 가사 노동에 소요하는 시간의 차이

미국 남성은 전보다 일상적으로 집안일을 하고 있긴 하지만 여전히 여성이 하는 집안일이 2배 더 많다.[63] 취학연령의 자녀가 있는 집안을 예로 들면, 아버지가 하는 가사 노동의 양은 취학연령의 자녀가 하는 일상적인 가사 노동과 거의 비슷하다.[64] 하지만 이런 일반적인 패턴에는 편차가 있다. 아내와 남편의 소득이 비슷한 부부는 가사 노동을 동등하게 나누는 경향이 있다.[65] 이는 아프리카계 미국 남성이 백인에 비해 가사 노동을 아내와 더 동등하게 분담하는 경향이 있다는 사실을 설명하는 데 도움이 될 수 있다.[66] 교대근무를 하는 직장에 다니거나 탄력근무제 방식으로 일하는 아내가 있는 남성은 다른 남성에 비해 가사 노동을 더 많이 하는 경향이 있다.[67] 남성은 지불노동시간이 길수록 가사 노동과 육아에 대한 책임을 더 적게 진다.[68]

아내가 전일제로 근무하는 남성은 다른 남성보다 집안일을 많이 하지만 전일제 맞벌이 부부라도 여성이 집안일에 쓰는 시간은 남성보다 주당 3시간 가까이 더 많다(자료 7.3 참조). 게다가 여성과 남성은 서로 다른 일을 책임지는 경향이 있다. 식사 준비와 청소는 가사 노동에서 가장 많은 비중을 차지하지만, 가사 노동의 전통적인 성별분업에 따라 여

자료 7.3 성별에 따라 전일제 노동자가 주당 가사 노동에 쓰는 시간(1998)

집안일의 종류	남성	여성	여성이 쓰는 시간 대비 남성이 쓰는 시간의 비중
식사준비	2.2	4.3	49.7퍼센트
식사 후 뒷정리	0.4	0.8	52.9퍼센트
집안청소	2.0	2.8	71.5퍼센트
세탁, 다림질	0.6	1.9	31.4퍼센트
옥외잡일	1.6	0.4	400.0퍼센트
집수리, 관리	1.4	0.7	200.0퍼센트
정원과 동물관리	0.7	0.7	91.6퍼센트
다른 집안일	1.0	1.0	100.0퍼센트
집안일 전체	9.9	12.6	78.4퍼센트

출처: Bianchi and Robinson 2001.

성은 이런 일을 하는 데 남성보다 주당 약 3시간을 더 할애한다. 여성은 식사 후 정리와 다림질에도 주당 약 2시간을 더 쓰는 반면, 남성은 옥외 잡일과 집 수리 및 관리에 여성보다 주당 2시간을 더 쓴다.

평등한 분업은 결혼생활을 윤택하게 한다. 남성이 집안일을 더 많이 하면 여성이 압박감을 어느 정도 덜 수 있을 뿐 아니라 결혼생활의 만족도가 향상된다.[69] 또한 아내는 공정함을 더 많이 느껴서 우울감을 느낄 가능성이 줄어든다.[70]

가부장적 사고방식의 변화

전통적인 성역할과, 집에서 너무 적은 시간을 보냈던 아버지 세대의 양상에 의문을 제기하는 남성이 늘고 있다.[71] 이런 경향은 젊은 남성일수록 두드러지는데, 실제로 1965년과 비교하면 현재는 자녀가 있는 기혼 남성이 자녀와 보내는 시간이 더 많아졌다. 1965년에는 하루 45분 정도였던 남성의 육아시간 또는 육아와 다른 일을 하는 시간이 2000년에는 1.3시간으로 늘었다.[72] 다른 요인을 통제했을 때 35세 이하의 남성이 어린 자녀와 시간을 보내기 위해 지불노동시간을 줄일 가능성은 그보다 나이가 많은 남성에 비해 훨씬 높았고, 이 차이는 평등주의적 성향의 젊은 남성인 경우 특히 두드러졌다.[73] 하지만 평등주의적인 성향의 젊은 아버지조차도 주당 40시간 이상 지불노동을 했다. 첫 아이가 생길 무렵의 기혼 남성은 다른 남성에 비해 지불노동시간이 연간 2주 더 길고[74] 막 아이가 태어난 노동자에게 주어지는 휴가는 평균적으로 5일밖에 되지 않는다.[75]

젠더격차의 크기가 상이하긴 하지만 여성이 남성보다 가사 노동을 많이 하는 것은 전 세계적인 현상이다.[76] 일본에서는 여성이 가사 노동에 들이는 시간이 남성보다 10배 더 많다. 스페인, 폴란드, 이스라엘에서는 3~5배 더 많고, 오스트레일리아, 캐나다, 핀란드, 영국, 네덜란드, 오스트리아, 덴마크에서는 2배 정도 더 많다.[77] 학자들이 세상에서 가장 '여성친화적인' 나라로 손꼽는 스웨덴[78]에서마저 1990년대 초 자녀가 있는 직장 여성은 중요한 가사 노동의 70퍼센트를 떠맡았다.

2개국 이상을 대상으로 한 연구는 여성의 임금노동기회가 확대되면서 가사 노동의 성별분업이 조금씩 평등해지는 경향을 보여준다.[79] 미국에서는 남편의 소득이 아내의 소득에 가까울수록 남성이 집안일을 많이 한다.

반면 그리스, 온두라스, 케냐 같은 일부 '마초' 문화권에서는 아내보다 소득이 적은 남성은 집안일을 하지 않는데, 이는 이들이 아내의 경제력 때문에 위협을 느끼기 때문으로 보인다.[80] 이와 유사하게 미국에서는 아내에게 경제적으로 의지하는 남성이 다른 남성보다 집안일을 적게 하는 경향이 있다.[81]

미국의 한 연구는 연구자가 '삐삐'를 쳤을 때 무엇을 하고 있었고 어떤 기분이었는지 부부에게 물어보는 방식으로 데이터를 수집한 결과 남편은 집에 있을 때 여가활동을 하고 있을 가능성이 아내보다 훨씬 높다는 사실을 밝혔다. 특히 이른 저녁시간이 성별로 갈렸는데, 남편은 긴장을 풀고 여가활동을 시작하는 반면 아내는 집안일과 육아에 중점을 뒀다.[82] 이 패턴은 다음 세대에도 지속될 가능성이 있다. 10대 남자아이가 하는 집안일은 10대 여자아이가 하는 일의 절반 수준[83]이고, 하는 일도 젠더 전통에 따라 남자아이는 마당관리 같은 일을 하고 여자아이는 요리와 청소를 하는 경향이 있다.[84]

여성은 주부라는 관례적인 의무와 지불노동자라는 새로운 책임 모두를 충족시키면서 여러 문제를 겪지만, 대부분의 경우 이런 희생은 그만한 가치가 있다. 시간부족, 일정관리의 충돌, 일과 가정의 전이라는 문제를 겪으면서도 여성과 그 가족 모두가 취업의 혜택을 누린다. 첫째, 여성의 취업은 많은 가족의 경제적 윤택함에 반드시 필요하다. 여성이 취업을 하고 안하고는 가정이 충분히 만족스러운 생활을 하는지, 아니면 그저 버티는 수준의 생활을 하는지를 판가름할 수 있다. 부부 모두가 연중 전일제로 일하는 맞벌이 부부의 경우 아내가 전체 가계 소득에 기여하는 비중이 43퍼센트 이상이다.[85] 둘째, 직장생활과 가정생활을 병행하는 경우 감정적으로 긍정적인 효과가 있다. 직장에서 승진하는 것처럼 여성이 맡고 있는 한쪽 역할이 성공했을 경우 결혼생활의 문제 같은 또 다른 역할에서 겪는 어려움이 완화될 수 있다.

삶의 균형을 찾기 위한
줄다리기

일과 가정 간의 갈등을 해소하려는 시도는 특히 육아문제처럼 직장생활과 가정생활을 곡예하듯 조율하는 현실적인 문제를 중심으로 이루어지는 경향이 있다. 미국에서 직장생활과 가정생활을 조율하는 방법을 찾는 책임은 주로 개인에게 주어진다. 고용주가 일부나마 부담을 함께 짊어질 때는 문제가 너무 심각해서 업무 수행이나 유지에 지장을 주는 경우뿐이다. 일부 고용주는 유연한 근무 일정, 육아보조, 재택근무 같은 프로그램을 시행한다. 정치적인 성과가 필요할 때는 정부가 개입에서 가정에 도움을 주곤 했다. 이 절에서는 개인의 대응을 살펴본 뒤 고용주와 정부가 이행하는 프로그램을 다룰 것이다.

여성 노동자는 직장 또는 가정을 희생해야 하는가

대부분의 노동자는 직장과 가정의 요구를 동시에 수용하기 힘들 때 이를 개인의 문제로 받아들인다. 그래서 노동자가 일과 가정의 "균형을 잡고", "곡예하듯 조율하고", "통합하고", "방향을 찾는다"고 이야기하는 것이다.[86] 미국 통신회사인 벨사우스Bell South의 최고경영자에 따르면 "사람들은 언제나 직장과 가정의 균형을 잡기 위한 선택을 해야 했다. 이는 언제나 사적인 문제였고, 개인이 해결해야 했다."[87] 노력하는 고용주가 없는 것은 아니지만(이에 대해서는 뒤에서 논할 것이다), 노동의 구조로 인해 조율을 위한 곡예는 노동자에게 전적으로 맡겨지고 많은 고용주와 관리자 역시 이러한 풍조를 조장한다. 그래서 대부분의 노동자는 일과 가정 간의 갈등이 야기한 딜레마를 혼자서 해결한다.

어떤 노동자는 일과 가정 사이에 갈등이 발생했을 때 가정의 요구를 제한하는 방식으로 대응한다. 20세기 초 대부분의 전문직 여성은 결혼을 하지 않는 방식으로 대처했다. 오늘날의 미국 여성은 출산을 연기하고 자녀를 잘 갖지 않는데, 이런 흐름으로 인해 출산율이 인구보충출생률 아래로 떨어졌다.[88] 예컨대 1989년 〈포춘〉 500대 기업에서 근무하는 최고소득의 고위직과 임원 중 자녀가 없는 여성은 40퍼센트인 반면, 자녀가 없는 남성은 5퍼센트 미만이었다.[89] 〈포춘〉 1,000대 기업에서 근무하는 임원에 대한 1993년의 연구에 따르면 여전히 비슷한 비중의 여성에게 자녀가 없었다(36퍼센트). 안타깝게도 남성에 대한 데이터는 전혀 구할 수 없었다.[90]✱

부유층 노동자는 다른 사람을 고용해서 대신 일하게 하는 방식으로 가사 노동에 들어가는 시간을 줄일 수 있다. 하지만 이들이 고용한 여

✱ 자녀가 없는 것과 직장에서의 성공 사이의 인과관계는 확인불가능하다. 그러나 고용주는 여성의 가족이 업무 수행에 지장을 줄 수 있다고 생각하기 때문에 자녀가 있는 여성을 일정한 직무에 한정시킬 수 있다.

성, 특히 이민자, 소수 인종이나 소수 민족, 노동계급 혹은 빈민일 때가 많은 여성들이 이중 부담의 요구를 어떤 식으로 조율하는지에 대한 연구는 거의 없는 실정이다.[91]

어린 자녀가 있는 여성을 비롯한 다른 여성들은 지불노동시간을 제한하는 방식으로 일과 가정 간의 갈등에 적응한다. 2000년 25~54세 사이의 모든 여성 중에서 연중 전일제로 일하는 여성은 절반 정도인 반면, 남성은 4분의 3이었다.[92] 15세 이하의 자녀가 있는 기혼 부부 중에서는 노동적령기에 있는 여성 중에서 연중 전일제로 일하는 비중이 40퍼센트 뿐인 반면, 남성은 83퍼센트였다.[93] 당연하게도 자녀가 있는 여성 중 여력이 되는 경우에는 집안일과 육아를 위해 근무시간을 축소한다. 전일제로 일했던 여성 중에서 첫 아이를 출산하고 난 지 6개월이 지났을 때 다시 전일제 직장으로 돌아오는 경우는 3분의 1뿐이다.[94] 그러므로 일과 가정 간의 딜레마를 개인적인 차원에서 해소하려다 보면 직장 여성이 남성에 비해 시간제 일을 더 많이 하는 결과가 초래된다.[95]＊

시간제 취업은 두 영역 모두를 관리하는 어려움을 해소하는 데 도움이 되긴 하지만 많은 여성에게 이것이 이상적인 해법은 아니다. 첫째, 모든 여성이 시간제의 소득으로 생계를 유지할 수는 없다. 둘째, 전문직은 시간제로 일하기가 쉽지 않다. 셋째, 시간제 일자리에는 수당이 따로 붙지 않을 때가 많고 승진 기회도 없다.[96]●

노동시간을 시간제 수준(이는 법률 용어로 주당 45~50시간을 의미한다[97])으로 줄이면서 경력으로 인정받을 수 있는 일을 유지하려고 노력해본 변호사들은 시간제 경력의 문제를 예시한다. 대부분의 법률 사무소(92퍼센트)는 시간제 정책이 있다고 밝히지만 전체 변호사 중에서 시간제로 일하는 비율은 3퍼센트에 못 미친다.[98] 법률 종사자의 문화에서는 긴 노동시간을 헌신과 등치시킨다. 이런 이상에서 탈선한 사람, 특히 여성은 파트너 변호사 트랙에서 밀려난다.[99] 보스턴 최대의 로펌에서 노동시간을 줄인 여성 변호사들은 "흥미로운 사건도, 파트너 변호사가 될 기회도, 연봉도 줄어들었다."[100] 법 이외의 영역에서도 노동시간이 감소한 노동자는 승진 기회에서 멀어질 가능성이 높다.[101]

요컨대 많은 여성은 직업상의 목표와 가족 내에서의 목표의 갈등을 경험하고 한쪽 영역에서의 성공은 다른 영역에서의 성공을 희생해야 가능하다. 대학 졸업과 결혼, 부모 노릇, 그리고 남성이 당연하게 여기는 소득 모두를 거머쥘 수 있는 여성은 얼마 되지 않는다. 1972년경 대학을 졸업한 백인 여성(출산가능연령이 끝난 가장 젊은 집단) 중에서 이 모두를 쟁취한 여성은 13~17퍼센트 밖에 되지 않았다. 고소득 일자리를 가진 여성 중에서 40세쯤에 자녀가 없는 사람은 절반이었다.[102] 게다가 자녀가 있는 여성은 고위직인지 여부에 관계없이 자녀 당 7퍼센트 정도의 급여 불이익을 당한다.[103] 그러므로 일부 여성은 경력을 위해 가족을 희생하거나 가족을 위해 경력을 (또는 최소한 임금을) 희생함으로써 대가를 치른다.

✖ 모든 시간제 노동자가 자발적으로 시간제 노동을 택하는 것은 아니다. 1998년부터 2000년까지 시간제로 일한 여성의 약 12퍼센트와 남성의 23퍼센트가 전일제 일자리를 구하지 못한 경우였다.

● 미국은 보장된 건강보험수당으로 시간제 일자리의 문제 중 하나가 해결된 많은 OECD국가에 비해 시간제 취업률이 낮다. 가령 네덜란드에서는 급여 체계, 수당, 승진 기회의 측면에서 시간제 노동자를 동등하게 대우하는 것이 법적인 의무사항이다.

남성도 이와 다르지 않다. 한쪽 영역에서 성공하려면 다른 쪽을 희생시켜야 할 때가 많다. 전통적인 젠더 역할은 남성이 가정보다 경력을 우선시할 것을 요구하기 때문에 많은 남성이 가족과 함께 보내는 시간을 희생한다. 부모와 자녀에 대한 한 조사에 따르면 자녀와 보내는 시간이 너무 적다고 느끼는 쪽은 어머니보다 아버지가 더 많았고 자녀들도 여기에 동감했다. 직장에 다니는 부모와 더 많은 시간을 보내길 원하는지 물었을 때 어머니 쪽보다는 아버지 쪽에 그렇다고 대답한 자녀들이 더 많았던 것이다.

하지만 여성의 경우와 달리 남성은 자녀가 있다고 해서 임금이 줄어들지 않는다. 사실 자녀가 태어날 경우 남성의 임금은 아무런 영향을 받지 않거나 오히려 늘어난다. 시카고의 변호사에 대한 연구에 따르면 일과 가정 간의 압박에 직면한 여성은 파트너 변호사 자리로 승진할 가능성이 줄어들었지만 같은 압박을 경험하는 남성은 경력에 아무런 지장이 없었다.[104] 개인은 여전히 여성이 있을 곳은 가정, 남성이 있을 곳은 직장이라고 가정하는 사회에서 해법을 찾기 때문에, 일자리를 희생시키는 쪽은 여성의 몫으로, 가정을 희생시키는 쪽은 남성의 몫으로 기우는 경향이 있다.

노동자의 가정에 대한 고용주의 책임

미국을 비롯한 전 세계 많은 기업에서 고용주는 가족에 대한 책임을 수용할 수 있는 전략을 고안해왔다. 300여 개 기관을 대상으로 한 조사에 따르면, 일부 노동자에게 배우자 또는 파트너의 고용지원을 공식적

자료 7. 4 사업장 규모별, 선택된 가족지원을 이용할 수 있는 전일제 노동자의 비중 (1996~1997)

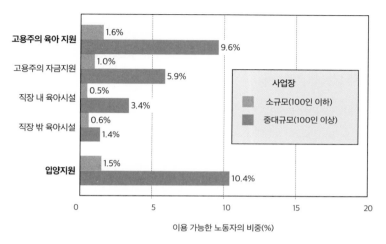

이용 가능한 노동자의 비중(%)

출처: U.S. Bureau of Labor Statistics 1999c, 1999d.

인 프로그램으로 제공하는 고용주의 비중이 1990년 4분의 1 이하에서 1998년 3분의 1 이상으로 늘어났다.[105] 이 절에서는 채용, 결근, 이직 문제를 개선하기 위해 설계된 고용주의 지원 프로그램 두 가지를 다룬 다.* 이 두 프로그램은 이제 일부 노동자가 일과 가정 간의 갈등을 해결 할 수 있도록 도움을 준다.

먼저 육아 지원을 들 수 있다. 대부분의 노동자는 고용주로부터 육

✱ 1990년 자녀가 있는 여성의 6~15퍼센트가 [설문조사 시점을 기준으로] 이전 달에 육아 지원의 미비 때문에 직장에 늦게 출근한 경험이 있었다(Hofferth et al. 1991: 346).

아 지원을 전혀 받지 못한다. 1990년대 중반, 민간사업체의 전일제 노동자 중에서 육아 지원을 받을 자격이 되는 사람은 4퍼센트 뿐이었다.[106] 자료 7.4가 보여주듯 대기업은 소기업에 비해 임금 이외의 특전을 제공할 가능성이 더 높다. 하지만 대부분의 노동자, 특히 유색인종은 소기업에서 일한다.

구인이 힘들고 이직률이 높은 직장의 노동자들은 대체가 용이한 직장의 노동자보다 육아 지원을 훨씬 많이 받는다. 1990년대 중반에 자료 7.4에 제시된 육아 혜택 중 한 가지를 이용한 노동자는 전문직과 기술직 중에서는 10퍼센트였지만, 하급 사무직과 판매직 노동자 중에서는 4퍼센트, 생산직과 서비스직 노동자 중에서는 2퍼센트밖에 되지 않았다.[107]

근무 일정을 유연하게 조정하는 것 역시 한 가지 방법이 될 수 있다. 유연한 근무 일정에는 아주 상이한 두 가지 의미가 있을 수 있다. 이러한 유연성이 고용주의 재량에 따른 것일 때 이는 일반적으로 노동자의 근무시간이 고용주의 필요에 좌우된다는 의미다. 이런 형태는 일과 가정의 균형을 맞추고자 하는 노력에 타격을 줄 수 있다. 가령 맥도날드 매장에서 유연성은 매장이 얼마나 바쁜지에 따라 늦게까지 일하거나 일찍 퇴근하는 유연성을 갖는다는 의미다.[108] 1997년 남성 노동자의 19퍼센트와 여성 노동자의 14퍼센트가 불규칙한 일정에 따라 근무를 했는데(저녁근무, 밤 근무, 교대근무, 중간휴식시간에는 보수가 주어지지 않는 분할근무), 그 사유가 육아인 경우는 4퍼센트뿐이었다. 이 중에는 직장에서 불규칙한 근무 일정을 요구한 경우가 대다수였다.[109]

반면 유연성이 노동자의 재량에 달려있다는 것은 노동자가 근무 일정을 어느 정도 조율할 수 있고, 이를 통해 일과 가정의 균형을 맞출 수 있다는 의미다. 대부분의 노동자가 같은 시간에 같은 곳에 있는 전통적인 노동 조직 방식은 변하고 있다. 한 전국적인 연구에 따르면 1997년 직접 출퇴근시간을 다양하게 선택하는 방식으로 유연노동제도를 활용한 노동자는 2,500만여 명에 달했는데, 이는 전일제 월급 및 주급 노동자의 27.6퍼센트로 1985년의 2배 수준이었다.[110] 유연한 근무 일정은 임원, 경영직, 관리자 사이에서 가장 일반적인데 이들 중 42퍼센트가 이런 방식으로 일한다. 여성보다는 남성이(남성은 29퍼센트, 여성은 26퍼센트), 자녀가 없는 노동자보다는 6세 이하의 자녀를 둔 노동자가(30퍼센트 대 27퍼센트) 유연한 근무를 조금 더 선호했다.

노동자가 규칙적으로 집에서 일할 수 있게 해주는 선택지는 이보다 훨씬 드물다. 직원이 100인 이상인 고용주 중에서 일부 직원에게 이 선택지를 제시하는 경우는 3분의 1이고, 24퍼센트는 노동자가 하루 단위로 업무 시작시간과 마감시간을 조절할 수 있게 해준다.[111]

자신의 근무시간에 대해 발언권이 있는 노동자는 육아와 가정생활을 하는 데 유연한 근무시간이 유용하다고 생각한다. 노동자가 가정에 대한 책임을 질 수 있도록 더 유연한 노동시간을 허용해야 한다고 생각하는 부분에 있어서는 여성과 남성이 모두 동의한다(여성의 91퍼센트, 남성의 88퍼센트[112]). 부모인 노동자의 10명 중 9명이 압축주간노동일수[정해진 주간 노동시간 범위 내에서 근무일수를 줄이는 제도], 유연근무제도, 직무분담[한 명분의 일을 두 명 이상이 나눠서 하는 제도], 월급 이외의 혜택이 포함된

시간제 일자리를 희망한다.[113]

　　말하자면 일부 고용주는 노동자가 가정과 직장 간의 갈등을 완화할
수 있도록 도움을 주기도 한다. 하지만 이것만으로는 대부분의 노동자
가 겪는 일과 가정 간의 갈등을 해결하지 못한다. 첫째, 일자리가 특권
적 지위의 노동자(관리자와 전문직) 그리고 고용주의 필요에 따라 고용되
었다가 해고되는 임시직(기간제 혹은 시간제 같은 직업 안정성이 전혀 없는 노동자)
과 비전문적인 정규직 노동자라는 두 집단으로 양극화되고 있다. 고용
주들은 특권적 지위에 있는 노동자에게만 가족과 관련된 특전을 제공
하는 경향이 있다.[114] 둘째, 대부분은 가족친화적인 변화를 이행할 여력
이 없는 작은 회사에서 일한다.

가족의 행복에 대한 책임은
국가에 있다

일부 국가는 노동자가 이중책임을 감당할 수 있도록 돕는 방식으로
일과 가정 간의 갈등에 접근하고 있다. 이런 면에서 다른 선진산업국
의 정책을 보면 미국은 아직 황무지임을 절감하게 된다. 가령 독일은
1883년에, 스웨덴은 1891년에, 프랑스는 1928년에 출산휴가를 도입했
다. 미국은 1993년 이후에야 법안을 통과시켰다.[115]

미국이 다른 나라보다 뒤처진 이유는 이데올로기와 관련이 있다. 개인
주의를 중시하는 미국인은 다음 세대의 양육을 공적인 관심사보다는 사
적인 일로 본다. 반면 유럽 국가는 가족의 행복에 대한 책임이 일정 정도
사회에 있고 다음 세대에 대한 투자를 통해 사회 역시 덕을 본다고 생각
한다. 스웨덴 정부의 다음 두 가지 정책 선언은 이러한 신념을 대표적으
로 보여준다.[116]

부모와 자녀는 합리적인 경제적 수준을 즐기는 동시에 함께 충분
한 시간을 보낼 수 있어야 한다.

여성과 남성은 적극적인 부모 역할과 의미 있는 직장생활을 병행할 수 있어야 한다.

출산휴직과 육아휴직의 필요성

서유럽의 산업국은 자녀가 어릴 때 긴 유급 육아휴직을 제공하고, 집이 아닌 곳에서 양질의 보육 프로그램을 제공하는 면에서 선두주자다.[117] 많은 개발도상국 역시 유급 육아휴직을 관대하게 지원한다. 가령 자메이카는 최저임금으로 8주를, 니카라과는 임금의 60퍼센트로 12주를, 짐바브웨는 임금의 70퍼센트로 3개월을 제공하고, 베냉은 14주간 원래 임금 그대로 준다.[118] 대부분의 나라에서 육아휴직 프로그램은 사회보험이나 일반적인 세수를 통해 기금을 마련한다. 고용주에게 분담금을 요구하는 나라도 있긴 하지만 말이다.[119] 자료 7.5에서 볼 수 있듯 이제 OECD 회원국 사이에서는 의무적인 출산휴직 혹은 육아휴직이 일반적이다. 출산휴직과 육아휴직 모두 평균 휴직기간은 10개월이다. 이들 국가의 절반 이상이 이제 막 부모가 된 노동자에게 임금의 최소 70퍼센트를 제공하고 그 외 7개국은 50~70퍼센트를 준다.[120] 기간이 이틀부터 6개월까지 다양한 육아휴직은 8개국에서 유급이다. 21개국은 추가적인 휴가를 제공(양육휴가라고 부르기도 한다)함으로써 노동자들이 휴가를 연장하고 입양을 용이하게 할 수 있도록 배려한다. 아픈 가족을 간병할 수 있는 가족휴직 정책을 시작한 나라도 있다.[121]

육아휴직 기간이 가장 긴 곳은 노르웨이와 스웨덴이다. 노르웨이의 부모들은 임금의 80퍼센트로 1년간 유급휴가를 쓸 수 있다. 스웨덴의

자료 7.5 출산휴직 주수와 휴직기간 중 임금의 비중

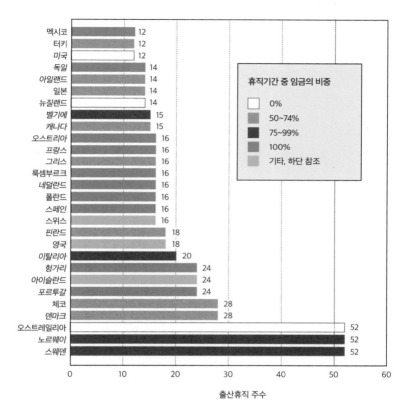

출처: Kamerman 2000. 이탤릭체로 된 국가들은 육아휴직을 제공한다. 스위스에서는 휴직기간 동안의 소득이 정치적 지역에 따라 다르다. 영국에서는 6주간은 90퍼센트로, 12주간은 고정급으로 지급된다. 아이슬란드에서는 고정급에 부양수당이 추가된다.

부모들은 자녀가 태어나면 임금의 80퍼센트로 1년의 유급휴가를 쓰고 그다음에는 그보다 낮은 임금으로 90일간 휴가를 쓸 수 있으며, 아이가 여덟 번째 생일을 맞을 때까지 18개월의 무급휴가를 쓸 수 있다.[122]

서유럽 국가들과는 달리 미국 정부가 의무로 규정한 육아휴직은 볼품없다. 1993년의 **가족의료휴직법**Family and Medical Leave Act은 고용주가 노동자의 임신이나 입양, 가족의 응급의료상황 이후 12주까지 일자리를 유지하도록 요구한다. 중요한 점은 유급휴직을 요구하지 않기 때문에 무급휴직으로는 생활이 불가능한 부모에게는 전혀 도움이 되지 않는다는 점이다. 1990년대 중반, 휴직이 필요한 상황에 놓인 노동자의 64퍼센트가 경제적 여력이 없어서 휴직을 하지 못했다.[123] 가족의료휴직법은 지난해를 기준으로 최소 1,250시간동안 일한 노동자를 최소 50명 고용한 사업장의 일부 노동자에게 해당된다. 앞서 언급했듯 대부분의 미국 노동자는 소규모 사업체에서 일하기 때문에 전체 노동자의 절반이 이 법의 적용대상이 아니다.[124] 게다가 이 법은 동성의 파트너는 배제한다. 뒤에서 논하겠지만 비공식적인 장벽 역시 노동자가 휴직을 하지 못하게 막을 수 있다. 요컨대 미국은 일과 가정 간의 갈등을 완화하기 위한 첫 번째 조치를 단행했지만 아직 미약하다. 미국법이 규정하는 12주는 대부분의 유럽 국가보다 짧고, 그마저 미국 노동자의 절반 이상을 배제하고 있으며, 무급휴직이라는 조건은 모두 소득을 지원하는 유럽연합의 국가로부터 한참 뒤처진 조치다.[125]

출산휴직과 가족휴직은 일과 가정 간의 갈등을 완화하는 데 도움이 될 수 있지만 가정과 직장에서 기존의 성별분업을 강화할 수도 있다. 전통적인 젠더 역할과 남성의 상대적으로 높은 소득, 그리고 비공식적인 직장 내 규범은 남편이 아닌 아내가 휴직하는 상황을 낳는다. 가족의료휴직법의 적용을 받는 여성의 휴직은 29~84일이지만 남성의 휴직은 1~7일 사이였다.[126] 서유럽의 복지국가에서는 아버지들이 유급 육아휴직 일수의 3~10퍼센트 밖에 쓰지 않았다.[127] 이중책임에 대한 남성의 참여를 늘리기 위해 일부 북유럽 국가는 육아휴직법에 "사용하지 않으면 상실한다"는 조항을 도입했다. 각각의 부모가 최소 1달의 휴직을 쓰지 않으면 전체 기간 중 1달을 잃게 되는 것이다.[128] 하지만 이 책의 두 번째 저자가 1990년대 말에 스웨덴에서 학생을 가르칠 때, 학생들은 남성이 스키철이나 사냥철을 위해 휴직을 아껴두는 경우가 자주 있다고 이야기했다.

직장과 가정의 균형을 위한 직장문화

육아휴직, 가족휴직 정책이 있더라도 직장문화는 무급이든 유급이든 가족휴직 정책을 이용하려는 노동자에게 비공식적인 장애물을 만들어낼 수 있다. 이런 장애물로는 노동자가 휴직을 못하도록 고용주가 은연중에 보내는 신호와, 휴직을 명백하게 가로막는 일부 관리자들의 행태가 있다.[129] 일과 가정 사이의 균형을 명목상으로는 지지하지만 비공식적인 규범은 이런 정서와 모순될 때가 많다. 한 논평가는 이렇게 말한다. "아이 사진을 책상 위에 올려두는 것은 괜찮다. 다만 그것이 업무시간을 방해해서는 안 된다."[130]

기업은 긴 노동시간을 헌신과 동일시하는 경향이 있기 때문에 일과 가정 사이의 균형을 맞추기 위한 많은 프로그램이 실패로 귀결될 수밖에 없다. 경력이 그 무엇보다 중요하다는 사회 규범을 거스르는 남성에게는 어떤 식으로든 제재가 가해진다. 한 남성은 경험 많은 남성 동료가 육아휴직을 신청하면 상사가 좋지 않게 생각할거라는 말을 이런 식으로 했다고 설명했다. "남자한테는 다들 이렇게 말하지. '안돼, 안된다고. 넌 육아휴직 못 해…'"[131] 노동자가 가족휴직이나 유연한 근무 일정을 마음대로 쓰지 못하는 것도 당연하다. 많은 기업이 '대면 시간'을 생산성과, 긴 노동시간을 헌신과 동일시한다.[132] 하지만 직장에서 자리를 지키는 것이 생산성을 의미한다는 가정은 문제가 있다.[133] 미국 제약회사인 일라이릴리Eli Lilly사의 최고경영자에 따르면 "우리는 오랫동안 저녁 7시 주차장에 누구 차가 있는지 살폈고 이들이 열심히 일하는 기업의 영웅이라고 생각했다. 하지만 이중 일부는 짜임새 없이 일을 하거나 잘못된 일에 시간을 쓰고 있었는지도 모른다."[134]✖

기업의 일과 가정 간의 균형을 찾으려는 프로그램이 성공하려면 관리자의 지원이 중요하다.[135] 하위직 관리자는 법적으로 규정된 한도 이상의 휴직을 결정할 재량을 많이 갖고 있기 때문에 공식적인 정책에 어긋나는 비공식적인 문화를 영속할 수 있다.[136] 가족친화적인 정책으로 유명한 어떤 회사의 직원은 매주 아이를 병원에 데려가는 문제로 관리자와 반복적인 마찰을 빚었다. 이 관리자는 그녀가 아이를 데려가줄 다른 사람(할머니, 베이비시터 등)을 찾아야 한다고 고집했다. 유연성을 허용하는 순간 수문이 열리게 될까봐 두렵다는 이유였다. "만일 내가 수요일 오후마다 코니에게 조퇴를 허락하면 그 다음엔 로라가 조퇴를 신청

✖ 이런 깨달음을 얻은 고용주가 노동자에게 "더 열심히가 아니라 더 똑똑하게 일하라"고 조언할 때 이들은 문제가 시간 관리보다는 절대적인 노동의 양일 가능성을 간과할 수도 있다.

할 거야. 로라에겐 세 살배기 쌍둥이가 있다고 (…) 레나의 아버지는 최근에 뇌졸중에 걸렸고. 하지만 우린 사업체를 운영해야 해."[137]

관리자와 운영자가 이런 프로그램을 내켜하지 않는 이유는 고용주가 이들에게 해당부서의 생산성에 대한 책임을 묻기 때문이다. 어떤 금융 서비스 회사의 한 관리자는 자기 회사의 유연한 시간근무 정책에 대해 이렇게 말했다. "관건은 (…) 생산성을 쫓고, 근무 일정을 짜고, 갑자기 떨어진 업무를 할당하는 등에 들어가는 추가시간이에요. 우리[관리자]는 이미 우리 자신의 업무부하 때문에 초과노동을 하고 있지만 여기에다가 [일과 가정의 균형이라는] 선택지를 추가하면 더 많은 압박감 속에 더 노력해야 해요."[138]

돌봄시설 및 보육 정책의 필요성

보육 정책 역시 중요한 역할을 한다. 노동자들이 육아 때문에 지불 노동과 가사 노동을 병행하기가 힘들고, 고용주와 정부가 이 어려움을 덜어주는 정도는 나라마다 차이가 있음을 앞서 확인했다. 유럽 국가 대다수는 미국에 비해 더 종합적인 선택지를 제시한다. 유럽에서는 부모의 고용 상태와 무관하게 취학 전 아동의 고급 보육 시스템을 정부의 책임으로 여긴다. 프랑스에서는 3세 이상 아동을 맡아주는 유치원이 무료고 근무시간에는 거의 항상 열려있다. 그래서 3~5세 유아는 거의 모두 여기에 다닌다. 신생아 돌봄시설과 방과전후 프로그램 역시 프랑스의 부모들이 경제활동에 온전히 참여할 수 있도록 도와준다.[139] 벨기에는 3~5세 유아의 95퍼센트에게, 이탈리아는 90퍼센트에게, 덴마크는 85퍼센트에 돌봄시설을 제공한다. 스웨덴은 정책적으로 지방정부로 하여금 모든 일하는 부모가 보육 프로그램을 활용할 수 있도록 요구한다.[140]

변변치 않긴 하지만 미국의 육아 지원 시스템에는 연방 차원의 프로그램과 주차원의 프로그램이 있다. 연방정부는 모든 노동자에게 자녀와 피부양자 돌봄 세액공제를 해주지만 그 외 대부분의 프로그램은 저소득 가정에만 해당되고, 모든 아이를 감당할 정도로 충분히 포괄적이지 않다. 연방수준에서 110억 달러에 달하는 1998년 총 육아 지원 지출의 39퍼센트가 헤드스타트[사립에 비해 저렴한 공립어린이집]에 들어갔고 28퍼센트가 빈민 지원금을 목표로 한 주의 정액 지원금으로 들어갔다. 이 두 프로그램은 직장에 다니는 중산층 가정의 필요를 해결하는 일과는 무관하다.[141]

결론적으로 말해서 가족휴직과 시간제 일자리에 대한 보수 이외의 혜택, 공공자금의 지원을 받는 보육과 같은 정부의 정책은 여성과 남성이 직장에서의 책임과 가정에서의 책임 모두를 충족시킬 수 있게 도와줄 수 있다. 하지만 정책 내 세부 조항이나 고용주, 또는 젠더 역할 규범 같은 것들이 남성의 휴직을 가로막을 경우 이런 정책은 노동시장에서 여성의 종속적인 지위를 강화하고 여성을 집에 묶어둘 수 있다. 가령 3년간 유급 육아휴직을 지원하는 독일의 정책은 어머니와 아버지 모두에게 적용되지만 남성은 휴직하는 일이 거의 없는데, 이는 이 정책이 본질적으로 여성이 돈을 받고 직장을 떠나있게 만들고, 이로써 성별분업을 강화한다는 의미다.

더 많은 사회적 논의의 필요성

통상적으로 남성이 지불노동을, 여성이 가사 노동을 책임지던 20세기 상반기에는 지불노동을 하는 여성과 남성 모두 일과 가정 간의 갈등 때문에 피해를 입었다. 여성과 남성 모두 가족과 보내는 시간을 빼앗겼던 것이다. 여성은 집안일을 해야 하는 추가적인 부담까지 졌다. 20세기 후반 여성의 경제활동참여가 꾸준히 증가하자 현대의 여성과 남성은 이 갈등을 시간부족과 일정조정의 문제, 일과 가정의 전이라는 형태로 겪게 되었다. 고용주와 정부는 일말의 결단력을 발휘하여 노동자가 양쪽의 책임을 "곡예"하듯 조율할 수 있도록 임금 외의 특전을 제시했고, 이런 프로그램은 남녀 노동자 모두에게 유익했다. 그럼에도 불구하고 미국에서 일과 가정 간의 갈등을 해결하려는 노력은 개인적인 차원에서 이루어진다.

가사 노동 분담의 변화 속도가 성별 노동시장 참여 수준이 동일해지는 속도를 따라가지 못하다 보니 이런 해결의 부담은 남성보다 여성이 더 많이 진다. 다시 말해서 여성의 노동시장 참여는 "혁명"적인 수준으로 증가했지만 이에 상응하여 남성의 가사 노동 참여가 "혁명"적으로 증가하는 일이 일어나지는 못했다.[142] 여성이 이중부담의 모든 혹은 대부분의 짐을 떠안는 식의 해법은 가정과 직장에서 불평등을 지속시킨다.

하지만 몇 가지 이유에서 가사 노동의 분업이 지금보다 평등해지리라고 예상할 수 있다. 먼저 기혼 여성의 40퍼센트가 남편이 집안일을 더 많이 하기를 원하고, 실제로 남성은 과거에 비해 집안일을 더 많이 하고 있다. 남성의 규칙적인 가사 노동은 1965년 이후로 꾸준히 증가

했고, 30세 이하의 남성으로 구성된 부부는 다른 집단보다 가사 노동을 더 공정하게 분담한다.[143]

게다가 변화 속도가 느리기 때문에 여성이 상당히 비싼 대가를 치르고 있지만 이는 남성 역시 다르지 않다. 뒤처지면 죽는다는 식의 남성에 대한 사회적 기대는 가정과 직장에서 남성의 선택지를 제한한다. 일 때문에 가족과 보내는 시간을 희생해야 할 때 일부 남성은 자신과 자녀들 사이에서 자라나는 단절감을 아프게 체감한다. 한 남성은 딸의 친구가 딸에게 "너는 아빠가 없는 줄 알았어"라고 하는 말을 우연히 듣고는 수치심을 느꼈다고 털어놓기도 했다.[144] 20~39세 사이의 남성 10명 중 7명이 자신은 가족과 더 많은 시간을 보낼 수 있다면 약간의 보수를 기꺼이 포기할 것이라고 말했다.[145] 돌봄 노동의 책임 대부분을 여성에게 지우는 일과 가정간의 관계 배치에 여성만이 아니라 남성 역시 불만을 느끼고 있는 것이다.

고용주가 일과 가정 간의 갈등을 완화하기 위한 책임을 더 많이 지게 되리라는 낙관론에도 몇 가지 근거가 있다. 점차 많은 고용주가 일과 가족 사이의 균형을 맞추는 프로그램을 이행하거나, 다양한 노동시간 조직 방식을 실험하고 있다. 특히 이런 방법을 통해 "최종 결과물"이 개선되는 경우 탄력이 더해진다. 가령 한 대기업은 무간섭 휴식 시간을 도입했는데, 이를 통해 개인적으로 시간을 쓸 수 있게 해주었더니 효율성 역시 증가했다.[146] 일부 고용주는 일과 가정 간의 균형 정책이 이윤을 향상시킬 수 있음을 인정한다. 유연한 근무 방식을 제공하는 미국 전역 1,000여 개의 대기업 중에서 이 방식이 거기에 들어가는 비용만

큼 가치가 있거나 비용 중립적이라고 생각한 곳이 4분의 3이었다.[147]

가족휴직과 육아 지원에 대한 정부 정책이 앞으로 더 선제적이 될지는 미지수다. 미국에서도 가족의료휴직법을 통과시키는 과정은 지난하고 힘든 싸움이었다. 많은 정책 분석가들이 이 법이 통과되면 미래의 고생을 방지하려는 고용주들의 적대적인 대응이 일어나리라고 두려움을 토로했다. 하지만 고용주 대부분은 여기에 만족을 느낀다고 보고한다. 이는 노동자가 법을 남용하는 일이 최소한이고, 이를 관리하는 데 별 어려움이 없으며, 이행 비용 때문에 지나치게 곤란해지는 일이 없다는 의미다.[148] 하지만 가정과 직장 내 불평등을 진정으로 줄이려면 더 포괄적인 공적 계획이 필요하다. 가령 공정노동기준법이 개정되어 전문직과 관리직 노동자의 초과노동수당이 의무화되면 이들의 노동시간이 단축될 것이 거의 확실하다.[149] 정부가 보육 프로그램을 제공하면 수백만의 노동자들이 겪는 일과 가정 간의 갈등이 완화될 것이다. 소득세 시스템을 더 진보적으로 바꿔서 추가적인 노동을 해도 늘어나는 추가 소득이 전보다 줄어들게 만들면 노동자들은 장시간 노동을 받아들이고 싶지 않게 될 것이다. 하지만 이런 정책이나 아이디어에 대한 공개적인 논의가 부재할 경우 대부분의 노동자들은 일과 가정 간의 갈등을 여전히 홀로 짊어지게 될 것이다.

용어 해설

가내수공업 집에서 상품을 제작하는 생산 시스템으로, 보통은 정률급제 방식을 따른다.

가부장주의 지배집단의 구성원이 피지배집단의 구성원을 마치 보호나 안내가 필요하다는 듯 대우하는, 부자관계를 모델로 한 지배자와 피지배자 사이의 관계를 말한다.

가사 서비스 청소나 아이 보기처럼 다른 사람의 집에서 돈을 받고 하는 일을 의미한다.

가족의료휴직법 미국 연방의회가 노동자를 50명 이상 고용하고 있는 고용주를 대상으로 일부 노동자에게 임신이나 입양, 가족의 응급의료상황 이후 12주까지 무급휴가를 줄 것을 요구하는 1993년의 법률.

강제 노동 노예나 재소자의 노동처럼 강압적인 환경에서 수행되고, 수당을 거의 혹은 전혀 지급하지 않는 노동을 말한다.

경제활동참여 보수나 이윤을 얻기 위한 취업.

공개모집 빈 자리가 있음을 공개적으로 발표하여 지원자를 물색하는 방법.

공급측 설명 노동자의 의사결정을 중심으로 임금격차를 설명하는 방식.

권한 의사결정을 할 수 있는 권력으로, 어떤 사람이 어떤 일을 하게 만들 수 있는 자원을 거머쥐고 사람을 움직일 수 있는 능력을 말한다.

길드 상품 제작을 통제하고 업계의 진입과 훈련에 접근할 수 있는 자격을 규제하며 상호원조를 제공하는, 산업화 이전의 수공업 노동자 조합.

남성화　어떤 직무나 직종의 노동력이 주로 여성이었다가 주로 남성으로 바뀌게 되는 현상을 말한다.

내부 노동시장　어떤 회사나 조직 내에서 승진기회와 임금 상승을 조직하는 비공식적인 관행과 공식적인 규정.

노동　자신이 쓰기 위해 혹은 돈을 받고 팔거나 다른 도움을 얻기 위해 상품과 서비스를 만들어내는 활동을 말한다. 강제노동, 시장노동, 비시장노동 참조.

노동보호법　노동자를 착취하거나 해로운 일에 노출시키는 일부 고용관행을 금지하는 법.

노동인구　보수를 얻기 위해 일하거나 지불노동을 적극적으로 찾는 사람들을 의미한다.

독립계약자　한 기업 내의 정규직 노동자가 해야 할 일을 하도록 고용주가 프리랜서 방식으로 고용하는 노동자를 말한다.

동성사회적 재생산　자신과 사회적으로 비슷하다는 이유로 관리자가 노동자를 어떤 직무에 선발하는 행위.

동일임금법　1963년 미국에서 제정된 연방법으로, 민간 고용주가 본질적으로 남성과 동일한 노동을 수행한 여성에게 임금을 더 적게 주지 못하게 하는 법률이다.

문지기　노동자의 승진과 보수에 영향을 미치는 인사 결정을 내리는 상관, 관리자, 감독을 의미한다.

민권법 제7장　1964년 미국에서 제정된 연방법으로, 민간 고용주가 채용, 승진, 그 외 다른 고용조건에서 인종, 성별, 출신국을 근거로 차별하지 못하게 하는 법이다.

별개의 영역 이데올로기　직장생활과 가정생활의 분리를 요구하고, 여성에게 마땅한 장소는 가정이며 남성에게 자연스러운 영역은 직장이라고 여기는, 잉글랜드 중상계급 사이에서 시작된 신념의 집합을 말한다.

보상적 격차　일이 얼마나 유쾌한지나 불쾌한지를 근거로 삼아 정해지는 임금.

비공식 부문　작은 사업체와, 이런 사업체가 정기적으로 고용하는 노동자, 그리고 고용 상태가 안정되어 있지 않은 임시직 노동자로 구성된 경제 부문. 노동규정이나 노동조합의 보호를 받지 못하는 지불노동자와 부불노동자 모두를 포괄한다.

비교가능가치 차별 겉보기에는 다르지만 실제로는 가치가 동일한 일을 하는 노동자에게 불평등한 임금을 지불하는 행위.

비시장 노동 자신과 타인을 위해 수행하는 부불노동을 말한다.

비취업자 유급노동을 하지 않는 사람. 부불노동자와 비노동자 모두 여기에 해당한다.

사업장 공장, 사무실, 가게처럼 상품이나 서비스를 만들어내는 시설.

사업장 수준의 분리 서로 다른 노동자 집단이 상이한 사업장에 집중되어 있는 현상.

사회적 통제 사람들이 자신의 행동에 대한 반응으로 꾸준히 경험하는 보상과 처벌

산업혁명 18~19세기에 자본주의 발전의 일환으로 서유럽에서 일어난, 대대적인 경제, 기술, 사회적 변화의 시기.

성별 인간의 생물학적 특성, 즉 염색체, 호르몬, 생식기관에 근거한 분류를 말한다. 젠더, 젠더의 사회적 구성 참조.

성 불평등 성별을 근거로 기회, 자원, 보상을 불평등하게 분배하는 행위.

성별 구분 사람들을 성별로 범주화하는 과정.

성별 고정관념 한쪽 성별에 여러 특성과 기술을 연결시키는 사회적으로 공유하는 믿음.

성별 꼬리표 어떤 직무 또는 직종이 한쪽 성별에는 적합하지만 다른 쪽 성에는 그렇지 않다고 규정하는 것.

성별 분업 성별을 근거로 한 업무 할당.

성별분리 여성과 남성이 서로 다른 직종, 직무, 산업, 노동 장소에 집중되는 현상.

성-젠더 위계 여성보다 남성에게 우호적인 성 불평등 시스템. 여성 노동의 저평가 참조.

성희롱 원치 않거나 반복적으로 이루어지는 언어 또는 육체를 이용한 성적 접근. 상대방에게 모욕감 및 불편함을 유발하거나, 업무수행을 방해하는 말이나 행동을 의미한다.

세계화 자본 소유주가 더 높은 이윤을 찾아 돈과 상품, 일자리를 세계 이곳저곳으로 이동시키는 과정.

소득비 성별에 소득비 개념을 적용할 경우, 남성이 1달러를 벌 때 여성이 얼마나 버는

지를 나타내는 지표로, 여성의 평균소득이나 중위소득을 남성의 평균소득이나 중위소득으로 나누는 방식으로 계산한다.

수요측 설명 고용자의 의사결정을 중심으로 임금격차를 설명하는 방식.

시장 노동 소득을 창출하는 노동.

실업자 적극적으로 일자리를 찾고 있지만 채용되지 않은 사람.

여성화 주로 남성이 지배적이던 어떤 직종이나 직무의 노동력이 주로 여성으로 바뀌는 현상.

유리천장 한 조직 내에서 어떤 집단의 이동을 가로막는 승진장벽.

인적 자본 사람이 교육, 훈련, 경험이라는 형태로 소유한, 판매 가능한 상품.

임금격차 서로 다른 집단에 속한 사람들의 평균 임금의 차이. 보통 고소득집단 대비 저소득집단의 소득의 비율(혹은 퍼센트)로 표현한다.

임금차별 동일한 일을 하는 서로 다른 노동자 집단에게 불평등한 임금을 지불하는 것.

임금평등제 노동자에게 성별이나 인종이 아니라 업무가 요구하는 기술, 노력, 책임, 노동조건을 가지고 보상하는 임금정책.

장인 다양한 제품을 원재료상태에서부터 만들어내는 수공업 노동자.

재택근무 노동자가 가내수공업에서처럼 정률급제나, 월급제로 돈을 받으며 집에서 하는 지불노동.

정률급제 완성한 단위의 수에 따라 노동자에게 보수를 지급하는 지불방식.

젠더 명사로 사용될 경우, 사회가 성별을 구분하기 위해 구성한 분류를 의미한다. 동사로 사용될 경우에는 권리와 책임을 할당하기 위해 성별을 구분하고 사회적 지위를 만들어내는 사회적 과정을 말한다.

젠더 과시 직업 현장이나 다른 환경이 한쪽 성별의 전유물이라는 식으로 규정하는 데 사용되는 언어나 의례.

젠더 구분 자연적인 차이는 전혀 없는데도 새로운 차이를 만들어내고 생물학적 차이를 과장함으로써 여성과 남성을 두 개의 젠더로 바꿔놓는 사회적 과정.

젠더 역할의 사회화 가족, 또래집단, 학교, 작업장, 미디어 같은 사회기관들이 여성과 남성이라는 성별에 적합한 옷차림, 화법, 인성, 여가활동, 포부에 대한 사회의 기대를 주입하는 과정.

젠더 이데올로기 생물학적 성에 대한, 그리고 양성의 관계는 어떠하며 어떠해야 하는지에 대한 폭넓은 가정의 집합.

젠더의 사회적 구성 생물학적인 차이가 미미한 여성과 남성을, 외모, 행동, 기회가 상이한 두 개의 젠더로 탈바꿈하는 사회적 과정.

종속집단 불평등 시스템 안에서 불이익을 당하는 집단.

지배집단 불평등 시스템 안에서 이익과 권력을 누리는 집단.

직무 어떤 환경에서 노동자가 하는 특정한 종류의 노동.

직무 수준의 분리 서로 다른 노동자 집단이 상이한 직무에 집중되어 있는 현상을 의미한다.

직업사다리 하급직과 상급직 사이의 이동경로 또는 승진경로.

직종 사업장 전반에서 고용주, 노동자, 공공기관이 호환가능하다고 여기는 유사한 활동을 하는 직무의 집합.

직종 수준의 분리 서로 다른 노동자 집단이 상이한 직종에 집중되어 있는 현상.

직종분리지수 두 집단(가령 여성과 남성)이 서로 다른 직종에 종사하는 정도를 요약해서 보여주는 숫자로, 0~100 사이로 표시한다.

차별 성별, 인종, 나이, 외모, 성적 취향 같은 노동과는 무관한 특성을 이용해서 고용 관련 결정을 내리는 행위.

차별철폐 조치 과거 차별의 희생자였던 집단의 모집, 고용, 승진에 대해 고용주가 각별히 신경 쓸 것을 요구하는 조치.

통계상의 차별 상대가 속한 집단의 특성에 대한 통상적인 믿음을 근거로 어떤 개인을 대하는 행위.

찾아보기

• 언론

• 인명

• 국가, 지역

미주

•1장

1. International Labour Organization 2001

2. Domosh and Seager 2001:56; International Labour Organization 2001: 5

3. Domosh and Seager 2001: 56

4. Jones 1998: 377

5. Mies 1998:ix

6. Reskin 1988; West and Zimmerman 1987

7. Davidoff and Hall 1987:412

8. Kidwell and Steele 1989: 24-27

9. Gayle Rubin(1975:178)

10. Schmitt and Martin 1999; Stombler and Padavic 1999

11. Haney-Lopez 1996

12. Acker 1990: 146; 1999; Britton 2000; Risman 1998

13. Acker 1999; Britton 2000; Lorber 1992:748

14. Anker 1998: 276

15. Anker 1998: 272-73

16. Anker 1998: 272

17. U.S Census Bureau 1998, 1999, 2000a

18. Glenn 1996: 122

19. Kowaleski and Bennett 1989

20. Anker 1998: 412, 415

21. Anker 1998: 416

22. Anker 1998: 274

23. Carney and Watts 1991: 641

24. Earle 1896

25. Chenut 1996: 87-88

26. Davidoff and Hall 1998: 242

27. Jones 1998

28. Scott and Tilly 1975:44-45

29. Leviticus 27: 3-7

30. Lorber 1994: 33-35

31. Barr and Bolye 2001:33

32. Gray 1996: 43

33. Ridgeway and Correll 2000: 117

34. Major 1989: 108-10

35. Major and Forcey 1985

36. Acker 1990, 1999; Britton 2000

37. Yarrow 1987:9

38. Fink 1998: 110

39. Tiano 1994: 183

40. Freeman 2000: 185

41. Freeman 2000: 188

42. Lee 1997: 130

43. Chetkovich 1997: 76

44. Eisenberg 1998: 72

45. Barrett 1996

46. Eisenberg 1998; Weston 1990: 146

47. Pierce 1995: 68

48. Martin 2001; Ridgeway and Correll 2000

49. Padavic and Orcutt 1997: 694

50. Eisenberg 1998: 81

51. Padavic 1991

52. Fink 1998: 31

53. Fernandez-Kelly 1983: 131-32

54. Lee 1997: 131

55. Acker 1999; Ely and Meyerson 2000; Ridgeway and Smith-Lovin 1999

• 2장

1. Hanawalt 1986
2. Shorter 1975: 67-72
3. Pinchbeck 1930: 17-18
4. Quoted in Berg 1985: 142
5. Howell 1986
6. Berg 1985: 103
7. Valenze 1995
8. Baxandall, Gordon, and Reverby 1976: 83
9. Goldin 1990
10. Pinchbeck 1930
11. Pinchbeck 1930
12. Lerner 1979: 189
13. Dublin 1993
14. Folbre 1991: 465
15. Davidoff and Hall 1987: 364-67; Skolnick 1991: 30-31
16. Westover 1986: 67
17. Fink 1998: 102
18. Ellis in Davidoff and Hall 1998: 287
19. Gould 1974
20. Kimmel 2000: 176
21. Amott and Matthaei 1996
22. Margold 1995: 287
23. Clark 1995: 263
24. Blackwelder 1997: 97
25. Westover 1986
26. Amott and Matthaei 1996
27. Goldin 1990: 44-45
28. U.S. Census Bureau 1998, 1999, 2000a
29. Fullerton 1999
30. U.S. Census Bureau 1998, 1999, 2000a
31. Amott and Matthaei 1996
32. Corcoran, Heflin, and Reyes 1999: 135
33. Corcoran et al. 1999: 124
34. Harrison and Bennett 1995
35. Elson 2000: 23, 28
36. United Nations 1999, 2000
37. World Bank 2000
38. Elson 2000; United Nations Population Fund 2000
39. Chen 2000; R. Smith 1999
40. United Nations Population Fund 2000: 표5d에 딸린 세부설명
41. Elson 2000: 25
42. Elson 2000; United Nations 2000
43. Elson 2000: 29; Pyle 1999
44. Sen 2000; United Nations 1999
45. Joekes and Weston 1994
46. Kim and Kim 1995
47. Domosh and Seager 2001: 52; Pyle 1999: 90
48. Pyle 1999
49. Domosh and Seager 2001: 49
50. Joekes and Weston 1994
51. Pyle 1999: 90
52. Pyle 1999: 91; 2001
53. Pyle 1999: 91
54. Pyle 2001
55. Elson 2000; Pyle 1999: 84
56. Pyle 1999: 102
57. Joekes and Weston 1994
58. Elson 2000: 31
59. Oishi 2001; Pyle 2001
60. Pyle 1999: 98
61. Pyle 1999:102

• 3장

1. Carrington and Troske 1994; Nelson and Bridges 1999; Petersen and Morgan 1995

2. Williams 1995

3. Kalleberg, Reskin, and Hudson 2000, Table 4

4. Jacobs 1992; Reskin and Ross 1992

5. U.S. Census Bureau 1998, 1999, 2000a

6. National Economic Council Interagency Working Group on Social Security 1998

7. Dunlop and Velkoff 1999

8. Ramamurthy 1996: 473

9. Enloe 2000

10. Burns and Levine 1996

11. Wilkinson-Weber 1999: 69, 197

12. Smith 1994: 321

13. Barbara Bergmann(1986: 114-16)

14. Jackman 1994

15. Sanders 1943: 257

16. Davis, Smith, and Marsden 2000

17. Browne and Kennelly 1999

18. Bodenhausen and Macrae 1996

19. Oppenheimer 1968

20. Blauner 1972; Collins 1974; Goode 1982

21. Glenn 1996: 139; Milkman 1987

22. Baker 1977: 86

23. Eisenberg 1998: 132

24. Eisenberg 1998

25. Bergmann and Darity 1981

26. Reskin and Roos 1990

27. Braddock and McPartland 1987; Lin 2000

28. Stender et al. v. Lucky 1992

29. Robertson 1992: 46

30. Robertson 1992: 186

31. Reskin 2001

32. Reskin 1998

33. Roush 1997

34. U.S. Equal Employment Opportunity Commission 1999

35. NBC News/Wall Street Journal 2000

36. Burstein 1991: 518

37. U.S. Equal Employment Opportunity Commission 2001a

38. National Council for Research on Women 1995

39. Diaz v. Pan American 1971

40. Trentham and Larwood 1998

41. Erickson, Albanese, and Drakulic 2000:314

42. Rogers 2000

43. Blau, Ferber, and Winkler 1998; Polachek 1981

44. Bianchi 1995

45. Jacobs 1996a: 175

46. Eisenhart 1996: 232; Morgan 1999

47. Morgan 1999

48. Camp, Miller, and Davies 2000

49. Jacobs 1995

50. Wilkinson 1998

51. Kilbourn, England, Farkas, Beron, and Weir 1994

52. Amirault 1992

53. Eisenberg 1998

54. U.S. Census Bureau 1998, 1999, 2000a

55. Smith 1985

56. Wilson and Wu 1993, table 5

57. Kimmel 2000:122; Stockard 1999: 224

58. American Council on Education and UCLA Higher Education Research Institute 2001

59. Aven, Parker, and McEvoy 1993; Marsden, Kalleberg, and Cook 1993

60. Bielby and Bielby 2002; Marsden et al. 1993

61. Cassirer and Reskin 2000

62. Bielby and Bielby 1988

63. Bielby et al. 1995; Marsden et al. 1993

• 4장

1. Anker 1998: 26

2. Kondo 1990

3. Williams 2000: 77

4. Anker 1998: 403

5. England 1996: 68

6. U.S. Bureau of Labor Statistics 1999a, Table A-6

7. Belzer 2000: 163

8. Ryan 1983: 27

9. Ryan 1983: 24

10. Jones 1998: 194-95

11. Jones 1998: 195

12. Davis 1982, table 1

13. Hooks 1947: 10

14. Ruggles and Sobek et al. 1997

15. Amott and Matthaei 1996: 196

16. Hogan 1996: 42

17. Jones 1998: 320-21

18. Hooks 1947: 75

19. Hooks 1947: 30

20. Milkman 1987: 102-103

21. Reskin and Roos 1990

22. U.S. Census Bureau 1998, 1999, 2000a

23. U.S. Census Bureau 1998, 1999, 2000a

24. U.S. Census Bureau 1998, 1999, 2000a

25. Sturm 2001: 138

26. Bielby and Bielby 1996

27. Nelson and Bridges 1999; Petersen and Morgan 1995

28. Britton 2003

29. Neumark 1996; Rab 2001

30. Carrington and Troske 1998

31. Jones 1998

32. Jones 1998

33. King 1993: 18

34. Jones 1985: 182

35. Cooper 1991: 326

36. Jones 1998: 347

37. Jones 1998: 346

38. Amott and Matthaei 1996: 77

39. Amott and Matthaei 1996: 208

40. Charity Shumway, personal communication, 2002

41. Anker 1998: 403

42. Anker 1998: 411

43. Anker 1998: 264

44. Pinchbeck 1930: 315

45. Reskin and Roos 1990

46. Alfano 1985

47. King 1992를 가지고 계산; U.S. Census Bureau 1998, 1999, 2000a

48. Oppenheimer 1968

49. Bielby and Bielby 1996: 266

50. Graham 1990

51. Diaz v. Pan American World Airways, Inc. 1971

52. Reskin 2000

53. Padavic and Reskin 1990

54. Bradwell v. Illinois 1873

55. Quadagno and Fobes 1995

56. Gorman 2001

57. Reskin 2000

58. Bielby 2000; Heilman 1995

59. Bielby 2000; Reskin 2002

60. Bergmann and Darity 1981

61. Erickson, Albanese, and Drakulic 2000: 305, 308

62. Reskin 2002

63. Brewer and Brown 1998

64. Reskin 2002

65. Salancik and Pfeffer 1978

66. Abelson 2001: A12

67. Heim v. State of Utah 1993

68. Sturm 2001

69. Ricks 1998

70. Reskin 1998

71. Tomaskovic-Devey and Skaggs 1999

72. Marsden and Gorman 2001; Miller and Rosenbaum 1997: 513

73. Lin 2000

74. Reskin, Hargens, and Merritt 2001

75. Moss and Tilly 2001

76. Reskin and McBrier 2000

77. Bielby 2000; Reskin 2000

78. Heilman 1995: 12

79. Salancik and Pfeffer 1978

80. Bielby 2000: 124

81. Thomas and Ely 1996

82. Padavic and Reskin 1990

83. Sessa 1992

84. Eisenberg 1998: 70

85. Tetlock 1992

86. Sturm 2001: 157

87. Reskin and Hartmann 1986

88. Williams 2000: 109

89. Eisenberg 1998: 130; Willliams 2000

90. Williams 2000: 77

91. Garey 1999; Hofferth 1999

92. Hofferth 1999: 25

93. Padavic 1991

94. Meyerson and Fletcher 1999

95. Cohn 2000

96. Bielby and Baron 1986

97. EEOC v. Sears, Roebuck & Co. 1988

98. 가령 Polachek 1981을 볼 것

99. England, Chassie, and McCormack 1981

100. Kilbourne, England, Farkas, Beron, and Weir 1994

101. Eisenberg 1998: 48

102. Fink 1998: 99

103. Prokos and Padavic 2002

104. Glass 1990: 791; Jacobs and Steinberg 1990

105. Headlam 2000

106. Messner 2000: 777

107. Jacobs 1999: 137

108. Jacobs 1999: 137-38

109. Sturm 2001: 155

110. Konrad et al. 2000; Marini et al. 1996

111. Cohn 1996: 88

112. Cohn 1996: 88

113. Segal 1995

114. U.S. Department of Defense 1999

115. Epstein 1993

116. Working Women 1981

117. Reskin and Roos 1990

118. Fink 1998: 108

119. Williams 1995

120. Martin 2001

121. Swerdlow 1989: 379

122. Levin 2001: 122

123. Padavic and Orcutt 1997: 694

124. Fink 1998: 97

125. Jacobs 1999

126. Padavic and Reskin 1990

127. Fink 1998: 105-106

128. Swerdlow 1989: 394

129. Eisenberg 1998: 105

• 5장

1. Kalleberg and Reskin 1995

2. U.S. Bureau of Labor Statistics 1999b

3. Cobb-Clark and Dunlop 1999

4. U.S. Office of Personnel Management 1999

5. Cobb-Clark and Dunlop 1999

6. Cobb-Clark and Dunlop 1999

7. U.S. Bureau of Labor Statistics 1999b

8. Davis, Smith, and Marsden 2000

9. Berheide 1992

10. Cobb-Clark and Dunlop 1999

11. Cobb-Clark and Dunlop 1999

12. Gorman 2001; Rhode 2001

13. Catalyst 2001

14. Williams 1995

15. Maume 1999: 501

16. Jim Madsen, 개인적인 소통, 2001

17. Williams 1995: 88

18. Kanter 1983

19. Catalyst 2000a

20. Catalyst 1999

21. Catalyst 1999

22. Clement and Myles 1994

23. U.S. Equal Employment Opportunity Commission 2001b

24. Center for Women in Government 1999

25. U.S. Merit Systems Protection Board 1996: 16; U.S. Office of Personnel Management 1999

26. U.S. Merit Systems Protection Board 1996, Figure 4; U.S. Office of Personnel Management 2001

27. U.S. Office of Personnel Management 2001

28. U.S. Merit Systems Protection Board 1996, Table 4

29. International Labour Organization 1998

30. Seager 1997: 70

31. Rhode 2001

32. Kay and Hagan 1999

33. Rhode 2001

34. DeAngelis 2000

35. Sullins 2000

36. Manning and Wight 2000: 9

37. New York Times 1999

38. Johnston 1993

39. U.S. Government Accounting Office 1995, Figure I. 2

40. Gerstel and Clawson 2001: 290

41. Fix 2001

42. Smith and Elliott 2002

43. Reskin and Ross 1992

44. Smith and Elliott 2002

45. Jacobs 1992

46. Eichenwald 2000

47. Eisenberg 1998: 167

48. Schultz 1998: 1723

49. Powell 1999: 338

50. Moore and Buttner 1997

51. U.S. Census Bureau 2001

52. Moore 1999: 371

53. U.S. Census Bureau 2001

54. U.S. Census Bureau 1998, 1999, 2000a

55. Thomas 2000

56. Cassirer and Reskin 2000, table 1

57. McGeehan 1998

58. Grant and Ward 1996

59. Reskin, Hargens, and Merritt 2001

60. U.S. Bureau of Labor Statistics 1999b; Cassirer and Reskin 2000도 볼 것

61. Gutek 1988: 231

62. Powell 1999

63. Spaeth 1989

64. Cobb-Clark and Dunlop 1999; Kalleberg and Reskin 1995

65. Cohen, Broschak, and Haveman 1998

66. Ely 1995

67. Reskin and McBrier 2000 24

68. Catalyst 2000a

69. Meyerson and Fletcher 1999; Nelson and Bridges 1999: 340도 볼 것

70. Sturm 2001: 459

71. Becker 1985

72. Hargens and Long 2002

73. Walsh 2000

74. Manning and Wight 2000:18

75. Eisenberg 1998: 149

76. Catalyst 2000b

77. Catalyst 2000b

78. Hesse-Biber and Carter 2000: 164

79. Lin 2000

80. Bell and Nkomo 2001: 153

81. Reskin and McBrier 2000: 221-22

82. Sessa 1992; Walsh 2000

83. Sessa 1992

84. Kanter 1977; McGuire 2000:501

85. Lin 2000: 787; Ragins 1999: 347

86. Heilman 1995: 8-9

87. Tallichet 2000

88. Sturm 2001: 494

89. Williams 2000: 69

90. Williams 2000: 69

91. Willliams 2000: 89

92. Kleiman 1993

93. Powell 1999: 91; Reskin 2002

94. Perry, Davis-Blake, and Kulik 1994

95. Cohen et al. 1998

96. Kanter 1977

97. Reskin and McBrier 2000: 223-24

98. Reskin 2002

99. White 1992: 192

100. Stender et al. v. Lucky 1992

101. Powell 1999: 332

102. Williams 2000: 90

103. Reskin and McBrier 2000

104. Goozner 1991

105. U.S. Employment Standards Administration 1997

• 6장

1. Herlihy 1990: 149

2. Pinchbeck 1930: 193-94

3. Goldin 1990

4. Matthaei 1982: 192

5. Goldin 1990, table 3.1

6. Goldin 1990

7. U.S. Government Accounting Office 2002

8. Jones 1998: 308

9. Bose 2001: 114; Jones 1998: 301-336

10. Amott and Matthaei 2001: 228

11. Moore and Pinderhughes 2001

12. Reskin and Padavic 1999

13. Concoran 1999: 5

14. U.S. Census Bureau 1998, 1999, 2000a

15. Catalyst 1998, table 8

16. Hiestand 1999

17. Institute for Women's Policy Research 2000

18. Anker 1998: 30

19. Elson 2000, chart 4.2

20. U.S. Women's Bureau 2000, table 1

21. D. Smith 1999: 44-45

22. D. Smith 1999: 123

23. Anker 1998: 34, Rosenfeld and Kalleberg 1991

24. 하지만 Sorensen 2001: 114를 볼 것

25. Elson 2000, chart 4.5

26. U.S. Census Bureau 1998, 1999, 2000

27. U.S. Women's Bureau 2000, table 1

28. U.S. Women's Bureau 2000:9

29. Jacobs and Gerson 1998

30. Jacobs and Gerson 1998

31. Farkas et al. 1997: 919

32. England, Reid, and Kilbourne 1996: 519; Kilbourne, England, and Beron 1994; 하지만 Farkas et al. 1997, table 3

33. Bielby and Bielby 2002

34. Major, McFarlin, and Gagnon 1984

35. Bielby and Bielby 1988; Marsden et al. 1993

36. Blau and Ferber 1992: 148

37. O'Neill and Polachek 1993: 222

38. Kahn 1997

39. Jacobs 2003

40. National Council for Research on Women 2001

41. Roos and Gatta 1999: 106

42. Blau and Kahn 1997, 2000:9

43. Jacobsen and Levin 1995

44. Roos and Gatta 1999: 109

45. Kilbourne, England, Farkas, Beron, and Weir 1994

46. Jacobs and Steinberg 1995

47. Nelson and Bridges 1999

48. Major and Forcey 1985

49. Major 1989: 101

50. Bylsma and Major 1992: 198

51. U.S. Census Bureau 2000c

52. Cobble 1996: 335

53. Bronfenbrenner and Juravich 1998; Cobble 1996: 354

54. Karen Nussbaum, 개인적인 소통, 2001

55. AFL-CIO 2001

56. Bielby and Baron 1986; Browne and Kennelly 1999

57. Brewster and Padavic 2000

58. Kim 1989: 43; Nelson and Bridges 1999

59. Swoboda 1998

60. Heilman 1995

61. Nelson and Bridges 1999

62. Reskin 2001

63. Westover 1986: 60

64. Reskin 2001

65. Nelson and Bridges 1999: 37

66. National Committee on Pay Equity 1991: 3

67. Barko 2000

68. U.S. Equal Employment Opportunity Commission 2000a

69. U.S. Equal Employment Opportunity Commission 2000b; U.S. Employment Standards Administration 2000

70. Jacobs 1999; Reid 1998

71. Cotter et al. 1997: 714; Kilbourne, England, Beron 1994

72. Sorensen 1989: 74

73. Petersen and Morgan 1995, table 4

74. Hecker 1998

75. U.S. Census Bureau 1998, 1999, 2000a

76. Roos and Gatta 1999: 101

77. O'Neill and Polachek 1993, table 8

78. Bergmann 1986: 129-30

79. Cotter et al. 1997

80. Rab 2001

81. Barko 2000:1; 다음도 볼 것 Beechey and Perkins 1987: 64-66

82. Tentler 1979: 35

83. Kilbourne, England, and Beron 1994: 1151

84. Treiman and Hartmann 1981: 9

85. Kilbourne, England, and Beron 1994: 1170

86. Nelson and Bridges 1999: 25, 360

87. Blau, Ferber, and Winkler 1998: 357

• 7장

1. U.S. Census Bureau 1998, 1999, 2000a

2. Bachu and O'Connell 200

3. U.S. Census Bureau 1998, 1999, 2000a; Hayghe 1990

4. U.S. Census Bureau 1998, 1999, 2000a

5. Morris 1997

6. Davis, Smith, and Marsden 2000

7. Moen and Yu 1999

8. Moen and Yu 2000

9. Jabobs and Gerson 2001

10. Hochschild 1989

11. Davis, Smith, and Marsden 2000

12. Bianchi 2000: 407

13. Acker 1990; Ely and Meyerson 2000

14. Ely and Meyerson 2000

15. Martin 1990

16. Morris 1997; 3-4

17. Hochschild 1997: 71

18. European Industrial Relations Observatory 1999

19. Hayden 1999

20. Polatnick 2000: 3

21. Bianchi et al. 2000

22. Robinson and Milkie 1997

23. Glass 2000: 134

24. Glass 2000: 134

25. Glass 2000

26. Glass 2000: 131

27. Hochschild 1997

28. Bielby 1998: 33

29. Polatnick 2000

30. Barnett and Rivers 1996

31. Barnett and Rivers 1996; Coltrane 1996

32. Bond, Galinsky, and Swanberg 1998

33. Gerstel and Clawson 2001

34. Moody 2000; Schafer 2000

35. Reid-Keene 2001

36. Brewster and Padavic 2002

37. Hofferth 1999: 25

38. U.S. Census Bureau 2000d

39. Blau and Hagy 1998

40. Harris Poll 1998

41. Capizzano, Tout, and Adams 2000

42. Presser 2000

43. Bogenschneider 2000

44. Bond et al. 1998

45. Hewitt Associates LLC 2000

46. U.S. Women's Bureau 1998

47. Hewitt Associates LLC 2000

48. Intracorp 1998

49. Ettner 1995

50. Galinsky, Friedman, and Hernandez 1991

51. Epstein et al. 1999: 126

52. Epstein et al. 1999: 126

53. Glass 2000

54. Hymowitz and Silverman 2001

55. Epstein et al. 1999: 126

56. Prugl and Boris 1996

57. Jurik 1998

58. Gupta 1999

59. Godbey and Robinson 1999: 335

60. Moen and Yu 2000

61. Sanchez and Thomson 1997

62. Coltrane 1996

63. Bianchi et al. 2000

64. Blair 1992

65. Blair and Lichter 1991

66. Orbuch and Eyster 1997

67. Presser 1994

68. Ishii-Kuntz and Coltrane 1992

69. Barnett and Hyde 2001; Orbuch and Eyster 1997

70. Bird 1999

71. Cohen 1993

72. Bianchi 2000

73. Kaufman and Uhlenberg 2000: 952

74. Nock 1998: 80

75. Hyde, Essex, and Horton 1993

76. Elson 2000; Shelton 1999

77. Seager 1997: 61

78. Nyberg 2000

79. Crompton and Harris 1999: 116

80. Safilios-Rothschild 1990

81. Brines 1994

82. Larson and Richards 1994: 66

83. Juster and Stafford 1991

84. Antill et al. 1996

85. U.S. Census Bureau 1998, 1999, 2000a

86. Polatnick 2000

87. Morris 1997: 11

88. Clarkberg 1999

89. University of California at Los Angeles/Korn-Ferry International 1993

90. Catalyst 1996

91. Coltrane 2000; Glenn 1996

92. U.S. Census Bureau 2000a

93. U.S. Census Bureau 2000a

94. Klerman and Liebowitz 1999

95. U.S. Census Bureau 1998, 1999, 2000a

96. Williams 2000

97. Ballard 1999

98. Lufkin 1997

99. Epstein et al. 1999

100. Ballard 1999

101. Kalleberg and Reskin 1995; Williams 2000

102. Goldin 1995: 33

103. Budig and England 2001

104. Hull and Nelson 2000

105. Employee Relocation Council 2000

106. U.S. Bureau of Labor Statistics 1998

107. U.S. Bureau of Labor Statistics 1998

108. Leidner 1993: 51

109. Beers 2000

110. Beers 2000

111. Galinsky and Bond 1998

112. Davis, Smith, and Marsden 2000

113. Hewlett and West 1998

114. Hochschild 1997

115. Ruhm and Teague 1997

116. Kimball 1999: 429-30

117. Gornick and Meyers 2001: 4

118. Kamerman 2000

119. Ruhm and Teague 1997

120. Kamerman 2000: 8

121. Kamerman 2000: 8

122. Gornick and Meyers 2001: 4; Kamerman 2000

123. Commission on Family and Medical Leave 1996

124. Commission on Family and Medical Leave 1996

125. Ruhm and Teague 1997

126. Commission on Family and Medical Leave 1996, table 5F: 271

127. Gornick and Meyers 2001

128. Kamerman 2000

129. Flack 1999

130. Morris 1997

131. Levine and Pittinsky 1997: 30; 다음도 볼 것. Fried 1998

132. Fried 1998; Hochschild 1997

133. Perlow 2000

134. Morris 1997

135. Flack 1999

136. Fried 1998: 54

137. Hochschild 1997: 140

138. Flack 1999

139. Folbre 2000

140. Ellingsoeter 1999: 42

141. Folbre 2000

142. Hochschild 1989

143. Robinson and Godbey 1999

144. Morris 1997: 9

145. Radcliffe Public Policy Center 2000

146. Bailyn, Fletcher, and Kolb 1997

147. Galinsky and Bond 1998

148. Commission on the Family and Medical Leave 1996

149. Jacobs and Gerson 1998

유리천장 아래 여자들

초판 1쇄 인쇄 2021년 1월 25일
초판 1쇄 발행 2021년 2월 5일

지은이 아이린 파드빅, 바버라 레스킨 **옮긴이** 황성원
펴낸이 김종길 **펴낸 곳** 글담출판사 **브랜드** 아날로그

기획편집 이은지 · 이경숙 · 김보라 · 김윤아 · 안수영
마케팅 박용철 · 김상윤 **디자인** 엄재선 · 김정연
홍보 정미진 · 김민지 **관리** 박인영

출판등록 1998년 12월 30일 제2013-000314호
주소 (04029) 서울시 마포구 월드컵로8길 41 (서교동 483-9)
전화 (02) 998-7030 **팩스** (02) 998-7924
페이스북 www.facebook.com/geuldam4u **인스타그램** geuldam
블로그 blog.naver.com/geuldam4u

ISBN 979-11-87147-68-8 (03330)

만든 사람들 ————
책임편집 김윤아 **디자인** 엄재선